DEIN COACH ZUM ERFOLG!

So geht's ins ActiveBook:

Du kannst auf die interaktiven Aufgaben zu diesem Band online zugreifen. Registriere dich dazu unter **www.stark-verlag.de/mystark** mit deinem **persönlichen Zugangscode:**

95701-001240

gültig bis 31. Juli 2020

D1700600

ActiveBook

Das ActiveBook bietet dir:

- Viele interaktive Übungsaufgaben zu prüfungsrelevanten Themenbereichen
- Sofortige Ergebnisauswertung
- Detailliertes Feedback

DEIN COACH ZUM ERFOLG!

So kannst du interaktiv lernen:

Interaktive Aufgaben

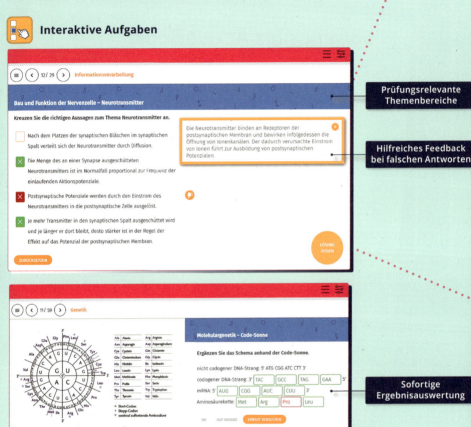

Prüfungsrelevante
Themenbereiche

Hilfreiches Feedback
bei falschen Antworten

Sofortige
Ergebnisauswertung

Systemvoraussetzungen:
• Windows 7/8/10 oder Mac OS X ab 10.9
• Mindestens 1024×768 Pixel Bildschirmauflösung
• Chrome, Firefox oder ähnlicher Webbrowser
• Internetzugang

2020

Abitur
Original-Prüfungsaufgaben
mit Lösungen

Gymnasium Bayern

Biologie

STARK

Inhalt

Abiturprüfung 2017

Abiturprüfung 2018

Abiturprüfung 2019

Jeweils zu Beginn des neuen Schuljahres erscheinen die neuen Ausgaben
der Abiturprüfungsaufgaben mit Lösungen.

Autoren:

Jürgen Rojacher: Lösungen zum Abitur 2014 (A1, B2, C2), 2015 (A1, B1, C1), 2016
(A1, B1, C2), 2017 (A1, B1, C2), 2018 (A1, B2, C1), 2019 (A1, B2, C2)
Harald Steinhofer: Lösungen zum Abitur 2014 (A2, B1, C1), 2015 (A2, B2, C2),
2016 (A2, B2, C1), 2017 (A2, B2, C1), 2018 (A2, B1, C2), 2019 (A2, B1, C1)

Vorwort

Liebe Schülerin, lieber Schüler,

dieses Buch enthält die **Abiturprüfungen 2014 bis 2019**. Es unterstützt Sie optimal bei der systematischen und effektiven **Vorbereitung** auf Ihre schriftliche Abiturprüfung.

Zur Auffrischung des relevanten Prüfungsstoffs kurz vor der Prüfung ist das „Abitur-Skript Biologie" (Stark Verlag, Bestellnr. 9570S1) ideal geeignet. Zur expliziten Vorbereitung auf die mündliche Abiturprüfung finden Sie im Band „Biologie Kolloquium" (Stark Verlag, Bestellnr. 95711) zahlreiche Aufgabenstellungen im Stil der zu haltenden Kurzreferate und viele weitere Zusatzfragen.

Kennzeichnend für die Aufgabenstellung im Abitur sind die anwendungsbezogene Auseinandersetzung mit dem Aufgabenthema, das Arbeiten mit Materialien und die Vernetzung verschiedener Lernbereiche. Dieser Anspruch wird im Aufbau dieses Buches umgesetzt:

– In den **„Hinweisen und Tipps zum Abitur"** finden Sie u. a. eine Beschreibung der Rahmenbedingungen für die Abiturprüfung, eine Lehrplanübersicht sowie konkrete Hinweise für eine erfolgreiche Herangehensweise an Ihre Abiturprüfung.
– Die **Original-Abituraufgaben** dienen Ihnen als Beispiel für die Gestaltung zukünftiger Abituraufgaben und unterstützen Sie so optimal bei der Prüfungsvorbereitung.
– Alle **Lösungsvorschläge** sind bewusst ausführlich formuliert, damit Sie eventuelle Wissenslücken schließen können. Die durch Rauten und kursiven Druck hervorgehobenen **Hinweise** geben Ihnen Tipps zur Lösung der Aufgaben.
– Abgerundet wird der Band durch ein praktisches **Stichwortverzeichnis**. Dieses ermöglicht eine rasche Suche nach bestimmten Schlagwörtern.
– Lernen Sie gerne am **PC** oder **Tablet**? Nutzen Sie das **ActiveBook**, um mithilfe von interaktiven Aufgaben Ihr biologisches Fachwissen effektiv zu trainieren (vgl. Farbseiten zu Beginn des Buches).

Sollten nach Erscheinen dieses Bandes noch wichtige Änderungen in der Abiturprüfung 2020 vom Kultusministerium bekannt gegeben werden, finden Sie aktuelle Informationen dazu im Internet unter
www.stark-verlag.de/pruefung-aktuell.

Viel Erfolg bei der Arbeit mit diesem Buch und im Abitur!

Jürgen Rojacher und Harald Steinhofer

Stichwortverzeichnis

Hinweise und Tipps zum Abitur

1 Die Abiturprüfung in Bayern

Die bayerischen Abiturientinnen und Abiturienten legen ihr Abitur in fünf Fächern in Form einer schriftlichen (drei Fächer) bzw. einer mündlichen (zwei Fächer) Prüfung ab. Das Abitur findet in den Monaten April bis Juni statt.

Die schriftliche Prüfung

Jede Abiturientin und jeder Abiturient wird in **drei Fächern schriftlich** geprüft. Neben den verpflichtenden Fächern Deutsch und Mathematik kann Biologie als eine der Naturwissenschaften gewählt werden.

Die schriftlichen Prüfungen finden als Zentralabitur statt. Das bedeutet, dass alle Schüler*innen am selben Tag vom Bayerischen Staatsministerium für Unterricht und Kultus zentral erstellte Aufgaben bearbeiten. Bayernweit werden dem Fachausschuss (Fachlehrer*in, Zweitkorrektor*in und eine Vorsitzende oder ein Vorsitzender) des jeweiligen Gymnasiums am Prüfungstag **drei Aufgabenblöcke** (A, B und C) vorgelegt. Jeder dieser Blöcke besteht aus zwei Aufgabenvorschlägen (A 1 oder A 2, B 1 oder B 2 und C 1 oder C 2) mit mehreren Teilaufgaben im Umfang von 40 Bewertungseinheiten. Aus diesen Vorschlägen wählt der Fachausschuss **eine Aufgabe je Aufgabenblock** zur Bearbeitung aus. Allen Prüflingen werden diese **drei ausgewählten Aufgaben** zur Bearbeitung vorgelegt. Die Aufgabenblöcke können themen- und jahrgangsübergreifend angelegt sein, sodass die einzelnen Wissensgebiete miteinander in Zusammenhang gebracht werden. Die für das Fach Biologie angegebenen 180 Minuten Bearbeitungszeit verstehen sich als Gesamtarbeitszeit einschließlich Einlesezeit.

Die Bewertung der Prüfungsleistung wird vom Fachausschuss auf Grundlage der vom Bayerischen Staatsministerium für Unterricht und Kultus erstellten **Korrekturhinweise** vorgenommen. Diese enthalten keine vollständigen Lösungen, sondern stellen einen knappen Erwartungshorizont dar. Sie dienen den Korrektorinnen und Korrektoren als Basis für vergleichbare und transparente Korrektur (allen Teilaufgaben sind jedoch verbindliche Bewertungseinheiten zugeordnet).

Für die Erstellung der Notenpunkte bzw. der Gesamtnote aus der maximal erreichbaren Zahl von 120 Bewertungseinheiten wird die folgende Zuordnungstabelle verbindlich zugrunde gelegt:

Bewertungs-einheiten	Noten mit Tendenzangabe	Notenpunkte	Intervalle in %
120–115	+1	15	
114–109	1	14	15
108–103	1–	13	
102–97	+2	12	
96–91	2	11	15
90–85	2–	10	
84–79	+3	9	
78–73	3	8	15
72–67	3–	7	
66–61	+4	6	
60–55	4	5	15
54–49	4–	4	
48–41	+5	3	
40–33	5	2	20
32–25	5–	1	
24–0	6	0	20

Stand 2014

Die mündliche Prüfung (Kolloquium)

Alle Abiturientinnen und Abiturienten legen ihr Abitur zusätzlich in **zwei Fächern** in Form einer **mündlichen** Prüfung (4. und 5. Prüfungsfach) ab. Das Fach Biologie kann als Einzelprüfung in den folgenden Fällen mündlich geprüft werden:

– als 4. oder 5. Prüfungsfach, wenn Biologie nicht als schriftliches Prüfungsfach gewählt wurde,
– freiwillig als Zusatzprüfung (dies muss jedoch schriftlich beantragt werden),
– unfreiwillig auf Anordnung der/des Vorsitzenden des Prüfungsausschusses (bei zu schlechten Leistungen in der schriftlichen Prüfung).

Im **Kolloquium** können die Schüler*innen einen Prüfungsschwerpunkt wählen. Dabei werden die Lerninhalte des ersten oder des zweiten Ausbildungsabschnitts ausgeschlossen und die Lerninhalte eines der drei verbleibenden Ausbildungsabschnitte zum Prüfungsschwerpunkt erklärt. Der Zeitplan für die Prüfungen wird spätestens am Tag vor der Prüfung bekannt gegeben. Der Prüfungsausschuss legt aus dem gewählten Themenbereich die Themen für die Kurzreferate fest. Etwa 30 Minuten vor Prüfungsbeginn wird dem Prüfling das Thema schriftlich bekannt gegeben. Der Prüfling darf sich unter Aufsicht auf das Kolloquium vorbereiten und dabei Aufzeichnungen als Grundlage für seine Ausführungen machen. Die Prüfung gliedert sich in zwei Teile von je etwa 15 Minuten Dauer: Sie beginnt mit einem ca. 10-minütigen **Kurzreferat** zum gestellten Thema aus dem gewählten Prüfungsschwerpunkt sowie einem Dialog zum gewählten Schwerpunkt ausgehend vom Kurzreferat. Anschließend folgt ein **Gespräch** zu Problemstellungen aus den zwei weiteren gewählten Ausbildungsabschnitten.

Im Kolloquium soll der Prüfling seine allgemeine und fachspezifische Studierfähigkeit nachweisen, indem er in der vorgegebenen Zeit anhand eines Kurzreferats eine Aufgabenstellung löst und vertiefte fachliche Kenntnisse im Schwerpunktbereich nachweist. Im Prüfungsgespräch soll er zeigen, dass er über das Wissen fachlicher und fächerübergreifender Zusammenhänge verfügt und seine Gesprächsfähigkeit beweisen. Die maximal erreichbare Gesamtpunktzahl in der Kolloquiumsprüfung beträgt 60 Punkte. Die Bekanntgabe des Ergebnisses erfolgt durch den Prüfungsausschuss, der Termin wird jedoch von jeder Schule eigenverantwortlich festgelegt.

Die **freiwillige mündliche Zusatzprüfung** muss spätestens am Tag nach Bekanntgabe des Ergebnisses der schriftlichen Prüfung von der Abiturientin oder dem Abiturienten beim Prüfungsausschuss schriftlich beantragt werden. Der Prüfungsausschuss kann eine Schülerin oder einen Schüler aber auch in die **unfreiwillige mündliche Zusatzprüfung** verweisen. Die Schülerin bzw. der Schüler darf ähnlich wie beim Kolloquium ein Halbjahr als Prüfungsschwerpunkt festlegen und die Lerninhalte des ersten oder zweiten Halbjahres ausschließen. Allerdings darf sich der Prüfling nur etwa 20 Minuten auf die Zusatzprüfung unter Aufsicht vorbereiten und Aufzeichnungen machen. Die Zusatzprüfung dauert in der Regel 20 Minuten.

Zur zielgerichteten Vorbereitung auf die mündliche Biologieprüfung eignet sich der Band „Biologie Kolloquium" (Stark Verlag, Bestellnr. 95711). Das Buch enthält im Stil der zu haltenden Kurzreferate Aufgabenstellungen zu allen lehrplanrelevanten Themengebieten sowie Zusatzfragen zu allen Ausbildungsabschnitten.

Das Prüfungsergebnis

Alle fünf Abiturprüfungen werden jeweils **vierfach** gewertet. Somit können in jeder Abiturprüfung bis zu 60 Punkte erreicht werden:

Schriftliches oder mündliches Prüfungsfach:
Ergebnis der Abiturprüfung $\times$ 4 $\rightarrow$ max. 60 Punkte

Die Gesamtleistung setzt sich folgendermaßen zusammen:

Qualifikationsphase		Abiturprüfung		Gesamtqualifikation
(Jahrgangsstufen 11 und 12)		5 Prüfungen		**max. 900 Punkte**
(30 HJL Pflicht- und Wahl-pflichteinbringungen + 10 HJL Profileinbringun-gen) $\times$ max. 15 Punkte **= max. 600 Punkte**	+	$\times$ max. 60 Punkte **= max. 300 Punkte**	=	(entspricht Abiturschnitt 1,0)

Für die Bestimmung der Durchschnittsnote aus der maximal erreichbaren Zahl von 900 Notenpunkten wird die folgende Zuordnungstabelle verbindlich zugrunde gelegt:

Punkte	900–823	822–805	804–787	786–769	768–751	750–733	732–715
Note	1,0	1,1	1,2	1,3	1,4	1,5	1,6

Punkte	714–697	696–679	678–661	660–643	642–625	624–607	606–589
Note	1,7	1,8	1,9	2,0	2,1	2,2	2,3

Punkte	588–571	570–553	552–535	534–517	516–499	498–481	480–463
Note	2,4	2,5	2,6	2,7	2,8	2,9	3,0

Punkte	462–445	444–427	426–409	408–391	390–373	372–355	354–337
Note	3,1	3,2	3,3	3,4	3,5	3,6	3,7

Punkte	336–319	318–301	300
Note	3,8	3,9	4,0

2 Prüfungsanforderungen und Aufgabenkultur

Grundlage für die zentral gestellten schriftlichen Aufgaben der Abiturprüfung sind die verbindlichen Vorgaben der Lehrpläne für die gymnasiale Oberstufe aus dem Jahr 2009. Die Lehrpläne aller Fächer und Jahrgangsstufen lassen sich unter folgender Internetadresse abrufen: *http://www.isb-gym8-lehrplan.de/contentserv/3.1.neu/ g8.de/index.php?StoryID=1.*

In der folgenden Tabelle finden Sie die fachspezifischen **Themenbereiche** des gültigen Lehrplans im Fach Biologie für das achtjährige Gymnasium und einen Verweis auf entsprechende Aufgabenbeispiele in diesem Buch.

Ideal zur Überprüfung des biologischen Fachwissens und zum Aufdecken von Wissenslücken sind die im **ActiveBook** enthaltenen **interaktiven Aufgaben** (vgl. Farbseiten zu Beginn des Buches).

Lehrplaninhalte	Beispiele*
Jahrgangsstufe 11	
Strukturelle und energetische Grundlagen des Lebens	
Organisation und Funktion der Zelle	
• elektronenoptisch erkennbare Strukturen der Zelle (Biomembranen, Chloroplasten, Mitochondrien, Zellkern)	16 B2/3.1; 18 C1/2.1
• Bedeutung und Regulation enzymatischer Prozesse	17 B1/1.1
Energiebindung und Stoffaufbau durch Fotosynthese	
• bedeutsame Experimente zur Aufklärung wesentlicher Fotosyntheseschritte	
• Lichtreaktionen und lichtunabhängige Reaktionen	19 A2/1.1
• Bedeutung der Fotosyntheseprodukte für die Pflanze	

* 14/15/16/17/18/19 = Jahrgänge 2014/2015/2016/2017/2018/2019; angegeben ist jeweils die Nummer der Aufgabe und die entsprechende Teilaufgabe

- Energiefreisetzung durch anaeroben (Gärung) und aeroben (Zellatmung) Stoffabbau ... 16 B1/1.1, 1.2

Grundprinzipien der Energiefreisetzung durch Stoffabbau
- Energiefreisetzung durch anaeroben (Gärung) und aeroben (Zellatmung) Stoffabbau ... 14 A2/1.2; 15 A1/1.3.2
- Stoff- und Energiegesamtbilanz des anaeroben und des aeroben Stoffabbaus ... 16 A2/2.1

Genetik und Gentechnik

Molekulargenetik
- DNA als Speicher der genetischen Information; Vergleich mit einem entsprechenden RNA-Modell
- Replikation
- Realisierung der genetischen Information (Proteinbiosynthese) bei Prokaryoten und bei Eukaryoten ... 17 C1/3; 18 B2/3.2
- Ursachen und Folgen von Genmutationen ... 17 C2/2.1

Zytogenetik
- Zellzyklus und Mitose ... 16 C1/3.2.1
- geschlechtliche Fortpflanzung ... 19 B2/2.2
- numerische Chromosomenaberration beim Menschen (wie z. B. Trisomie 21, gonosomale Abweichungen)

Klassische Genetik
- Mendel'sche Regeln ... 15 C1/2

Humangenetik
- Erbgänge beim Menschen, Erbkrankheiten ... 17 C1/1
- AB0-Blutgruppensystem, Rhesussystem ... 16 A2/3.1, 3.2
- Methoden der genet. Familienberatung und Risikoabschätzung

Gentechnik
- Neukombination von Erbanlagen mit molekulargenet. Techniken ... 15 C1/3.2.2
- bedeutsame Methoden und Anwendung der Gentechnik (genetischer Fingerabdruck, Lebensmittel- und Medikamentenherstellung, Gendiagnostik und Gentherapie beim Menschen) ... 16 C2/3.2., 3.3; 17 C1/4, 5; 18 B2/2.1

Mensch als Umweltfaktor – Populationsdynamik & Biodiversität
- idealisierte Populationsentwicklung: Wachstumsphasen ... 14 B2/1.1
- Einfluss von Umweltfaktoren auf die Entwicklung von Populationen: logistisches Wachstum ... 17 A1/1.1; 18 C1/3.1
- Bedeutung verschiedener Fortpflanzungsstrategien ... 16 C2/1.2
- Populationsentwicklung des Menschen und anthropogene Einflüsse auf die Artenvielfalt, z. B. durch weltweiten Tier- und Pflanzentransfer, wirtschaftliche Nutzung, Freizeitverhalten, Klimaveränderungen ... 17 A2/4

Jahrgangsstufe 12
Evolution

Evolutionsforschung
- Gemeinsamkeiten und Vielfalt fossiler und rezenter Organismen ... 19 B1/1.1

Aus der Aufgabenstellung der zentralen Abituraufgaben müssen Art und Umfang der geforderten Leistung eindeutig hervorgehen. Hierzu werden in den Aufgaben Operatoren (= Signalwörter) verwendet, die Rückschlüsse auf das Anforderungsniveau zulassen. Mithilfe der Operatoren können Sie demnach auf Art und Umfang der Bearbeitung einer Fragestellung schließen. Die Aufgaben werden in drei Anforderungsbereiche unterteilt, denen typische Operatoren zugeordnet werden können:

- Anforderungsbereich I: Reproduktion
- Anforderungsbereich II: Reorganisation
- Anforderungsbereich III: Transfer und problemlösendes Denken

Falls Sie sich trotz der Operatoren nicht sicher sind, auf welche Art Sie die Aufgabe beantworten sollen, können Ihnen die Bewertungseinheiten der Teilaufgaben einen zusätzlichen Hinweis auf den erwarteten Umfang geben.

Im folgenden Abschnitt erhalten Sie eine Übersicht über typische Operatoren der einzelnen Anforderungsbereiche. Darin wird die Bedeutung der Operatoren erläutert und anhand von Beispielen Bezug auf Aufgaben in diesem Buch genommen.

Anforderungsbereich I: Reproduktion

Zur Beantwortung von Aufgaben des Anforderungsbereichs I müssen Sie im Unterricht erlerntes Wissen wiedergeben. Typische biologische Vorgänge sollen wiedergegeben, bekannte Experimente beschrieben oder Skizzen von Strukturen angefertigt werden.

Operator	Bedeutung	Beispiele
angeben, nennen	Elemente, Sachverhalte, Begriffe, Daten ohne Erläuterungen aufzählen	15 B1/3.2; 16 B1/1.2; 17 C1/5; 17 C2/2.3
benennen, bezeichnen	Eigenschaften, Bestandteile biologischer Sachverhalte und Vorgänge genau angeben (evtl. durch Zeichnen kenntlich machen)	15 A2/3.1; 17 A2/1
beschreiben	Strukturen, Sachverhalte oder Zusammenhänge strukturiert und fachsprachlich richtig mit eigenen Worten wiedergeben	15 A1/1.1; 17 A1/1.1; 18 A1/1.1; 18 B2/2.1; 19 B1/1.1
darstellen	Sachverhalte, Zusammenhänge, Methoden etc. strukturiert und gegebenenfalls fachsprachlich wiedergeben	14 B1/1.1; 15 C1/3.2.2; 17 A2/2.2
formulieren, wiedergeben	Bekannte Inhalte wiederholen oder zusammenfassen	16 C1/1.2.1
skizzieren	Sachverhalte, Strukturen oder Ergebnisse auf das Wesentliche reduziert übersichtlich grafisch darstellen	15 A1/1.3.3; 17 C1/3.1; 18 C1/2.1
zeichnen	Eine möglichst exakte grafische Darstellung beobachtbarer oder gegebener Strukturen anfertigen	14 A1/2.1; 19 A2/1.2
zusammenfassen	Das Wesentliche in konzentrierter Form herausstellen	16 B2/2

Anforderungsbereich II: Reorganisation

Aufgaben dieses Anforderungsbereichs verlangen einen gewissen Grad an Selbstständigkeit. Sie müssen erlerntes Fachwissen auf neue Zusammenhänge anwenden. Häufig wird in Aufgaben in Form von Materialien wie Tabellen oder Skizzen neues Wissen eingeführt, das Sie auf Erlerntes beziehen müssen. Beschriebene Sachverhalte müssen erklärt, Daten aus Tabellen oder Grafiken ausgewertet oder Vorgänge interpretiert werden.

Operator	Bedeutung	Beispiele
ableiten	Auf der Grundlage wesentlicher Merkmale sachgerechte Schlüsse ziehen	15 B1/4.2; 16 A1/1.1; 17 B1/1.1; 19 B1/2.1
analysieren, untersuchen	Wichtige Bestandteile oder Eigenschaften auf eine bestimmte Fragestellung hin herausarbeiten; Untersuchen beinhaltet ggf. zusätzlich praktische Anteile	
auswerten	Daten, Einzelergebnisse oder andere Elemente in einen Zusammenhang stellen und ggf. zu einer Gesamtaussage zusammenführen	
definieren	Formulieren einer eindeutigen Begriffsbestimmung durch Nennung des Oberbegriffs und Angabe der wesentlichen Merkmale	17 C2/1.3
erklären	Einen Sachverhalt mithilfe eigener Kenntnisse in einen Zusammenhang einordnen sowie ihn nachvollziehbar und verständlich machen	14 B2/1.1, 1.3; 15 B1/3.1; 17 B1/2.1; 18 A1/1.2; 18 A1/3.2; 19 B2/2.2
erläutern	Einen Sachverhalt veranschaulichend darstellen und durch zusätzliche Informationen verständlich machen	15 C1/3.2.1; 17 C2/1.1; 18 A1/3.1; 18 C1/1.2; 19 A1/3
ermitteln	Einen Zusammenhang oder eine Lösung finden und das Ergebnis formulieren	14 C1/4; 17 C2/2.1; 18 B2/2.2
erstellen	Daten oder Sachverhalte in Form von Diagrammen oder Schemata aufzeigen	16 C1/2.2
interpretieren, deuten	Fachspezifische Zusammenhänge in Hinblick auf eine gegebene Fragestellung begründet darstellen	15 B2/3.1.1; 16 C2/2.1; 17 A1/3; 18 A1/2.2; 19 B2/1
kennzeichnen, charakterisieren	Wesentliche und typische Gesichtspunkte eines Sachverhalts oder biologischen Vorgangs nach bestimmten Gesichtspunkten benennen und beschreiben	15 C1/2
ordnen, zuordnen, einordnen	Daten, Fakten, Begriffe oder Systeme werden zueinander in Beziehung gesetzt, wobei Zusammenhänge hergestellt und nach bestimmten Gesichtspunkten bewertet werden	16 A1/1.2; 17 C2/1.2; 18 A1/2.2

überprüfen, prüfen	Sachverhalte oder Aussagen an Fakten oder innerer Logik messen und eventuelle Widersprüche aufdecken	
vergleichen	Gemeinsamkeiten, Ähnlichkeiten und Unterschiede ermitteln	15 A1/1.3.2; 16 A1/2.2.2; 17 B2/5.2

Anforderungsbereich III: Problemlösendes Denken und Transfer

Dieser Anforderungsbereich ist besonders anspruchsvoll. Typische Aufgabenstellungen sind das Begründen oder Beurteilen von Sachverhalten bzw. das kritische Bewerten oder Erörtern kontroverser Aussagen. Dabei wird häufig erwartet, dass Sie auf der Grundlage des im Unterricht erworbenen Fachwissens eigene Hypothesen aufstellen oder alternative Lösungswege entwickeln.

Operator	Bedeutung	Beispiele
begründen	Sachverhalte auf Regeln und Gesetzmäßigkeiten bzw. kausale Beziehungen von Ursachen und Wirkung zurückführen	16 A1/3.2; 17 A2/2.3; 19 C2/2.2
beurteilen, bewerten, werten	Zu einem Sachverhalt (Prozesse, Aussagen, Handlungen, Gegenstände usw.) unter Verwendung von Fachwissen und Fachmethoden Stellung nehmen, um zu einer begründeten Sacheinschätzung zu gelangen (beurteilen) bzw. eine eigene Meinung begründet darzulegen (bewerten, werten)	14 B1/2.2; 14 B2/ 2.2.2; 17 B1/2.2; 18 C1/3.2; 18 A1/3.3
beweisen	Argumente anführen, die aufzeigen, dass eine Aussage richtig ist	
erörtern, diskutieren	Argumente und Beispiele zu einer Aussage oder These einander gegenüberstellen und abwägen	15 C2/1.1; 16 B1/2.1; 19 B2/2.1
Hypothese oder Vermutung entwickeln, aufstellen	Begründete Vermutung auf der Grundlage von Beobachtungen, Untersuchungen, Experimenten oder Aussagen formulieren	15 B1/2.1; 17 B2/2.1; 19 B2/5.1
planen	Zu einem vorgegebenen Problem eine Experimentieranleitung erstellen	14 A1/1.2; 17 A1/2.2
Stellung nehmen	Zu einem Gegenstand, der an sich nicht eindeutig ist, nach kritischer Prüfung und sorgfältiger Abwägung ein begründetes Urteil abgeben	17 C1/5; 17 C2/2.3

3 Tipps zur Bearbeitung der schriftlichen Prüfung

Die Tipps im folgenden Abschnitt sollen Ihnen bei der Bearbeitung von Aufgaben helfen. Sie geben Ihnen einen Überblick zum Umgang mit Aufgabenstellungen und der Analyse und Auswertung von Materialien wie Diagrammen, Tabellen oder Abbildungen.

Jedem Aufgabenblock des Abiturs liegt ein Gesamtthema zugrunde, das sich wie ein roter Faden durch alle Teilaufgaben zieht. Häufig beginnt ein Block mit einem **einleitenden Text** oder **allgemeinen Materialien** wie Abbildungen, die **Informationen enthalten**, auf die in den **einzelnen Teilaufgaben Bezug** genommen wird. Lesen und betrachten Sie deshalb **einleitende Texte und Materialien genau**, bevor Sie zur Bearbeitung der Teilaufgaben übergehen.

Viele Aufgaben im Fach Biologie beinhalten materialgebundene Aufgabenstellungen, d. h. zur Beantwortung der Fragestellung müssen Sie Materialien wie Texte, Abbildungen, Tabellen, Grafiken, Statistiken oder Diagramme analysieren und auswerten.

Bearbeitung der Aufgabenblöcke

Dem Fachausschuss jedes bayerischen Gymnasiums werden am Tag des Abiturs drei Aufgabenblöcke A, B und C vorgelegt. Jeder Block besteht aus 2 Aufgabenvorschlägen (z. B. A 1 und A 2), wovon der Fachausschuss je einen Aufgabenvorschlag aus einem Aufgabenblock auswählt, den die Schülerinnen und Schüler des Gymnasiums im Abitur bearbeiten müssen. Stellen Sie sicher, dass Sie nur die für Sie vom Fachausschuss ausgewählten Aufgaben bearbeiten und streichen Sie, wenn nötig, die anderen Aufgabenvorschläge durch. Verschwenden Sie auch keine Zeit damit, die gestrichenen Aufgaben zu lesen und sich darüber zu ärgern, dass Sie diese unter Umständen besser hätten lösen können. Beachten Sie, dass die Gesamtprüfungsdauer des Abiturs 180 Minuten beträgt; pro Aufgabenblock stehen Ihnen somit ca. 60 Minuten zur Verfügung.

Bearbeiten Sie die einzelnen Aufgabenblöcke in folgenden Schritten:
a) Lesen der Gesamtaufgabe
b) Analysieren der Teilaufgaben
c) Anfertigen und Gliedern einer Stoffsammlung
d) Vergleichen der Stoffsammlung mit der Aufgabenstellung
e) Darstellen der Ergebnisse
f) Überprüfen auf Vollständigkeit

a) Lesen der Gesamtaufgabe

Da den Aufgabenblöcken ein Gesamtthema zugrunde liegt, können schon **im einleitenden Text Informationen stecken**, die für die Bearbeitung der Teilaufgaben von Bedeutung sind. Verschaffen Sie sich deshalb einen Überblick über das Gesamtthema, indem Sie die **Informationen aufmerksam lesen** und die **Materialien betrachten**. Häufig finden sich in solchen Einleitungen **allgemeine fachliche Aussagen**, die Ihnen zwar unbekannt sind, die aber an Ihre Vorkenntnisse anknüpfen. Ihre Aufgabe ist es zu erkennen, auf welche bekannten biologischen

Sachverhalte Bezug genommen wird. Sie müssen Ihre Vorkenntnisse auf die neuen Inhalte übertragen bzw. Daten und Fakten aus den gegebenen Materialien auswerten. Bearbeiten Sie im Anschluss die Teilaufgaben in der Reihenfolge, die für Sie am besten geeignet ist, wobei Sie die Fragen innerhalb einer Teilaufgabe nacheinander beantworten sollten, da diese meist aufeinander aufbauen.

b) **Analysieren der Teilaufgaben**
  * Lesen Sie sich den Aufgabentext der Teilaufgabe durch und **unterstreichen** Sie die **Operatoren**. Beachten Sie auch, wie viele **Bewertungseinheiten** der Teilaufgabe zugeordnet sind. Dies kann ebenfalls einen Hinweis geben, wie ausführlich eine Aufgabe bearbeitet werden soll.
  * **Unterteilen** Sie komplexe Fragestellungen in Teilaufgaben.
  * Lesen Sie unter Berücksichtigung der Operatoren nochmals den zur Teilaufgabe gehörenden Text bzw. betrachten Sie das Material. Kennzeichnen Sie dabei wichtige Informationen und machen Sie sich Randnotizen am Aufgabentext.
  * Finden Sie inhaltliche Schwerpunkte und grenzen Sie diese ab.

c) **Anfertigen und Gliedern einer Stoffsammlung**
  * Legen Sie sich ein Konzeptblatt zurecht und notieren Sie wichtige Stichworte. Vermeiden Sie es aus zeitlichen Gründen, ganze Gedankengänge auszuformulieren.
  * Ordnen Sie die Stichpunkte vom Allgemeinen zum Detail.
  * Gehen Sie auf Materialien ein bzw. fügen Sie Skizzen oder Diagramme ein.

d) **Vergleichen der Stoffsammlung mit der Aufgabenstellung**
  Prüfen Sie auf Vollständigkeit:
  * Haben Sie die Arbeitsanweisungen befolgt? Lesen Sie zur Sicherheit nochmals die Operatoren.
  * Berücksichtigen Sie alle Teilaspekte der Aufgabe?
  * Beziehen Sie sich gegebenenfalls auf die Materialien?
  * Verwenden Sie sinnvolle bzw. geforderte Beispiele, Skizzen oder Diagramme?

e) **Darstellen der Ergebnisse**
  * Beachten Sie die **Arbeitsanweisungen**. Bei „Nennen" reicht eine Aufzählung, während „Erläutern" eine anschauliche Darstellung der Sachverhalte meint.
  * Ordnen Sie Ihre Ergebnisse logisch und konzentrieren Sie sich auf das Thema. Abschweifungen kosten nicht nur Zeit, Sie vergessen dadurch auch leicht Teilaspekte der Aufgabenstellung zu beantworten.
  * Achten Sie auf eine klare Ausdrucksweise. Einfache kurze Sätze sind verständlicher als komplizierte Schachtelsätze.
  * Verwenden Sie die **Fachsprache**. Fachbegriffe müssen nur bei Aufforderung (z. B. „Definieren Sie den Begriff …") umschrieben werden.
  * Wenn Sie Abkürzungen verwenden, definieren Sie diese einmal, außer es handelt sich um Standardabkürzungen wie DNA oder RNA.

- Skizzen, Tabellen und Diagramme sind grundsätzlich sauber (z. B. mit Lineal) und beschriftet anzufertigen.
- Lassen Sie nach jeder beantworteten Teilaufgabe ein paar Zeilen frei oder beginnen Sie mit der Bearbeitung der nächsten Teilaufgabe auf der folgenden Seite. So können Sie jederzeit Ergänzungen einfügen.

f) Überprüfen auf Vollständigkeit

- Vergleichen Sie nochmals kurz Ihre dargestellten Ergebnisse mit der Aufgabenstellung und Ihrem Konzeptblatt.
- Lesen Sie sich Ihre Antwort durch und korrigieren Sie Rechtschreibung und Grammatik.

Analysieren des Materials

Zur Beantwortung der Fragestellung müssen häufig Materialien wie Abbildungen, Diagramme, Grafiken oder Tabellen ausgewertet werden. Im Folgenden erhalten Sie einen kurzen Überblick, wie Sie bei der Auswertung des Materials optimal vorgehen:

Abbildungen:

- Verschaffen Sie sich Klarheit über das Zusatzmaterial. Ist es ein Versuchsaufbau, ein mikroskopisches Bild oder eine schematische Darstellung. Lesen Sie hierzu den Begleittext bzw. die Bildunterschrift.
- Prüfen Sie, ob Ihnen der dargestellte Sachverhalt aus dem Unterricht bekannt ist und ordnen Sie der Abbildung, wenn möglich, Fachbegriffe zu.
- Lesen Sie in der Aufgabenstellung nach, ob eine Erklärung, eine Beschreibung oder Rückschlüsse von Ihnen erwartet werden.
- Notieren Sie sich stichpunktartig,
  - welche Bildinformationen gegeben sind.
  - welche Beobachtungen Sie machen können. Beschränken Sie sich darauf, was sich eindeutig ableiten lässt.
  - welche offenen Fragen bleiben bzw. welche Rückschlüsse Sie aus dem Sachverhalt ziehen können.

Achten Sie darauf, dass Sie eine Abbildung in dieser logischen Reihenfolge beschreiben, da Sie sonst leicht Teilaspekte übersehen bzw. vergessen.

Grafiken und Diagramme:

- Prüfen Sie, welchem biologischen Sachverhalt sich das Diagramm zuordnen lässt und überlegen Sie, ob Ihnen aus dem Unterricht ähnliche Darstellungen bekannt sind.
- Lesen Sie die Aufgabenstellung und überlegen Sie, welcher Arbeitsauftrag gestellt ist. Sie können eine Grafik z. B. beschreiben, erklären, interpretieren oder vergleichen.
- Prüfen Sie, wie viele und welche Größen verwendet werden.
- Die unabhängige Größe befindet sich meist auf der x-Achse, die abhängige auf der y-Achse.

- Achten Sie auf die Einteilung der Skalen. Bei einer logarithmischen Skala entspricht der nächsthöhere Wert dem Zehnfachen des vorhergehenden.
- Notieren Sie stichpunktartig,
  - welche Hauptaussagen sich machen lassen (allgemeine Trends).
  - welche Teilaussagen formuliert werden können (z. B. Minima, Maxima, Zunahmen oder Abnahmen).
  - welche Aussagen sich durch das Diagramm zur Fragestellung machen lassen.
  - welche Fragen evtl. durch das Diagramm aufgeworfen werden.

Tabellen:
- Tabellen stellen häufig zusammengefasste Daten dar, die in Experimenten oder biologischen Beobachtungen gewonnen werden. Auch hier gilt: Verschaffen Sie sich zunächst einen Überblick und versuchen Sie, die Inhalte der Tabelle einem Ihnen bekannten Sachverhalt zuzuordnen.
- Betrachten Sie die Kopfzeile und gegebenenfalls die Randspalte, um die Struktur der Tabelle zu verstehen. Sie müssen feststellen, ob es sich beispielsweise um Messdaten oder Daten aus Experimenten handelt.
- Achten Sie auf Einheiten und Größen, die in der Tabelle verwendet werden.
- Prüfen Sie, ob bereits die Aufgabenstellung Hinweise zur Auswertung enthält.
- Notieren Sie, ähnlich wie bei Diagrammen, welche Hauptaussagen und Teilaussagen gemacht werden können. Hierzu müssen Sie die einzelnen Zeilen und Spalten auswerten. Eventuell hilft es Ihnen, wenn Sie die Inhalte der Tabelle in ein Diagramm auf Ihr Konzeptblatt übertragen.

BE

Honigbienen bilden in ihren Staaten eine Tiergemeinschaft aus vielen Einzeltieren, die auch als Superorganismus bezeichnet wird. Die Arbeitsteilung im Bienenstock ist gut untersucht, Königin und Drohnen sind für die Fortpflanzung zuständig, Arbeiterinnen versorgen den Stock.

1 Raps ist eine attraktive Futterpflanze für Bienen. Beim Anbau von Raps als Intensivkultur wird seit einigen Jahren die Düngung mit Borsalzen empfohlen. Bor ist ein u. a. für das Wachstum der Rapspflanzen notwendiges Spurenelement und wird in Form von Blattdüngung auf die Pflanzen ausgebracht.

1.1 Um mögliche Folgen einer Bordüngung für die Bienen abschätzen zu können, die Raps als Nektar- und Pollenquelle nutzen, wurden Versuche unter Laborbedingungen durchgeführt, bei denen die Bienen mit Zuckerwasser unterschiedlichen Borgehalts gefüttert wurden (Abb. 1).

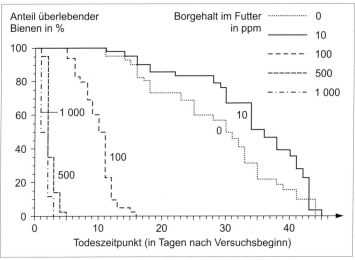

Abb. 1: Anteil der überlebenden Testbienen im Laborversuch in Abhängigkeit vom Borgehalt des Futters (Gehalt in ppm = parts per million)
(verändert nach: R. Siede, W. Dyrba (2013): *Intensivkultur Raps Bordüngung – ein weiteres Risiko für die Honigbiene?* In: Allgemeine Deutsche Imkerzeitung 5, S. 18/19)

Beschreiben Sie die Versuchsergebnisse im Überblick!   4

1.2 Planen Sie auf Basis der Daten in Abbildung 1 die Durchführung einer Freilanduntersuchung, mit der überprüft werden kann, ob Bienenvölker durch eine Bordüngung während der Blütezeit des Rapses beeinträchtigt werden! 6

2 Während ihres Lebens übernehmen Arbeiterinnen unterschiedliche Aufgaben im Stock. Als Sammelbienen besuchen sie Pflanzen und nehmen dort Nektar auf, der in Honig umgewandelt und in Waben gelagert wird. Er enthält neben energiereichen Inhaltsstoffen wie z. B. Glucose auch verschiedene Enzyme, Aromastoffe, Vitamine und Hormone.

2.1 In einer Messreihe wurde der Zuckergehalt des Nektars der u. a. in Südosteuropa und in der Türkei vorkommenden Thymianart *Thymus capitatus* in Abhängigkeit von der Temperatur untersucht. Die Pflanzen wurden in einer Klimakammer 14 Stunden belichtet, anschließend erfolgte die Probenentnahme.

Temperatur in °C	Zuckergehalt in mg pro Blüte
20	0,045
25	0,075
30	0,090
32	0,095
35	0,090
40	0,075
45	0,040

Zuckergehalt des Nektars (Mittelwerte) in den Blüten von *Thymus capitatus* in Abhängigkeit von der Temperatur (verändert und übersetzt nach: T. Petanidou, E. Smets (1996): *Does temperature stress induce nectar secretion in Mediterranean plants?* In: New Phytologist 133, S. 513–518)

Zeichnen Sie auf Basis der Wertetabelle ein Diagramm und erklären Sie die Messergebnisse unter Berücksichtigung der Fotosyntheserate! 7

2.2 Die Honigbienen nutzen Honig als Wintervorrat.
Beschreiben Sie ausgehend von Glucose die wichtigsten Schritte des aeroben Stoffabbaus und geben Sie an, wo diese in der Zelle lokalisiert sind! 7

3 Bereits 1914 konnte Karl von Frisch mit seinen klassischen Dressurexperimenten nachweisen, dass Bienen bestimmte Farben sehen und voneinander unterscheiden können. Zur Dressur stellte er beispielsweise einen Behälter mit Zuckerwasser auf ein blaues Papier und legte daneben Papiere in verschiedenen Graustufen. Im darauf folgenden Test ohne Zuckerwasser flogen die Bienen ausschließlich auf das blaue Papier, obwohl dieses nun an anderer Stelle lag.

In der folgenden Abbildung ist die Empfindlichkeit von Sinneszellen im Bienenauge in Abhängigkeit von der Wellenlänge dargestellt.

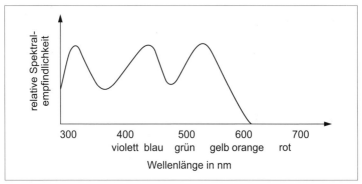

Abb. 2: Spektrale Empfindlichkeit der Lichtrezeptoren des Bienenauges
(H. Penzlin (1991): *Lehrbuch der Tierphysiologie*. Spektrum Akademischer Verlag, Jena, 5. Aufl., S. 499)

Leiten Sie ab, ob der oben beschriebene Versuch auch mit roten und grünen Farbfeldern erfolgreich durchgeführt werden kann!

4

4   Neben dem Sammeln von Nahrung gibt es weitere Aufgaben, die von den Arbeiterinnen übernommen werden. Ammenbienen kümmern sich um die Aufzucht der Jungbienen, Wächterbienen verteidigen den Stock gegen Gefahren von außen. Alle Arbeiterinnen im Bienenstock sind steril und haben keine eigenen Nachkommen.
In der Wissenschaft wird kontrovers diskutiert, ob das Verhalten der Bienen als altruistisch bezeichnet werden kann.

4.1   Die folgende Abbildung zeigt das genetische System bei Bienen:

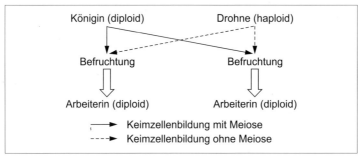

Abb. 3: Haplo-Diploidie im Bienenstaat
(verändert nach: R. Wehner, W. Gehring, A. Kühn (1990): *Zoologie*. Georg Thieme Verlag, Stuttgart, 22. Aufl., S. 488)

Leiten Sie ausgehend von Abbildung 3 den durchschnittlichen Verwandtschaftsgrad r der Arbeiterinnen (Schwestern) eines Stockes unter der Annahme ab, dass alle Arbeiterinnen aus der Paarung mit derselben Drohne hervorgegangen sind, und erklären Sie, warum es auf Grundlage des Verwandtschaftsgrades und aus soziobiologischer Sicht für solche Arbeiterinnen von Nutzen ist, auf eigene Nachkommen zu verzichten! 8

4.2 Anders als in dem in Aufgabe 4.1 angenommenen Modell paart sich eine Königin beim Hochzeitsflug normalerweise mit mehreren genotypisch verschiedenen Drohnen.
Erläutern Sie die Folge dieser Beobachtung für den unter 4.1 gewählten Erklärungsansatz!

$\dfrac{\quad 4}{40}$

Erwartungshorizont

1.1 *In dieser Teilaufgabe ist lediglich die Beschreibung der Versuchsergebnisse verlangt, eine weiterführende Interpretation wird nicht erwartet. Erklären Sie daher zunächst die Versuchsbedingungen, indem Sie auf die Achsenbeschriftungen eingehen, und beschreiben Sie dann die Kurvenverläufe.*

In den Versuchen in Abb. 1 wurde die Lebenserwartung von Bienen in Abhängigkeit vom Borgehalt des Futters untersucht. Neben einer Kontrollgruppe, die kein Bor zugefüttert bekam, wurden Tests mit vier Versuchsgruppen durchgeführt, die jeweils Futter mit unterschiedlichen Borkonzentrationen erhielten (10 ppm, 100 ppm, 500 ppm und 1 000 ppm).

Bienen der Versuchsgruppe, deren Futter die geringe Borkonzentration von 10 ppm aufwies, lebten durchschnittlich länger als Bienen der Kontrollgruppe. Bei den weiteren Versuchsgruppen sank die Lebenserwartung mit steigender Borkonzentration im Futter deutlich.

1.2 *Bei dieser Aufgabe sind Sie in der Argumentation relativ frei. Wichtig dabei ist, dass das Experiment sinnvoll geplant ist und dass Sie schlüssig argumentieren. Im Folgenden sind stichpunktartig Vorschläge für eine sinnvolle Versuchsdurchführung aufgeführt.*

Durchführung der Freilanduntersuchung:
- Die Untersuchung sollte während der Blütezeit von Raps stattfinden.
- Es müssten ein Kontrollfeld ohne Düngung und ein Testfeld mit Düngung abgesteckt werden, die von zwei Bienengruppen (Kontrolle und Testgruppe) zur Nektar- und Pollenaufnahme angeflogen werden.
- Es müsste gewährleistet sein, dass die zu untersuchenden Bienengruppen (Kontrolle und Versuchsgruppen) ausschließlich das jeweils zugewiesene Feld besuchen.
- Kontroll- und Versuchsfeld müssten sich in ausreichendem Abstand zueinander befinden, um ein Verfälschen der Versuchsergebnisse zu verhindern.
- Das Versuchsfeld sollte mit einer hohen Borsalzkonzentration gedüngt werden.
- Abgesehen vom Testparameter (Düngung) sollten weitgehend vergleichbare Bedingungen zwischen den Testgruppen und -feldern herrschen.
- Die Anzahl der Bienen in den Gruppen müsste während des gesamten Versuchszeitraums dokumentiert werden, damit die Lebensdauer der Bienen bestimmt und verglichen werden kann. Dazu müssten die Bienen u. U. markiert werden.
- Der Versuchszeitraum sollte mindestens 45 Tage betragen. Aus Abb. 1 geht hervor, dass die maximale Lebenserwartung der Bienen bei ca. 45 Tagen liegt.
- Die Anzahl der Bienen in den einzelnen Gruppen müsste groß genug sein, um ein statistisch signifikantes Ergebnis zu garantieren.

2.1

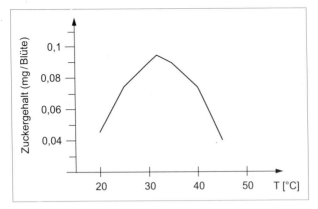

Die Fotosynthese ist in lichtabhängige und lichtunabhängige Prozesse unterteilt. Bei den letzteren, häufig unter dem Begriff Dunkelreaktion zusammengefassten Reaktionen, handelt es sich um **enzymatisch gesteuerte chemische Prozesse,** an deren Ende die Bildung von Traubenzucker steht.

Nach der **RGT-Regel** gilt, dass sich die Reaktionsgeschwindigkeit chemischer Reaktionen bei einer Temperatursteigerung von 10 °C um das zwei- bis dreifache erhöht. Die Bildung von Traubenzucker ist zu einem großen Teil von enzymatisch katalysierten chemischen Reaktionen abhängig, die bei einer Temperaturzunahme schneller ablaufen. Eine Temperaturerhöhung führt demnach zunächst zu einer Steigerung der Traubenzuckerproduktion und damit zu einer Erhöhung des Zuckergehalts des Nektars.

Ab einer Temperatur von ca. 40 °C beginnen Proteine zu **denaturieren.** Dabei verlieren sie ihre Struktur und damit auch ihre Funktion. Bei einer Temperatur von über 40 °C kommt es aufgrund der eingeschränkten Funktionalität der Enzyme zu einer geringeren Produktion von Glucose, sodass auch der Zuckergehalt im Nektar sinkt.

Die Abnahme des Zuckergehalts bei hohen Temperaturen zwischen 32 °C und 40 °C geht auf das Schließen der Spaltöffnungen zur Reduktion der Transpiration zurück. Bei geschlossenen Spaltöffnungen sinkt zwar der Wasserverlust, die Aufnahme von Kohlenstoffdioxid wird jedoch ebenfalls verringert. Da Kohlenstoffdioxid ein Ausgangsstoff für die Synthese von Glucose ist, sinkt bei Kohlenstoffdioxidmangel auch der Zuckergehalt im Nektar.

2.2 Die **Glykolyse** ist der mehrschrittige Abbau des C_6-Körpers Glucose in zwei C_3-Körper Brenztraubensäure. Dabei entstehen 2 Moleküle NADH/H$^+$ und 2 Moleküle ATP.

Zur **oxidativen Decarboxylierung** werden die beiden C_3-Körper Brenztraubensäure in das Mitochondrium transportiert. Dabei erfolgt durch Abspaltung

von 2 Molekülen CO_2 die Umsetzung der C_3-Körper zu 2 C_2-Körpern aktivierter Essigsäure (Acetyl-CoA). Es werden 2 Moleküle $NADH/H^+$ gebildet.
Im **Zitronensäurezyklus** werden in den Mitochondrien die beiden C_2-Körper aktivierte Essigsäure sukzessive zu CO_2 abgebaut. Dabei entstehen 2 Moleküle ATP, 6 Moleküle $NADH/H^+$ und 2 Moleküle $FADH_2$.
In der **Atmungskette** wird der von den Reduktionsäquivalenten aufgenommene Wasserstoff zusammen mit den aufgenommenen Elektronen auf Sauerstoff übertragen. Mithilfe einer Elektronentransportkette in der inneren Membran der Mitochondrien wird Sauerstoff also schrittweise zu Wasser reduziert, wobei pro Molekül $NADH/H^+$ ca. 3 Moleküle ATP und pro Molekül $FADH_2$ ca. 2 Moleküle ATP erzeugt werden können.

3 *Hier sollen Sie ableiten, ob der Versuch auch unter anderen Bedingungen funktionieren kann. Zur Beantwortung der Frage ist es notwendig, dass Sie zunächst die Inhalte des Diagramms zusammenfassen und dann davon ausgehend argumentieren.*

In Abb. 2 ist die spektrale Empfindlichkeit der Lichtrezeptoren von Bienenaugen dargestellt. Das Diagramm zeigt, dass Bienen Wellenlängen von 300 nm bis ca. 610 nm (UV-Strahlung bis oranges Licht) mit unterschiedlicher Empfindlichkeit wahrnehmen können.
Gegenüber rotem Licht sind die Rezeptoren des Bienenauges unempfindlich, d. h. Bienen können rotes Licht nicht wahrnehmen. Eine erfolgreiche Durchführung des Experiments mit einem roten Feld ist daher nicht möglich.
Grünes Licht liegt in dem Bereich, in dem die Rezeptoren des Bienenauges empfindlich sind. Bei einem Versuch mit einem grünen Feld ist daher mit einer erfolgreichen Versuchsdurchführung zu rechnen.

4.1 *Laut Aufgabenstellung sollen Sie den Verwandtschaftsgrad ausgehend von der Abbildung ableiten. Sie müssen daher auf die Informationen in Abb. 3 Bezug nehmen. Es reicht nicht aus, den Verwandtschaftsgrad anzugeben.*

Durchschnittlicher Verwandtschaftsgrad der Arbeiterinnen:
– Da bei der Königin die Keimzellen mittels Meiose aus diploiden Urkeimzellen hervorgehen, sind die einzelnen Keimzellen bezüglich ihres Erbmaterials zu 50 % identisch.
– Bei einer Drohne werden die Keimzellen ohne Meiose aus haploiden Zellen gebildet. Die Keimzellen der jeweiligen Drohnen sind daher genetisch identisch.
– Je 50 % des Erbguts einer Arbeiterin stammen von einer Drohne bzw. Königin. Das bedeutet, dass 50 % des Erbguts zu 100 % identisch sind und 50 % zu 50 %. Dementsprechend beträgt der Verwandtschaftsgrad zwischen den einzelnen Arbeiterinnen 75 %.
$r = 0{,}5 \cdot 1{,}0 + 0{,}5 \cdot 0{,}5 = 0{,}75$

Würde die Arbeiterin selbst Nachkommen zeugen, wäre sie mit ihnen – wie die Königin mit der Arbeiterin – nur zu 50 % verwandt (r = 0,5). Genetisch gesehen ist es daher für Arbeiterinnen vorteilhafter, sich an der Aufzucht von fortpflanzungsfähigen Schwestern zu beteiligen, als selbst Nachkommen zu zeugen. Durch einen Verzicht auf die **direkte Fitness** und eine Steigerung der **indirekten Fitness** wird somit die Gesamtfitness durch **Verwandtenselektion** erhöht, was das altruistische Verhalten der Arbeiterinnen erklärt.

4.2   Da sich die Königin mit mehreren Drohnen paart, sinkt der Verwandtschaftsgrad zwischen den einzelnen Arbeiterinnen. Der Fitnessgewinn über die indirekte Fitness und damit die Gesamtfitness sinken. Der Erklärungsansatz des altruistischen Verhaltens der Arbeiterinnen mittels einer Steigerung ihrer Gesamtfitness über Verwandtenselektion muss daher infrage gestellt werden.

Abitur Biologie (Bayern) 2014
Aufgabe A 2: Biotreibstoff aus pflanzlichem Abfall

BE

Biotreibstoffe enthalten energiereiche Verbindungen, die u. a. durch Vergärung von Kohlenhydraten (z. B. Haushaltszucker und Stärke) und anschließender Destillation gewonnen werden können. Viele Forschungsgruppen befassen sich damit, Biotreibstoffe künftig auch durch Abbau von pflanzlichen Abfall- oder Reststoffen (z. B. Stroh, Holzreste oder Altpapier) herzustellen. Der hierzu notwendige Abbau von Cellulose ist bei verschiedenen Mikroorganismen bekannt.

1 Forscher der Universität Bielefeld entdeckten, dass die Grünalge *Chlamydomonas reinhardtii* unter bestimmten Bedingungen Cellulose in Glucose umwandeln und Ethanol oder Wasserstoff bilden kann.

1.1 Die folgende Abbildung zeigt schematisch den Abbau von Cellulose zu Glucose bei *Chlamydomonas*:

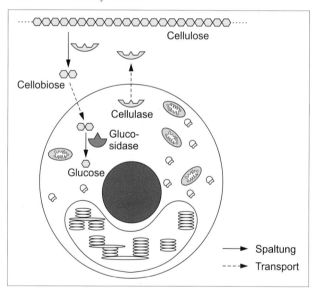

Abb. 1: Cellulose-Abbau bei der einzelligen Alge *Chlamydomonas* (stark vereinfacht)

Beschreiben Sie die dargestellten Vorgänge, die zum Abbau von Cellulose nötig sind, und geben Sie begründet einen Außenfaktor an, der diesen Stoffwechselweg auslösen könnte! 6

1.2 Beschreiben Sie ausgehend von Glucose die wichtigsten Schritte bei der alkoholischen Gärung! 5

1.3 Auch der Stoffwechselweg für die Bildung von Wasserstoff (H$_2$) ist bereits gut untersucht. Ein wichtiges Enzym hierbei ist die Hydrogenase. Durch Sauerstoff wird sie inaktiviert.

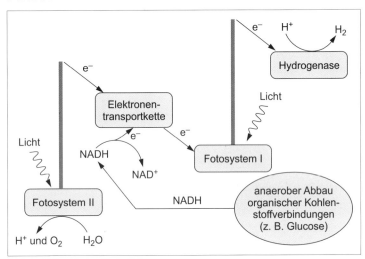

Abb. 2: Schematische Darstellung der für die Wasserstoffproduktion bei *Chlamydomonas* bedeutsamen Strukturen und Vorgänge in und an der Thylakoidmembran (Zahlenverhältnisse sind nicht berücksichtigt.)
(R. Wünschiers, R. Schulz (1998): *Photosynthese und Wasserstoff: Grundlagen und Nutzung*. In: Biologie in unserer Zeit 13/28, Wiley VCH, S. 130–136)

Zur Untersuchung der Wasserstoffproduktion wurden *Chlamydomonas*-Algen unter Belichtung in Wasser kultiviert. Forscher versuchen durch Veränderung der Haltungsbedingungen die Wasserstoffproduktion zu maximieren. Hierzu werden verschiedene Varianten diskutiert:
a) Kultivierung von *Chlamydomonas* im Dunkeln
b) Gabe von organischen Kohlenstoffverbindungen
c) Zugabe eines Hemmstoffes zur Inaktivierung von Fotosystem I
d) Zugabe eines Hemmstoffes zur Inaktivierung von Fotosystem II

Leiten Sie ab, wie sich die jeweils isoliert vorgenommenen Veränderungen auf die Wasserstoffproduktion auswirken, und geben Sie an, bei welcher Kombination an Bedingungen die Wasserstoffproduktion maximal wird!   9

1.4 Vergleichen Sie die beiden in 1.2 und 1.3 genannten Möglichkeiten der Regeneration von NAD$^+$ und der Gewinnung von ATP!   4

2 An der Universität Rostock wird daran geforscht, mithilfe von heterotrophen Bodenbakterien der Gattung *Clostridium* langfristig Möglichkeiten zu schaffen, aus cellulosehaltigen Reststoffen Biotreibstoff her-

zustellen. Das Bodenbakterium *Clostridium butyricum* kann auf ähnliche Weise wie *Chlamydomonas* bei Bedarf Cellulose bzw. Cellobiose abbauen und produziert dabei neben verschiedenen organischen Endprodukten ein Gasgemisch aus Kohlenstoffdioxid und Wasserstoff.
Zur genaueren Aufklärung wurden Kulturen von *Clostridium butyricum* in einer Versuchsreihe mit Glucose (Kurve A) bzw. mit Cellobiose (Kurve B) versetzt und die Gasproduktion gemessen.

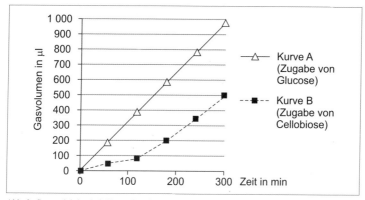

Abb. 3: Gasproduktion bei *Clostridium butyricum*
(A. J. Schocher (1959): *Ein Beitrag zur Kenntnis der Wachstums- und Gärungsphysiologie der Saccharolytischen Clostridien.* Grafisch Bedrijf Avanti, Delft, S. 98)

Erläutern Sie ausgehend von einer Modellvorstellung zur Genregulation die Kurven A und B! 10

3   2012 wurde in Straubing die bundesweit größte Anlage eröffnet, in der Cellulose aus Getreide- oder Maisstroh zu Ethanol abgebaut wird. Hierbei werden aus Pilzen isolierte Enzyme zusammen mit Cellulose erhitzt. In folgender Tabelle sind die wichtigsten Angaben der Produktbeschreibung einer entsprechenden Enzymmischung zusammengestellt.

Anwendung	Abbau cellulosehaltiger Materialien verschiedenster Herkunft
Arbeitstemperatur	50 bis 60 °C
Lagerung	trocken in einem verschlossenen Behälter bei +2 bis +8 °C; Erwärmung auf über 70 °C vermeiden

Produktbeschreibung einer Enzymmischung für den Celluloseabbau

Stellen Sie die Abhängigkeit der Aktivität dieses Enzym-Gemisches von der Temperatur grafisch dar und erklären Sie den Kurvenverlauf!   6
   ───
   40

Erwartungshorizont

1.1 Beschreibung der dargestellten Vorgänge zum Celluloseabbau:
   – Das Enzym Cellulase wird durch die Zellwand aus der Zelle transportiert.
   – Die Cellulase katalysiert als Enzym die Spaltung von Cellulose in Cellobiose.
   – Cellobiose wird durch die Zellwand in die Zelle transportiert.
   – In der Zelle wird Cellobiose durch das Enzym Glucosidase in Glucose gespalten.

Möglicher auslösender Außenfaktor für den dargestellten Stoffwechselweg:
Die Alge betreibt den dargestellten Stoffwechselweg nur, wenn keine Fotosynthese möglich ist. Das bedeutet, dass der Abbau von Cellulose durch Faktoren ausgelöst wird, die Fotosyntheseprozesse verhindern, also beispielsweise durch Dunkelheit, Wasser- oder Kohlenstoffdioxidmangel.

1.2 *Der Arbeitsauftrag „beschreiben" verlangt, dass die Prozesse der alkoholischen Gärung umfassend, zusammenhängend und geordnet dargestellt werden. Dies ist mithilfe einer Reaktionsgleichung möglich, deren Angabe ist aber nicht zwingend notwendig.*

Bei der alkoholischen Gärung wird während der **Glykolyse** 1 mol Glucose in mehreren Schritten zu 2 mol Brenztraubensäure abgebaut. Dabei entstehen 2 mol ATP und 2 mol NADH/H$^+$.
Unter **anaeroben Bedingungen** reagiert die Brenztraubensäure unter Abspaltung von Kohlenstoffdioxid zu Ethanal, das anschließend unter Verbrauch von NADH/H$^+$ und Regeneration von NAD$^+$ zu Ethanol reduziert wird.

$$C_6H_{12}O_6 + 2\,ADP + 2\,(P) \longrightarrow 2\,C_2H_5OH + 2\,CO_2 + 2\,ATP$$

Glucose   Ethanol

1.3 *Der Begriff „ableiten" fordert Sie dazu auf, auf der Grundlage der Angaben eigene Schlussfolgerungen zu ziehen. Vorsicht vor allem bei Variante b: Hier ist nicht nur die Gabe von organischen Kohlenstoffverbindungen entscheidend, sondern bereits die im einleitenden Text der Aufgabe angegebene Information „... unter Belichtung in Wasser kultiviert."*

   a) Kultivierung der Alge im **Dunkeln**: Ohne Licht findet **kein Elektronentransport** über die Fotosysteme I und II statt und deshalb kann durch die Hydrogenase **kein Wasserstoff produziert werden**.
   b) Gabe von **organischen** Kohlenstoffverbindungen: Beim anaeroben Abbau organischer Kohlenstoffverbindungen kann zwar durch die Umwandlung von NADH zu NADH/H$^+$ die Elektronenlücke beim Fotosystem I aufgefüllt werden. Entscheidend aber ist, dass die organischen Kohlenstoffverbin-

dungen bei Belichtung gegeben werden. Am Fotosystem II wird also Wasser gespalten und dabei entsteht Sauerstoff. Der Sauerstoff **inaktiviert** jedoch **die Hydrogenase**, sodass **keine Wasserstoffproduktion** stattfindet.

c) Zugabe eines Hemmstoffes zur Inaktivierung **von Fotosystem I**: Wird das Fotosystem I inaktiviert, findet **kein Elektronentransport** über dieses Fotosystem statt und deshalb kann durch die Hydrogenase **kein Wasserstoff produziert werden.**

d) Zugabe eines Hemmstoffes zur **Inaktivierung von Fotosystem II**: Wird das Fotosystem II inaktiviert, findet **kein Elektronentransport** über das Fotosystem I statt, da Elektronen aus der Wasserspaltung fehlen. Dieser Elektronenmangel bewirkt, dass die Hydrogenase **keinen Wasserstoff produziert.**

Maximale Wasserstoffproduktion: Bei ausreichend Licht, der Gabe von organischen Kohlenstoffverbindungen und gleichzeitiger Inaktivierung des Fotosystems II ist die Wasserstoffproduktion maximal.

1.4 Die **Regeneration von NAD⁺** aus $NADH/H^+$ geschieht während der alkoholischen Gärung bei der Reduktion von Brenztraubensäure zu Ethanol. Bei der Wasserstoffproduktion erfolgt sie durch das Einschleusen von $NADH/H^+$ in die Elektronentransportkette zwischen Fotosystem II und I.

Die **ATP-Bildung** findet bei beiden Stoffwechselwegen während der Glykolyse statt. Bei der Wasserstoffproduktion kann ATP außerdem während der Fotosynthese mithilfe des beim Elektronentransport aufgebauten Protonengradienten synthetisiert werden.

Nach der chemiosmotischen Theorie kann die beim Elektronentransport frei werdende Energie zum Aufbau eines Protonengradienten über der Thylakoidmembran genutzt werden. Der Ausgleich des dadurch entstehenden elektrischen Potenzials erfolgt über die ATP-Synthase.

2 *Der Operator „erläutern" verlangt nicht nur, dass die Modellvorstellung und Zusammenhänge in den wesentlichen Aspekten, evtl. unterstützt durch eine Skizze, deutlich gemacht werden. Zusätzlich wird auch eine Beschreibung zur Skizze erwartet.*

Beschreibung der Kurvenverläufe:
– Kurve A: Das Gasvolumen steigt ab der Zugabe von Glucose innerhalb von 300 Minuten auf ca. 950 µl konstant an.
– Kurve B: Bis etwa 100–120 Minuten nach der Zugabe von Cellobiose erhöht sich das Gasvolumen nur langsam auf ca. 80 µl. Erst danach zeigt sich ein stärkerer linearer Anstieg der Gasproduktion bis auf knapp 500 µl nach 300 Minuten.

Erläuterung der Kurvenverläufe:
Der rasche und kontinuierliche Abbau von Glucose weist darauf hin, dass die nötigen Enzyme bereits in der Zelle vorhanden sind (Kurve A). Der verzögerte Anstieg der Gasproduktion in Kurve B könnte darauf beruhen, dass die für den Cellobioseabbau notwendigen Enzyme erst in größeren Mengen in der Zelle gebildet werden müssen.

Modellvorstellung der Genregulation nach JAKOB-MONOD:

Eine mögliche Genregulation, die den Kurvenverlauf erläutert, lässt sich nach der Operon-Hypothese mit der Substratinduktion erklären.

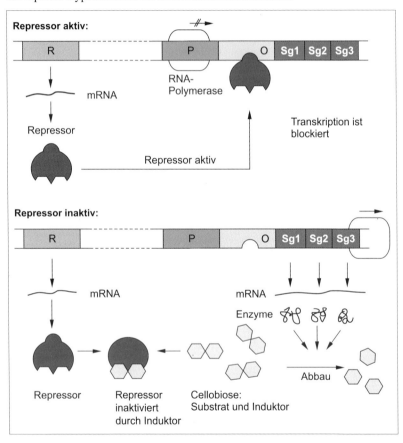

Das Operon ist ein DNA-Abschnitt im Erbgut der Bodenbakterien. Dieser enthält neben einem Promotorgen und dem Operatorgen auch mehrere Strukturgene:
- Das **Promotor**gen dient als Startstelle für die RNA-Polymerase.
- Das **Operator**gen fungiert als Bindestelle für den Repressor.
- Die **Struktur**gene codieren in diesem Fall Enzymproteine für den Abbau von Cellobiose.

Das Operon wird von einem benachbarten DNA-Abschnitt gesteuert, dem **Regulatorgen**. Das Genprodukt des Regulatorgens ist der **Repressor**. Dieses allosterische Protein, das vor der Zugabe von Cellobiose in seiner **aktiven Form** vorliegt, bindet an den Operator und verhindert damit die Transkription der Strukturgene durch die RNA-Polymerase.

Nach der Zugabe von Cellobiose verbinden sich Cellobiosemoleküle mit dem aktiven Repressor über dessen zweite Bindestelle. Dies führt zu einer Konformationsänderung des Repressors, und seine Bindung an das Operatorgen wird gelöst. Der Repressor ist nun inaktiv, die RNA-Polymerase heftet sich an den Promotor und beginnt mit der Transkription. Erst jetzt erfolgt die Proteinbiosynthese der Enzyme, die nach etwa 100 bis 120 Minuten vermehrt den Abbau von Cellobiose in organische Endprodukte und die Gase Kohlenstoffdioxid bzw. Wasserstoff katalysieren.

Man bezeichnet die Cellobiose in diesem Fall der Genregulation als **Induktor**, da sie als abzubauender Stoff die Enzymsynthese auslöst.

3

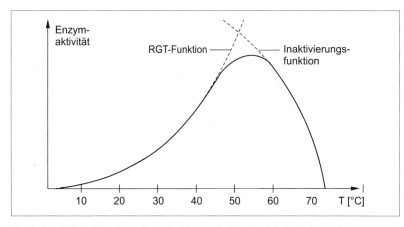

Nach der **RGT-Regel** verdoppelt bis verdreifacht sich bei einem Temperaturanstieg um 10 °C die Reaktionsgeschwindigkeit bei chemischen Reaktionen. Deshalb steigt die Enzymaktivität bei zunehmender Temperatur ab +2 °C bis +8 °C steil an.

Bei einer Temperatur von 50 °C bis 60 °C wird bei diesen enzymatisch katalysierten Reaktionen ein Maximum der Enzymaktivität erreicht, da die Enzyme in diesem Bereich ihre optimale Arbeitstemperatur aufweisen.

Bei einer weiteren Temperaturerhöhung setzt die **Hitzedenaturierung** der Enzymproteine ein. Dabei werden die für die Tertiärstruktur relevanten Wechselwirkungen und Bindungen zerstört. Es kommt zu einer Konformationsänderung und die Bindung des Substrats am aktiven Zentrum ist nicht mehr möglich. Das Enzym ist inaktiv und kann die Reaktion nicht mehr katalysieren. Die Enzymaktivität sinkt steil ab.

BE

Die Erregungsübertragung an Synapsen erfolgt mithilfe von Transmittern. Als erster Neurotransmitter wurde 1921 das Acetylcholin entdeckt, das unter anderem an Synapsen der Muskulatur und des Gehirns auftritt.

1   Die energiebedürftige Synthese von Acetylcholin (ACh) aus Cholin und Acetyl-CoA („aktivierte Essigsäure") erfolgt in den synaptischen Endknöpfchen durch das Enzym Cholinacetyltransferase.

$$\text{Cholin} + \text{Acetyl-CoA} \xrightarrow{\textit{Cholinacetyltransferase}} \text{Acetylcholin} + \text{CoA}$$

Cholin wird aus dem extrazellulären Raum aufgenommen, Acetyl-CoA wird in den Mitochondrien der Endknöpfchen hergestellt.

1.1   Stellen Sie die Aktivität der Cholinacetyltransferase in Abhängigkeit von der Cholinkonzentration in einem beschrifteten Diagramm dar!   5

1.2   Die Zellorganellen sind im Neuron ungleich verteilt: So findet man Ribosomen ausschließlich im Zellkörper, während Mitochondrien sowohl im Zellkörper als auch im Endknöpfchen vorkommen.
Legen Sie dar, welche Konsequenzen sich aufgrund der räumlichen Verteilung der Zellorganellen für die Acetylcholin-Synthese ergeben!   4

1.3   Acetylcholin wird nach der Synthese in synaptischen Membran-Bläschen gespeichert.

1.3.1   Erstellen Sie eine beschriftete schematische Skizze einer typischen Biomembran!   5

1.3.2   Der Mechanismus für die Transmitter-Anreicherung in einem synaptischen Membran-Bläschen ist in der folgenden Abbildung dargestellt.

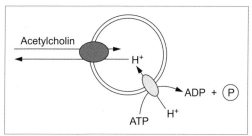

Abb. 1: Transport von Acetylcholin in ein synaptisches Membran-Bläschen

Erläutern Sie anhand von Abbildung 1 die Bedeutung der dargestellten Transportvorgänge zur Anreicherung von Acetylcholin!   5

2 Galantamin wirkt an zwei Stellen im synaptischen Spalt: Als kompetitiver Hemmstoff beeinflusst er die Aktivität der Acetylcholinesterase, einem Enzym, das den Abbau von Acetylcholin in Acetat und Cholin katalysiert. Zudem wirkt er als allosterischer Aktivator an den Acetylcholin-Rezeptoren der postsynaptischen Membran.

2.1 Beschreiben Sie unter Verwendung einer geeigneten Modellvorstellung am Beispiel von Galantamin die Wirkung eines kompetitiven Hemmstoffs und eines allosterischen Aktivators! 7

2.2 Die *Myasthenia gravis* ist eine Autoimmunerkrankung, bei der Antikörper gegen die körpereigenen Acetylcholin-Rezeptoren gebildet werden, sodass deren Zahl deutlich verringert ist. Lähmungen z. B. der Augen- oder der Schluckmuskulatur sind die Folge. Beurteilen Sie, ob eine Behandlung mit Galantamin eine Linderung der Beschwerden erwarten lässt! 6

3 Acetylcholin vermittelt die Erregungsübertragung zwischen Nerv und Muskel, stellt u. a. aber auch einen wichtigen Transmitter im zentralen Nervensystem (ZNS) dar.
Im folgenden Diagramm sind die postsynaptischen Potenziale (PSP) einer Muskelzelle und einer Nervenzelle des ZNS dargestellt.

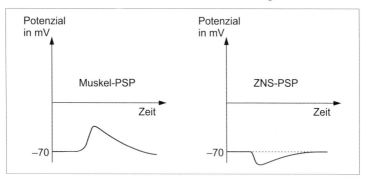

Abb. 2: Potenzialänderungen an postsynaptischen Membranen, ausgelöst durch Acetylcholin
(B. Schnitzer, R. Emmerich; http://www.schule-bw.de/unterricht/faecher/biologie/material/zelle/
nerven2/synapse_pics/image 102.gif, Landesbildungsserver Baden-Württemberg, zuletzt
aufgerufen am 10. 12. 2013)

Geben Sie jeweils die Auswirkung von Acetylcholin auf die Informationsweiterleitung an den postsynaptischen Membranen an und erläutern Sie den Verlauf der beiden postsynaptischen Potenziale unter Bezugnahme auf die Ionenebene! 8
___
40

Erwartungshorizont

1.1

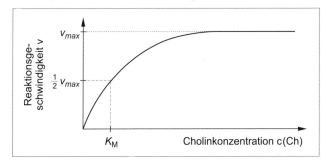

1.2 *Für eine umfassende Beantwortung dieser Teilaufgabe liefert auch der einleitende Text der Aufgabe 1 wesentliche Informationen.*

Zur Produktion von Acetylcholin sind sowohl die Ribosomen, an denen die Translation stattfindet, als auch die Mitochondrien zur Energiebereitstellung notwendig.

Ribosomen: Diese Organellen übersetzen die in der mRNA gespeicherte genetische Information in die Aminosäuresequenz des Enzyms Cholinacetyltransferase. Da die Proteinbiosynthese und damit die Synthese der Cholinacetyltransferase nur im Zellkörper stattfinden, muss das Enzym anschließend entlang des Axons zum Endknöpfchen transportiert werden.

Mitochondrien: Die energiebedürftige Synthese von Acetylcholin aus Cholin und Acetyl-CoA findet in den Endknöpfchen statt. Die dafür benötigte Energie wird von den Mitochondrien in Form von ATP in den Endknöpfchen bereitgestellt.

1.3.1

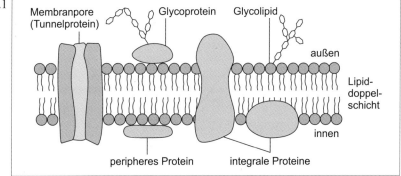

1.3.2 *Der Operator „erläutern" verlangt nicht nur, dass die in der Abbildung darge-*
stellten Aspekte beschrieben werden, sie müssen auch in einen Zusammenhang
gesetzt werden.

Über ein Protein, das in der Membran des Bläschens lokalisiert ist (ATPase)
wird ATP in ADP und anorganisches Phosphat gespalten. Die dabei freigesetz-
te Energie wird dazu verwendet, Protonen aktiv in das Membran-Bläschen zu
transportieren und damit Protonen im Bläschen anzureichen. Der resultierende
Protonengradient dient dazu, Acetylcholin im Austausch gegen H^+-Ionen in
das Membran-Bläschen zu transportieren. Dieser Austausch geschieht durch
ein weiteres Membranprotein.

2.1 *Der Arbeitsauftrag „beschreiben" erfordert, dass die Modellvorstellung durch*
umfassende Angaben zusammenhängend und geordnet dargestellt wird. Die
Anfertigung einer Skizze ist möglich, aber nicht zwingend notwendig.

Wirkung als kompetitiver Hemmstoff:
Galantamin besitzt eine **ähnliche räumliche Struktur** wie das Substrat Acetylcholin. Es konkurriert daher mit Acetylcholin um das **aktive Zentrum** der
Acetylcholinesterase. Galantamin kann ebenfalls an das aktive Zentrum binden
und es so für das eigentliche Substrat **blockieren**. Als Folge wird die **Enzymaktivität** der Acetylcholinesterase **herabgesetzt**; sie spaltet weniger Acetylcholin in Acetat und Cholin. Die Hemmwirkung eines kompetitiven Hemmstoffes ist von dessen Konzentration abhängig.

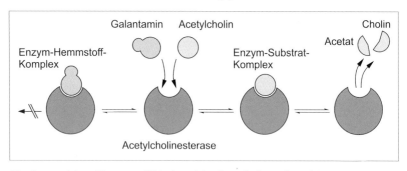

Ein kompetitiver Hemmstoff bindet nicht dauerhaft an das aktive Zentrum und
kann verdrängt werden, deshalb handelt es sich bei der kompetitiven Hemmung
um eine reversible Hemmung.

Wirkung als allosterischer Aktivator:
Galantamin lagert sich als allosterischer Aktivator an einer speziellen **Bindestelle** des Acetylcholin-Rezeptors an. Er **verändert** so die **räumliche Struktur**
des Rezeptors und **steigert** dessen **Bindungsfähigkeit** für Acetylcholin. Die
Signalübertragung auf die postsynaptische Membran wird dadurch verbessert.

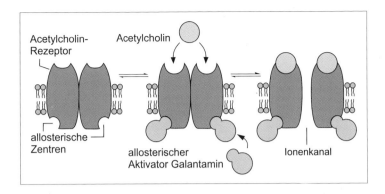

Acetylcholin-Rezeptor — Acetylcholin — allosterische Zentren — allosterischer Aktivator Galantamin — Ionenkanal

2.2 *Der Operator „beurteilen" fordert Sie dazu auf, ihre eigene Meinung darzulegen. Analysieren Sie dazu den Sachverhalt und begründen Sie ihre Meinung mit fundierten Argumenten logisch.*

Analyse des Krankheitsbildes:
Bei *Myasthenia gravis* zerstören körpereigene Antikörper die körpereigenen Acetylcholin-Rezeptoren. Dadurch existiert eine **geringere Anzahl** an Bindestellen für den Transmitter und an der postsynaptischen Membran wird nach der Freisetzung von Acetylcholin ein deutlich **geringeres PSP** (postsynaptisches Potenzial) ausgelöst. Lähmungserscheinungen sind die Folge.

Wirkung von Galantamin:
– Durch die Hemmung der Acetylcholinesterase wird deren Enzymaktivität reduziert. Dadurch wird Acetylcholin langsamer abgebaut, und die Transmitterkonzentration im synaptischen Spalt erhöht sich. Als Folge davon werden höhere PSPs ausgelöst.
– Als allosterischer Aktivator steigert Galantamin die Bindungsfähigkeit des Rezeptors für Acetylcholin. Dies verstärkt die Transmitterwirkung und führt ebenfalls zu höheren PSPs.

Beurteilung: Die Behandlung mit Galantamin lässt also eine Linderung der Beschwerden erwarten.

3 *Laut Aufgabenstellung ist nur eine Erläuterung des Potenzialverlaufes auf der Ionenebene verlangt, aber keine Zuordnung der beiden Kurven. (Die Kurve rechts entspricht dem Verlauf eines EPSPs, die Kurve links dem eines IPSPs). Die Acetylcholin-Moleküle binden an die Acetylcholin-Rezeptoren der postsynaptischen Membran. Bei der Bindung der Transmitter an die Rezeptoren öffnen sich die Ionenkanäle.*

Muskel: Bei erregenden Synapsen handelt es sich bei den ligandengesteuerten Ionenkanälen um **Natriumionenkanäle**. Bindet Acetylcholin an die Rezeptoren, so öffnen sich diese Kanäle, und es strömen Natriumionen in die postsynaptische Zelle ein. Die Folge ist eine **Depolarisation**. Es liegt ein **EPSP** (erregendes postsynaptisches Potenzial) vor.

ZNS: Bei hemmenden Synapsen steuern die Rezeptoren **Kalium- oder Chloridionenkanäle**. Binden die Acetylcholin-Transmittermoleküle, so strömen entweder Kaliumionen aus der postsynaptischen Zelle aus oder Chloridionen ein. Die Folge ist eine **Hyperpolarisation** der postsynaptischen Zelle. Man spricht von einem **IPSP** (inhibitorisches postsynaptisches Potenzial).

BE

1   Die Schwarzmündige Bänder-
     schnecke *(Cepaea nemoralis)* be-
     sitzt ein großes Verbreitungsge-
     biet, das sich von Norwegen bis
     nach Spanien erstreckt und von
     der Küste bis in die Alpen Hö-
     henunterschiede von 1 200 Me-
     tern abdeckt. Man findet sie in so
     unterschiedlichen Lebensräumen
     wie Wiesen oder Wäldern. Die
     Bänderschnecke weist eine große
     Vielfalt an Gehäusen auf. Die

Gehäuse von *Cepaea nemoralis*
(© idw-online.de)

Gehäuse können gelb, rot oder braun und durch bis zu fünf Bänder ge-
mustert sein.

1.1 Stellen Sie den modellhaften Entwicklungsverlauf einer Bänderschne-
     cken-Population bei der Neubesiedlung eines Lebensraumes bis zu ei-
     nem stabilen Zustand in einem Diagramm dar und erklären Sie den
     Kurvenverlauf!   8

1.2 Die folgende Abbildung zeigt die Untersuchungsergebnisse der Zusam-
     mensetzung des Farb- und Bänderungsspektrums von *Cepaea nemoralis*
     in unterschiedlichen Lebensräumen.

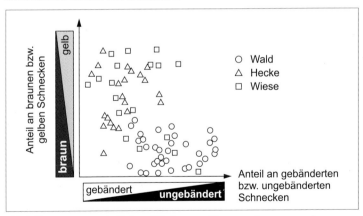

Abb. 1: Zusammensetzung des Farb- und Bänderungsspektrums von *Cepaea nemoralis*
(© R. Nordsieck (2010))

Beschreiben Sie das Verhältnis von gelben zu braunen sowie von gebänderten zu ungebänderten Gehäusevarianten von *Cepaea nemoralis* in Abhängigkeit vom Lebensraum und stellen Sie zwei begründete Hypothesen auf, die diese Verhältnisse erklären!

9

2 Kegelschnecken sind räuberisch lebende Weichtiere der tropischen und subtropischen Meere. Bei den Nervenzellen der Kegelschnecken wurden neben den chemischen Synapsen auch elektrische Synapsen entdeckt.

2.1 Die elektrische Synapse besteht aus kleinen, durch Protein-Moleküle gebildeten Kanälen. Diese Kanäle werden von zwei Zellen gebildet und verbinden diese, indem sie die jeweilige Membran durchdringen und den Zwischenzellraum überbrücken. Dadurch wird ein direkter Kontakt zwischen den Nervenzellen möglich, der eine fast verzögerungsfreie Übertragung, die prinzipiell in beide Richtungen verlaufen kann, ermöglicht.

2.1.1 Stellen Sie ausgehend von einer beschrifteten Skizze einer Biomembran die elektrische Synapse grafisch dar!

6

2.1.2 Stellen Sie wesentliche strukturelle und funktionelle Unterschiede chemischer Synapsen gegenüber elektrischer Synapsen dar!

4

2.2 Neuromuskoläre Synapsen gehören zu den erregenden Synapsen. Als Transmitter fungiert Acetylcholin, welches durch das Enzym Acetylcholinesterase wieder gespalten wird. Jede Kegelschneckenart besitzt für den Beutefang einen Giftcocktail, zu dem u. a. α-Conotoxin gehört, das an die Acetylcholin-Rezeptoren der postsynaptischen Membran bindet und diese reversibel blockiert.

2.2.1 Messungen der Acetylcholin-Konzentration im synaptischen Spalt nach einer Einzelerregung am Axon führten zu den in Abbildung 2 dargestellten Ergebnissen.

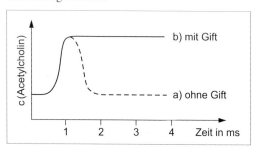

Abb. 2: Acetylcholin-Konzentration im synaptischen Spalt nach einer Einzelerregung

Erläutern Sie, ob die dargestellte Giftwirkung auf α-Conotoxin zurückzuführen ist!

4

2.2.2 Neostigmin ist ein reversibler Acetylcholinesterase-Hemmer, der auch in der Medizin eingesetzt wird.

Beurteilen Sie, ob dieser Wirkstoff als Gegengift für α-Conotoxin geeignet wäre! 4

3 Die Prachtvolle Fadenschnecke *(Hermissenda crassicornis)* bewegt sich bei Lichtreizen auf die Lichtquelle zu. Weiterhin reagiert *Hermissenda crassicornis* im Labor auf kurzzeitig nach hinten einwirkende Zugkräfte mit dem Zusammenziehen des Fußmuskels, um sich am Untergrund besser anheften zu können. Wird der Lichtreiz mehrfach mit der Zugkraft gekoppelt, so löst anschließend Licht allein eine Fußmuskelkontraktion aus.

Hermissenda crassicornis
(Foto: DrKjaergaard; http://commons.wikimedia.org/ wiki/File:Hermissenda_crassicornis3.JPG; lizenziert unter CC BY-SA 2.5)

Geben Sie unter Bezug auf den Text an, um welche Form des Lernens es sich bei der beschriebenen Verhaltensänderung handelt, und erklären Sie diesen Lernvorgang unter Einbeziehung der entsprechenden Fachbegriffe! 5

40

1.1

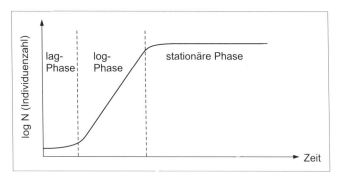

Anlaufphase (= lag-Phase): Die Schnecken stellen sich auf die neuen Umweltbedingungen ein und zeigen deshalb nur eine geringe Vermehrungsrate. Die Geburtenrate ist nur geringfügig höher als die Sterberate.

Exponentielle Phase (= log-Phase): Aufgrund der Neubesiedelung ist in dem Gebiet kaum Konkurrenz zu erwarten. Da die Lebensbedingungen für die Bänderschnecken optimal sind, werden die Tiere vermutlich eine sehr starke Vermehrungsrate aufweisen. Die Geburtenrate übersteigt die Sterberate deutlich.

Stationäre Phase: Ab einer gewissen Populationsdichte kommt es zur zwischenartlichen Konkurrenz, da es an Ressourcen wie beispielsweise an Nahrung mangelt. Dies führt dazu, dass sich Geburtenrate und Sterberate in etwa ausgleichen. Die Wachstumsrate nimmt ab und nähert sich 0 an.

Zu einer Absterbephase wird es in einem offenen System in der Regel nicht kommen, da sich die Populationsdichte auf einem bestimmtem Niveau einpendelt.

1.2   *Beschreiben Sie zunächst die Inhalte des Diagramms, bevor Sie an dessen Auswertung gehen. Versuchen Sie eine Aufgabe diesen Umfangs möglichst gut zu strukturieren, um zu verhindern, dass Sie sich bei einigen Aussagen wiederholen, während Sie andere Aspekte unberücksichtigt lassen.*

Abb. 1 zeigt, dass gelbe ungebänderte Schnecken sowie braune gebänderte Schnecken fast überhaupt nicht anzutreffen sind.
Im Lebensraum Wald kommen überwiegend braune ungebänderte Schnecken der Art *Cepaea nemoralis* vor. In Hecken finden sich hauptsächlich gelbe gebänderte Schnecken. Die Variationsbreite im Lebensraum Wiese ist deutlich größer, sodass eine eindeutige Zuordnung nicht möglich ist. Gelbe gebänderte Schnecken sind jedoch auch hier etwas häufiger vertreten als andere Varianten.

Hypothese 1: In Hecken stellt eine Bänderung des Gehäuses eine mögliche Tarnung dar, da die Linienstruktur derjenigen von Ästen und Blättern ähnelt. Sie tritt auf gelben Gehäusen besonders deutlich hervor, sodass die Schnecken für Fressfeinde schwierig zu entdecken sind. Dass in der Variationsbreite kaum braune gebänderte Schnecken auftauchen, könnte damit zusammenhängen, dass eine Bänderung auf dunkleren Gehäusen wenig auffällt.

Hypothese 2: Dunkle Gehäuse könnten im Lebensraum Wald von Vorteil sein, da sie mehr Licht absorbieren als helle. Je dunkler die Färbung ist, desto höher ist damit auch die Temperatur im Schneckengehäuse. Für die wechselwarmen Lebewesen kann das im Lebensraum Wald entscheidende Vorteile mit sich bringen. Des Weiteren können dunkle Schneckengehäuse im Wald ebenfalls der Tarnung dienen, indem sie eine Anpassung an den überwiegend dunklen Waldboden darstellen.

Gelb-ungebänderte Schnecken kommen vermutlich deshalb so selten vor, da diese Schnecken weder einen Vorteil durch Tarnung noch durch Lichtabsorption besitzen.

2.1.1

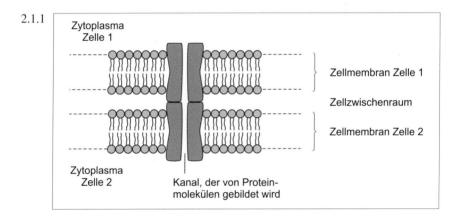

2.1.2 Unterschiede zwischen elektrischen und chemischen Synapsen:
- Bei der elektrischen Synapse sind die beiden Zellen direkt über einen Proteinkanal miteinander verbunden. Bei der chemischen Synapse befindet sich zwischen den kommunizierenden Zellen der synaptische Spalt.
- Impulse können bei elektrischen Synapsen direkt über Ionenströme von einer zur nächsten Zelle ohne Zeitverlust übertragen werden. Bei chemischen Synapsen muss das elektrische Signal erst in ein chemisches Signal umgewandelt werden. Es kann in der Zielzelle zeitverzögert einen neuen Impuls auslösen.

– Bei einer elektrischen Synapse ist eine Reizweiterleitung in beide Richtungen möglich, während die Signalübertragung bei einer chemischen Synapse unidirektional ist.

2.2.1 *Conotoxin-α bindet nach dem Schlüssel-Schloss-Prinzip an Acetylcholin-Rezeptoren und blockiert sie. Es wirkt als Acetylcholin-Antagonist.*

Abb. 2 zeigt, dass bei einem am Endknöpfchen ankommenden Reiz sowohl unter Gifteinwirkung als auch ohne Gift Acetylcholin ausgeschüttet wird.
Ohne Gift wird Acetylcholin nach kurzer Zeit von der Acetylcholinesterase gespalten und ins Endknöpfchen aufgenommen. Im Diagramm ist die abfallende Acetylcholin-Konzentration ca. 1 ms nach deren Anstieg zu erkennen.
Aus der Kurve unter Gifteinwirkung geht hervor, dass die Acytylcholin-Konzentration nach einer Ausschüttung konstant hoch bleibt. Das Gift wirkt demnach als *(irreversibler)* Acetylcholinesterase-Hemmer.
Da Conotoxin-α als Acetylcholin-Antagonist an die Rezeptoren der postsynaptischen Membran bindet, kann die Giftwirkung nicht auf Conotoxin-α zurückgeführt werden.

2.2.2 Da Neostigmin ein reversibler Acetylcholinesterase-Hemmer ist, wird Acetylcholin im synaptischen Spalt nur langsam abgebaut. Conotoxin-α wirkt als reversibler Acetylcholin-Antagonist, es blockiert also die Acetylcholin-Rezeptoren an der postsynaptischen Membran. Acetylcholin und Conotoxin-α konkurrieren um die Bindungsstellen der Rezeptoren. Wird die Acetylcholin-Konzentration durch Hemmung der Acetylcholinesterase erhöht, verdrängt der Transmitter kompetitiv das Toxin an den Rezeptoren. Eine Signalweiterleitung ist dann wieder möglich. Neostigmin ist demnach gegen Conotoxin-α als Gegengift wirksam.

3   Es handelt sich um eine **reizbedingte (klassische) Konditionierung**.
„Licht" stellt in diesem Beispiel den **neutralen Reiz** dar. In der Lernphase wird dieser Reiz durch häufige Wiederholung und **Kontiguität** mit dem **unbedingten Reiz** „nach hinten wirkende Zugkraft" verknüpft. Die Zugkraft löst bei der Schnecke den **unbedingten Reflex** des Zusammenziehens des Fußmuskels aus.
Nach der Konditionierung wird der ehemals neutrale Reiz „Licht" zum **bedingten Reiz,** der bereits ohne die Zugkraft das Zusammenziehen des Fußmuskels als **bedingten Reflex** auslöst.

BE

Bei Malaria handelt es sich um eine der häufigsten Infektionskrankheiten des Menschen. Sie wird z. B. durch den einzelligen eukaryotischen Parasiten *Plasmodium falciparum* hervorgerufen. Wird der Parasit bei einem Stich der Stechmücke *Anopheles gambiae* übertragen, befällt er zunächst menschliche Leberzellen, um sich anschließend im Blut innerhalb der roten Blutkörperchen zu vermehren.

Anopheles gambiae
(CDC/ James Gathany, PHIL No. 7861; via Wikimedia Commons)

1 Die *Anopheles*-Mücke erkennt Menschen an spezifischen Geruchskomponenten des Schweißes. Unzählige feinste Sinneshärchen auf den Fühlern enthalten Neuronen mit Rezeptormolekülen, an die die Geruchsmoleküle binden und Aktionspotenziale auslösen.

1.1 Fertigen Sie eine beschriftete schematische Skizze eines Neurons mit nicht-myelinisierter Nervenfaser an!   5

1.2 Beschreiben Sie die beiden biologischen Grundprinzipien, die durch den dichten Besatz an Sinneshärchen und die Duftstofferkennung verwirklicht sind!   4

2 Zur Bekämpfung der Malaria gibt es Methoden, die beim Überträger, der Stechmücke, wirken, sowie solche, die den Erreger selbst zum Ziel haben.

2.1 DDT ist ein Insektizid, das seit Anfang der 1940er Jahre als Kontaktgift eingesetzt wird. Es lagert sich an die Natriumkanäle der Nervenfasermembran an und verhindert deren Schließen.
Stellen Sie in einem beschrifteten Diagramm den Verlauf eines Aktionspotenzials unter dem Einfluss von DDT dar und erläutern Sie die unmittelbaren Auswirkungen von DDT auf die Übertragung von Aktionspotenzialen an der Synapse sowie die Folgen für die Stechmücke!   9

2.2 Plasmodien enthalten besondere Zellorganellen, die sogenannten Apicoplasten. Untersuchungen ergaben, dass Apicoplasten von vier Membranen umgeben sind, von denen die drei äußeren strukturelle Ähnlichkeiten aufweisen.

Stellen Sie eine begründete Hypothese zur Entstehung der Hüllen der Apicoplasten auf! 6

3   Die Sichelzellanämie bewirkt eine Unempfindlichkeit beim Menschen gegenüber Malaria. Sie ist eine Erbkrankheit, bei der eine Mutation im β-Globin-Gen vorliegt. Diese Mutation bewirkt einen veränderten Blutfarbstoff Hämoglobin und in der Folge sichelförmige rote Blutkörperchen. Die genannte Mutation lässt sich mit gentechnischen Methoden nachweisen. Das β-Globin-Gen wird mit Restriktionsenzymen geschnitten und die Fragmente werden anschließend mithilfe der Gelelektrophorese aufgetrennt. Die folgende Abbildung 1 zeigt die Schnittstellen und Gelausschnitte nach der Gelelektrophorese.

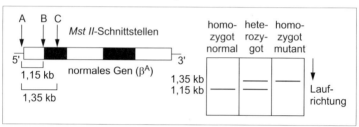

Abb. 1: β-Globin-Gen mit Schnittstellen für das Restriktionsenzym *Mst II* (links) und zugehörige Gelelektrophorese-Ergebnisse (Gel-Ausschnitt) entsprechender Personen (rechts) (verändert nach: E. Passarge, J. Wirth (2004): *Taschenatlas der Genetik*. Thieme Verlag, Stuttgart, 2. Auflage, S. 333)

Leiten Sie ab, an welcher Stelle im β-Globin-Gen die Sichelzellmutation liegt! 4

4   Eine weitere Unempfindlichkeit beim Menschen gegenüber Malaria beruht auf genetischen Varianten im Gen für das Enzym G6PD im X-Chromosom. Folgende Abbildung zeigt den Stammbaum einer Familie, in der diese Unempfindlichkeit auftritt.

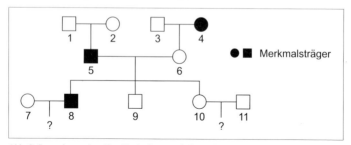

Abb. 2: Stammbaum einer Familie, in der genetische Varianten im Gen für das Enzym G6PD auftreten

Ermitteln Sie den zugrunde liegenden Erbgang und geben Sie die Genotypen aller Personen an! Leiten Sie die Wahrscheinlichkeit des phänotypischen Auftretens der Resistenz bei einem Sohn des Ehepaares 7 und 8 und einer Tochter des Paares 10 und 11 ab! Gehen Sie davon aus, dass die Personen 7 und 11 auf den X-Chromosomen kein Allel für das mutierte Gen besitzen.

7

5 Kaum eine Krankheit verdeutlicht den Ablauf und die Konsequenzen einer Koevolution besser als die Malaria. *Plasmodium falciparum* ist humanspezifisch und deshalb in seiner Evolution ausschließlich an den Menschen gebunden. Neben dem Immunsystem helfen heute auch Medikamente gegen den Erreger.

Stellen Sie unter dem Aspekt der Koevolution eine Hypothese zur Veränderung des Genpools beim Menschen durch Malaria und eine Hypothese zur Auswirkung des Medikamenten-Einsatzes auf den Erreger auf!

5

40

1.1

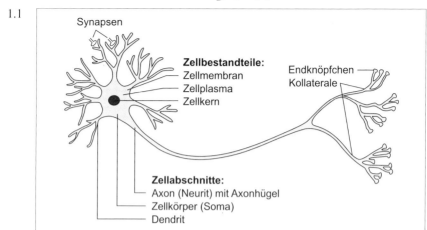

Synapsen

Zellbestandteile:
Zellmembran
Zellplasma
Zellkern

Endknöpfchen
Kollaterale

Zellabschnitte:
Axon (Neurit) mit Axonhügel
Zellkörper (Soma)
Dendrit

1.2 *Zur umfassenden Beantwortung dieser Teilaufgabe liefert bereits der einleitende Text der Aufgabe 1 die wesentlichen Informationen. Laut Aufgabenstellung ist nur eine Beschreibung verlangt und keine Erläuterung.*

Dichter Besatz an Sinneshärchen:
Die unzähligen feinen Sinneshärchen auf den Fühlern der *Anopheles*-Mücke dienen der **Oberflächenvergrößerung**. Dadurch entsteht Raum für besonders viele Geruchsrezeptoren.

Biologische Bedeutung: Durch die Oberflächenvergrößerung wird die Möglichkeit, Duftstoffmoleküle zu binden und so Reize aufzunehmen um ein Vielfaches gesteigert.

Duftstofferkennung:
Die Sinneshärchen enthalten Rezeptoren. Durch das **Schlüssel-Schloss-Prinzip** ist gewährleistet, dass nur Duftstoffmoleküle mit einem speziellen räumlichen Bau (Schlüssel) an die Rezeptoren (Schloss) binden können.

Biologische Bedeutung: Das Prinzip stellt sicher, dass nur für Anopheles-Mücken relevante Reize aufgenommen werden.

2.1 DDT lagert sich an die Natriumionenkanäle an und verhindert deren Schließen. Dadurch bleiben diese ständig geöffnet und der **Na^+-Einstrom** findet kontinuierlich und andauernd statt. Es kommt zu einer **dauerhaften Depolarisation** und damit zu einer anhaltenden **Ausschüttung des Transmitters** an der Synapse. Daraus resultiert eine **Dauerdepolarisation** an der postsynaptischen Membran und dies bewirkt eine **Dauererregung** u. a. von Muskelzellen. Diese starre **Lähmung der Muskulatur** führt zum **Tod** der *Anopheles*-Mücke.

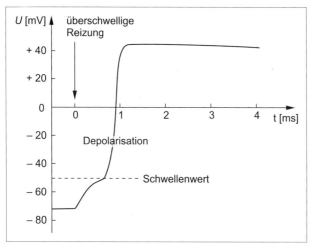

2.2 *Nach der Endosymbiontenhypothese stammen die Mitochondrien und Plastiden der Eukaryoten von ehemals frei lebenden prokaryotischen Einzellern ab. Diese wurden von größeren Einzellern durch Endozytose aufgenommen und haben sich im Verlauf der Evolution zu echten Zellorganellen entwickelt. Neben vielen weiteren Befunden (eigenständige ringförmige Erbinformation, prokaryotische Ribosomen vom 70S-Typ) ist vor allem wichtig, dass diese Organellen von einer Doppelmembran umgeben sind: Die innere, vom Symbionten stammende Membran ähnelt im Aufbau der Membran heutiger Bakterien. Sie unterscheidet sich in der chemischen Zusammensetzung von der äußeren Membran, die von der Wirtszelle stammt.*

Es kann angenommen werden, dass die Apicoplasten auf einen **Prokaryoten** zurückgehen, der von einem ursprünglichen **eukaryotischen Einzeller** durch Endozytose **aufgenommen**, aber nicht verdaut wurde. Diese Zelle wurde offenbar von einem größeren eukaryotischen Einzeller **noch einmal aufgenommen**. Die Apicoplasten wurden vermutlich als **Endosymbionten** in die Zelle integriert und entwickelten sich zu einem Zellkompartiment.

Die nachfolgende Skizze ist zur vollständigen Beantwortung der Frage nicht erforderlich.

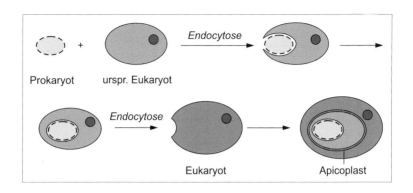

Prokaryot   urspr. Eukaryot

Eukaryot   Apicoplast

3   *Die DNA-Gelelektrophorese ist eine analytische Methode, um DNA-Moleküle unter Einfluss eines elektrischen Felds zu trennen. Je nach Größe und Ladung der DNA-Moleküle bewegen sich diese unterschiedlich schnell durch das Gel. Zur anschließenden Auswertung stehen unterschiedliche Methoden der Markierung und Visualisierung der Banden zur Verfügung. Die Länge der Fragmente wird dabei in Basenabständen (Einheit 1 kb = 1 000 Basenpaare) angegeben.*

Das normale β-Globin-Gen besitzt an den Positionen A, B und C drei verschiedene Schnittstellen für das Restriktionsenzym Mst II.

Bei **homozygot normalen** Personen enthalten beide Allele bezüglich des Genorts alle drei Schnittstellen. Das Restriktionsenzym schneidet an Stelle A und an Schnittstelle B, sodass DNA-Fragmente mit einer Länge von 1,15 kb entstehen.

Wird an der Stelle C geschnitten, entsteht ein zusätzliches DNA-Fragment mit einer Länge von 0,2 kb. Dieses wird in der Angabe jedoch nicht berücksichtigt und nicht dargestellt.

Heterozygote Personen besitzen ein Allel mit allen drei Schnittstellen (DNA-Fragmente der Länge 1,15 kb) und ein mutiertes Allel, das Fragmente der Länge 1,35 kb erzeugt. Das Restriktionsenzym schneidet hier offensichtlich nur an den Stellen A und C. So entstehen DNA-Fragmente mit einer Länge von 1,35 kb und 1,15 kb.

Bei Personen, die **homozygot** das **mutierte** Allel aufweisen, liegen nur DNA-Fragmente der Länge 1,35 kb vor. Beide Allele enthalten also nur die Schnittstellen A und C.

Da das mutierte Allel die **Schnittstelle B** nicht mehr enthält, muss die **Mutation** in diesem Bereich liegen.

4 *Zur Ableitung von Erbgangtypen können Hinweise dienlich sein, allerdings erfolgt eine eindeutige Begründung nur über die Angabe konkreter Genotypen.*
  – *In der Angabe steht, dass das Gen auf dem X-Chromosom liegt. Also handelt es sich um einen gonosomalen Erbgang.*
  – *Gegenüber Malaria empfindliche Eltern haben ein unempfindliches Kind. Das schließt einen dominanten Erbgang aus.*
  Bei rezessiven Erbgängen steht der Kleinbuchstabe für das mutierte Allel und der Großbuchstabe für das normale Allel.

Es handelt sich um einen **X-chromosomal-rezessiven** Erbgang. Dieser Erbgang liegt vor, da die beiden Personen 1 ($X_A Y$) und 2 ($X_A X_a$) keine Merkmalsträger sind, aber einen gemeinsamen Sohn 5 ($X_a Y$) haben, der das Merkmal der Unempfindlichkeit gegenüber Malaria phänotypisch zeigt.
Die Wahrscheinlichkeit, dass der **Sohn** von Elternpaar 7 und 8 Merkmalsträger ist, beträgt 0 %. Seine Vater 8 ($X_a Y$) trägt zwar hemizygot das mutierte Allel, vererbt jedoch an seinen Sohn das Y-Chromosom. Laut Angabe besitzt die Mutter 7 kein mutiertes Allel ($X_A X_A$) und gibt deshalb an ihren Sohn ein normales Allel des Gens weiter. Der Sohn besitzt daher **mit 100 %iger Wahrscheinlichkeit keine Unempfindlichkeit** gegenüber Malaria.

Der Hinweis in der Aufgabenstellung, dass Person 11 auf dem X-Chromosom kein Allel für das mutierte Gen besitzt, ist eigentlich überflüssig, da der Mann andernfalls Merkmalsträger wäre.

Da der Vater 11 ($X_A Y$) kein Merkmalsträger ist, vererbt er seiner **Tochter** ein normales Allel X_A. Damit beträgt hier die Wahrscheinlichkeit des Auftretens **keiner Unempfindlichkeit** gegenüber Malaria unabhängig vom Genotyp der Mutter **100 %**.

Der Genotyp der Mutter 10 ist $X_A X_a$. Sie vererbt mit einer Wahrscheinlichkeit von je 50 % das mutierte oder das normale Allel an ihre Tochter. Die Tochter kann daher entweder den Genotyp $X_A X_A$ oder $X_A X_a$ aufweisen und zeigt in beiden Fällen keine Unempfindlichkeit gegenüber Malaria.

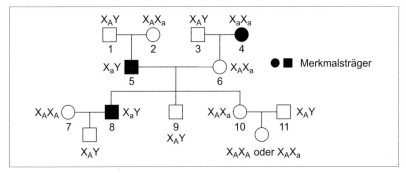

5 Unter **Koevolution** versteht man die wechselseitige Anpassung unterschiedlicher Arten aneinander, die darauf beruht, dass diese Arten über einen längeren Zeitraum der Stammesgeschichte einen starken Selektionsdruck aufeinander ausgeübt haben. Im beschriebenen Fall handelt es sich um eine **Wirt-Parasit-Wechselbeziehung:** Im Laufe der Evolution bildet sich aufgrund des **Selektionsdruckes** (durch Individuen) einer Art ein passender **Abwehrmechanismus** bei (Individuen) der anderen Art aus.

Zur umfassenden Beantwortung müssen sowohl Informationen aus dem einleitenden Text als auch Angaben aus den restlichen Aufgaben herangezogen werden.

Mensch als Wirt:
Sowohl die Sichelzellanämie als auch eine genetische Variante des Enzyms G6PD können eine Unempfindlichkeit gegenüber den Malaria auslösenden Parasiten *Plasmodium falciparum* bewirken. Diese eher **seltenen Mutationen,** die einen **Schutz** vor Malaria bieten, unterliegen in von Malaria betroffenen Gebieten einem **positiven Selektionsdruck** und werden sich deshalb im **Genpool** menschlicher Populationen in Malariagebieten **anreichern.**

Plasmodium als Parasit:
Der Selektionsdruck durch **Medikamenten-Einsatz** könnte dazu führen, dass sich bei einzelnen Parasiten **Medikamentenresistenzen** ausbilden. Diese Parasiten werden sich aufgrund dieses Selektionsvorteiles rasch verbreiten. Damit werden sich auch die **Resistenzgene weit verbreiten.**

BE

Neben der Ausbildung von Dornen und Stacheln können sich Pflanzen auch durch die Produktion von giftigen bzw. bitter schmeckenden Substanzen vor Tierfraß schützen.

1 Lupinen werden landwirtschaftlich als Futterpflanzen genutzt. Vor allem ihre Samen weisen einen hohen Protein- und Ölgehalt auf. Möglich wurde die Nutzung jedoch erst, als es gelang, ihren Gehalt an giftigen Alkaloiden durch Züchtung zu reduzieren.

1.1 Die wichtigsten Alkaloide der Lupinen sind Lupanin und Spartein. Sie werden in den Chloroplasten auf folgendem Stoffwechselweg herge-stellt:

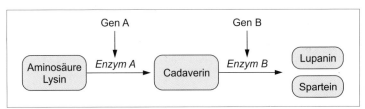

Abb. 1: Schematische Darstellung der Lupanin- und Spartein-Synthese
(vereinfacht nach: M. Wink, T. Hartmann (1982): *Localization oft the enzymes of quinolizidine alkaloid biosynthesis in leaf chloroplasts of Lupinus polyphyllus*. In: Plant Physiology 70 (1), S. 74–77; public domain)

1.1.1 Fertigen Sie eine beschriftete Skizze des elektronenmikroskopischen Aufbaus eines Chloroplasten an!   5

1.1.2 Um den Stoffwechselweg aufzuklären, wurde eine Suspension mit Chlo-roplasten hergestellt, die in der Lage sind, Lysinmoleküle aufzunehmen. Beschreiben Sie ausgehend von der Lysin-Aufnahme durch die Chloro-plasten ein Verfahren, mit dem nachgewiesen werden kann, dass das Zwischenprodukt Cadaverin aus Lysin hergestellt wird!   5

1.2 Alkaloidfreie Süßlupinen treten durch zufällige Mutationen immer wie-der auf. Züchter nutzten dies, indem sie zwei unterschiedliche Mutanten reinerbiger Süßlupinen miteinander kreuzten. Dabei entstanden in der F1-Generation nur alkaloidhaltige Nachkommen.
Erklären Sie diesen Befund auf der Basis des heute bekannten Stoff-wechselweges (Abb. 1) und erstellen Sie ein Schema für den vorlie-genden Erbgang! Geben Sie das zu erwartende Zahlenverhältnis von alkaloidhaltigen Lupinen und Süßlupinen in der F2-Generation an!   8

1.3 Die Ergebnisse einer Untersuchung zur Bedeutung der Alkaloide für die Lupinenarten 1–4 sind im folgenden Diagramm dargestellt.

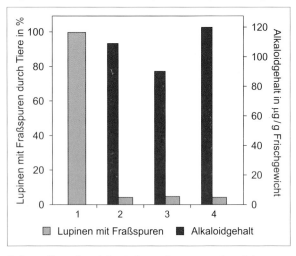

Abb. 2: Fraßspuren an Lupinen verschiedener Arten 1–4 und deren Alkaloidgehalt (M. Wink (1985): *Chemische Verteidigung der Lupinen: Zur biologischen Bedeutung der Chinolizidinalkaloide.* In: Plant Systematics and Evolution 150 (1–2), S. 65–81)

Führen Sie anhand der Informationen aus dem Diagramm eine vergleichende Kosten-Nutzen-Betrachtung für die Lupinenarten 2–4 durch! 5

2 Seidenpflanzengewächse synthetisieren giftige Herzglykoside. Die Giftwirkung der Herzglykoside beruht auf der Blockade einer lebenswichtigen ATPase. Die Raupen des nordamerikanischen Monarchfalters *Danaus plexippus* sind unempfindlich gegenüber diesem Gift. Sie ernähren sich von Seidenpflanzengewächsen und reichern die Herzglykoside in ihrem Körper an.

Raupe von *Danaus plexippus* (Foto: Hectonichus; http://commons.wikimedia.org/wiki/Danaus_plexippus?uselang=de#mediaviewer/-File:Nymphalidae_-_Danaus_plexippus_Caterpillar.JPG; lizenziert unter CC BY-SA 3.0)

2.1 Vögel, die die auffällig gelb-schwarz gestreiften Raupen des Monarchfalters fressen, müssen sich sofort übergeben.
Stellen Sie theoriegeleitet eine Hypothese zum Verhalten auf, das die Vögel als Folge dieser Erfahrung zeigen könnten! 3

2.2 Erklären Sie mithilfe der erweiterten Evolutionstheorie, wie die auffällige Färbung der Raupen entstanden sein könnte! 7

2.3 Die folgende Tabelle zeigt Aminosäuresequenzen der herzglykosid-unempfindlichen ATPase beim Monarchfalter bzw. herzglykosid-empfindlichen ATPase bei Mensch und Fruchtfliege. Die Bindungsstelle für die Herzglykoside liegt bei der ATPase in dem angegebenen Ausschnitt der Aminosäuresequenz.

Position der Aminosäure	111	112	113	114	115	116	117	118	119	120	121	122
Mensch	Gln	Ala	Ala	Thr	Glu	Glu	Glu	Pro	Gln	Asn	Asp	Asn
Fruchtfliege	Gln	Ala	Ser	Thr	Ser	Glu	Glu	Pro	Ala	Asp	Asp	Asn
Monarch-falter	Gln	Ala	Ser	Thr	Val	Glu	Glu	Pro	Ser	Asp	Asp	His

Aminosäuresequenzen der herzglykosid-unempfindlichen ATPase bzw. der herzglykosid-empfindlichen ATPasen bei verschiedenen Lebewesen
(V. Storch, U. Welsch, M. Wink (2007): *Evolutionsbiologie*. Springer, S. 392–393)

2.3.1 Diskutieren Sie anhand der Ausschnitte aus den Aminosäuresequenzen der ATPase bei diesen drei Lebewesen, welche Aminosäurepositionen für die Unempfindlichkeit der ATPase der Monachfalter-Raupe verantwortlich sein könnten! 4

2.3.2 Leiten Sie unter Zuhilfenahme der Code-Sonne eine mögliche DNA-Sequenz aus der Aminosäuresequenz 111–113 beim Monarchfalter ab!

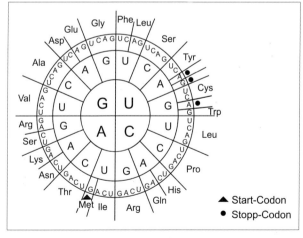

Abb. 3: Code-Sonne

Erwartungshorizont

1.1.1

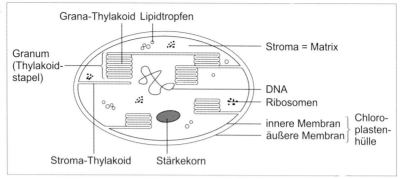

1.1.2 Um Stoffwechselwege aufzuklären, ist die **Tracer-Methode** ideal geeignet. Dabei werden z. B. bestimmte Isotope an Substanzen gekoppelt, deren Reaktionen in Stoffwechselwegen untersucht werden sollen. Die verwendeten Isotope unterscheiden sich hinsichtlich ihrer Masse von den unter natürlichen Bedingungen am häufigsten auftretenden Isotopen. Oft sind sie radioaktiv.

Im vorliegenden Fall würde es sich anbieten, das Stickstoffisotop ^{15}N in eine Aminogruppe des Lysins einzubringen. Die so veränderten Aminosäuren werden dann von den Chloroplasten aufgenommen. Nach einer gewissen Zeit wird Cadaverin aus den Chloroplasten isoliert. Anschließend bestimmt man beispielsweise durch Dichtegradientenzentrifugation die Dichte von Cadaverin und vergleicht sie mit der Dichte des „normalen" ^{14}N-Cadaverins. Ist letztere geringer, lässt sich daraus schließen, dass Lysin Ausgangsstoff für die Cadaverin-Bildung ist.

Prinzipiell wäre es auch möglich, die Carboxygruppe der Aminosäure zu markieren, indem man radioaktiven Kohlenstoff (^{14}C) oder das Sauerstoffisotop ^{18}O einbringt. Die Carboxygruppe wird allerdings bei der Bildung von Cadaverin aus Lysin abgespalten, sodass kein direkter Nachweis möglich ist. Da der Abbildung diese Details nicht zu entnehmen sind, werden auch diese Lösungen bewertet.

1.2 Da bei der Kreuzung zweier reinerbiger Süßlupinen, die keine Alkaloide enthielten, in der F1-Generation nur alkaloidhaltige Nachkommen vorkommen, muss eine Genwirkkette vorliegen. Wie aus Abb. 1 hervorgeht, sind zwei Enzyme an der Bildung der Alkaloide Lupanin und Spartein beteiligt. Bei der einen Süßlupinenart liegt aufgrund einer Mutation ein funktionsloses Enzym A, bei der anderen Art ein funktionsloses Enzym B vor.

Da in der F1-Generation alle Lupinen alkaloidhaltig sind, müssen die mutierten Allele rezessiv gegenüber den Allelen sein, die ein intaktes Enzym codieren.

A = intaktes Enzym A   B = intaktes Enzym B
a = funktionsloses Enzym A   b = funktionsloses Enzym B

Kreuzung der Parental-Generation:

Phänotyp	Süßlupine – funktions-loses Enzym A	×	Süßlupine – funktions-loses Enzym B
Genotyp	aaBB		AAbb
Keimzellen	aB		Ab

Kombinationsquadrat für die Parentalgeneration:

Keimzellen	aB
Ab	AaBb

Alle Lupinen der F1-Generation sind alkaloidhaltig.

Kreuzung der F1-Generation:

Phänotyp	Lupine – alkaloidhaltig	×	Lupine – alkaloidhaltig
Genotyp	AaBb		AaBb
Keimzellen	AB Ab aB ab		AB Ab aB ab

Kombinationsquadrat der F1-Generation:

Keimzellen	AB	Ab	aB	ab
AB	AABB	AABb	AaBB	AaBb
Ab	AABb	AAbb	AaBb	Aabb
aB	AaBB	AaBb	aaBB	aaBb
ab	AaBb	Aabb	aaBb	aabb

Phänotypenverhältnis:
9 alkoloidhaltige Lupinen : 7 Süßlupinen

1.3   *In der Fragestellung wird nur eine Betrachtung der Arten 2–4 verlangt. Die Daten zu Art 1 dienen lediglich dazu, die Bedeutung der Alkaloide für Pflanzen zu verdeutlichen.*

Vergleicht man die Fraßspuren bei alkaloidhaltigen Pflanzen und alkaloidfreien Lupinen, wird deutlich, dass Alkaloide einen deutlichen Fraßschutz darstellen: Süßlupinen weisen zu 100 % Fraßspuren auf, während nur ca. 5 % der alkaloidhaltigen Pflanzen von Tieren angefressen werden. Die Bildung von Alkaloiden erfordert allerdings Energie, die die Pflanze bereitstellen muss.

Vor diesem Hintergrund hat Art 3 die beste Kosten-Nutzen-Bilanz, da sie mit ca. 90 µg/g einen deutlich geringeren Alkaloidgehalt als die Arten 2 und 4 (>100 µg/g) besitzt und die Verluste durch Tierfraß nur unwesentlich höher liegen als bei den anderen Arten (ca. 6 %).

Art 4 hat die schlechteste Kosten-Nutzen-Bilanz der alkaloidhaltigen Arten, da sie trotz vermehrter Alkaloid-Synthese (120 µg/g) nicht weniger Fraßspuren als Art 2 aufweist (ca. 5 %). Art 2 ist mit einem Alkaloidgehalt von etwa 110 µg/g in der Kosten-Nutzen-Bilanz zwischen den Arten 3 und 4 einzuordnen.

2.1 Es handelt sich um eine **reizbedingte (klassische) Konditionierung**, und dabei um eine **bedingte Aversion**:

Das gelb-schwarze Muster ist in diesem Beispiel der **neutrale Reiz**. Das Beutetier Raupe stellt einen **unbedingten Reiz** dar, der als **unbedingte Reaktion** das Appetenzverhalten „Fressen" auslöst. In der Lernphase wird der neutrale Reiz mit dem **unbedingten Reiz** verknüpft. Hierbei ist eine enge zeitliche Verknüpfung, die **Kontiguität**, wichtig. Da durch das Fressen der gelb-schwarzen Raupe Erbrechen verursacht wird, wird der ehemals neutrale Reiz „gelbschwarzes Muster" zum **bedingten Reiz,** der ein **Meideverhalten** auslöst und die Wahrscheinlichkeit für das Appetenzverhalten verringert.

Bei guter Begründung kann der Lernvorgang durchaus auch als operante Konditionierung beschrieben werden. Das gezeigte Verhalten ist das Fressen eines gelb-schwarz gemusterten Tieres. Erst nach dieser Aktion erfolgt dann der Reiz „Übelkeit", der zum Erbrechen führt und somit eine Bestrafung darstellt. Man spricht in diesem Fall von einer bedingten Hemmung, die zu einem Meideverhalten führt.

2.2 *Beachten Sie, dass in der Fragestellung die erweiterte Evolutionstheorie verlangt ist. Ein Anwenden der Evolutionstheorie von DARWIN ist hier nicht ausreichend. Entscheidend ist, dass Sie geeignete Faktoren präsentieren, die den Genpool einer Population beeinflussen (wie z. B. Mutation, Rekombination, Gendrift, Genfluss, Selektion).*

Entstehung der Färbung nach der **erweiterten Evolutionstheorie**:
– Monarchfalter produzieren mehr Nachkommen als für den Erhalt der Art erforderlich sind. Da die Individuenzahl der Falter in etwa konstant bleibt und die Ressourcen begrenzt sind, kommt es zwischen den einzelnen Individuen zur Konkurrenz.
– Aufgrund der **genetischen Variabilität** unterscheiden sich die Individuen einer Art in ihrer Färbung. Ursache für die genetische Variabilität sind zum einen zufällige, ungerichtete **Mutationen** in der DNA und zum anderen **Re-**

kombinationsereignisse, die ebenfalls zufällig und ungerichtet neue Allelkombinationen und damit unterschiedliche Phänotypen hervorbringen.

– Auf die Raupen wirkt der **biotische Selektionsfaktor** „Fressfeind" ein. Entstehen durch Mutation und/oder Rekombination Raupen mit der **erblichen Eigenschaft** „auffällige Färbung", besitzen diese einen hohen Wiedererkennungswert. Diese Raupen werden mit geringerer Wahrscheinlichkeit von Vögeln gefressen, die bereits schlechte Erfahrungen mit diesen gelbschwarz gemusterten Raupen gemacht haben. Sie besitzen einen **Selektionsvorteil** gegenüber den weniger auffällig gefärbten Individuen. Daher überleben im Kampf ums Dasein *(struggle for life)* gelb-schwarz gemusterte Tiere eher *(survival of the fittest)* und können sich mit höherer Wahrscheinlichkeit fortpflanzen. Somit können auffällig gefärbte Individuen ihre Erbanlagen häufiger an die nächste Generation weitergeben.

– Es kommt zu einer **gerichteten Verschiebung** der Gen- bzw. Allelhäufigkeit im Genpool der Art in Richtung Warntracht und somit im Laufe der Zeit zu einer Artumwandlung. Im Genpool der Art kommen schließlich nur noch Allele vor, die phänotypisch ein gelb-schwarzes Muster hervorbringen.

2.3.1 *Im Zusammenhang mit der Aufgabenstellung liefert Ihnen die Anzahl der Bewertungseinheiten einen Hinweis auf die Gliederung und den Umfang Ihrer Lösung. Vier Bewertungseinheiten deuten auf die Notwendigkeit hin, vier Positionen innerhalb der Aminosäuresequenzen zu diskutieren. Sie können einleitend einen kurzen Abschnitt formulieren, der Ihnen die Argumentation im weiteren Verlauf erleichtert. Versuchen Sie aber, die einzelnen Positionen relativ konkret abzuhandeln.*

Ursache für die Unempfindlichkeit der ATPase des Monarchfalters muss eine Mutation in der DNA sein, die dazu führt, dass eine oder mehrere Aminosäure/n im Protein verändert ist/sind. Um diese zu identifizieren, ist zu ermitteln, an welcher Position der Aminosäuresequenz des Monarchfalters eine gegenüber den Sequenzen von Mensch und Fruchtfliege veränderte Aminosäure vorliegt.

Mögliche Aminosäurepositionen:

– **Position 113:** Sowohl beim Monarchfalter als auch bei der Fruchtfliege ist die Aminosäure Serin (Ser) vorhanden, während beim Mensch Alanin (Ala) vorliegt. Da die Fruchtfliege aber empfindlich gegenüber Herzglykosiden ist, ist die Aminosäure an dieser Position vermutlich nicht für die Unempfindlichkeit verantwortlich.

– **Positionen 115 und 119:** Hier liegen bei allen drei Arten jeweils unterschiedliche Aminosäuren vor. Es ist zwar möglich, dass Valin (Val, Position 115) und/oder Serin (Ser, Position 119) beim Monarchfalter die Empfindlichkeit beeinflussen, eine konkrete Aussage ist jedoch nicht zu treffen.

- **Position 122:** Die Aminosäure Histidin (His) könnte für die Unempfindlichkeit beim Monarchfalter verantwortlich sein, da sowohl der Mensch als auch die Fruchtfliege an dieser Position die Aminosäure Asparagin (Asn) besitzen.

2.3.2 *In der folgenden Tabelle ist lediglich eine mögliche DNA-/mRNA-Sequenz dargestellt. Selbstverständlich gibt es alternative Lösungen.*

Aminosäure-Sequenz	Gln	Ala	Ser
mRNA (5'→3')	CAA	GCG	AGC
DNA (3'→5')	GTT	CGC	TCG

BE

Der Darm des Menschen setzt sich aus dem etwa 3 m langen Dünndarm und dem kürzeren Dickdarm zusammen. Der Darm ist Lebensraum für zahlreiche Bakterien, die an den lebenswichtigen Aufgaben Verdauung und Immunabwehr beteiligt sind.
Eine wichtige Funktion des Dünndarms ist es, im Anschluss an die Verdauung den Übertritt von Molekülen aus dem Darminnenraum in die Darmwandzellen und anschließend ins Blut zu ermöglichen.

1 In der folgenden Abbildung ist der Transport von Glucose und Fructose aus dem Darminnenraum in die Darmwandzellen dargestellt.

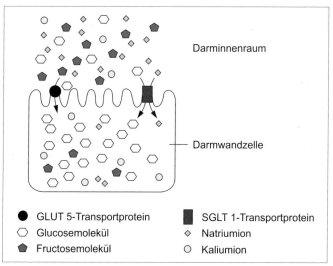

Abb. 1: Modell für den Glucose- und Fructosetransport
(verändert nach: R. Eckert, Übers.: R. Apfelbach, U. Ganslosser (2000): *Tierphysiologie*. Thieme Verlag, Stuttgart, 3. Auflage, S. 758)

1.1 Beschreiben Sie den in Abbildung 1 dargestellten Transport von Glucose und Fructose aus dem Darminnenraum in die Darmwandzellen!   6

1.2 Legen Sie dar, wie eine Aufrechterhaltung des Natriumionen-Konzentrationsgradienten an der Darmwandmembran gewährleistet werden kann!   3

1.3 Bei Patienten, die an erblicher Fructoseintoleranz leiden, kann die aufgenommene Fructose in verschiedenen Organen nicht abgebaut werden.

Die Abbildung 2 zeigt einen Stammbaum einer Familie, in der erbliche Fructoseintoleranz auftritt:

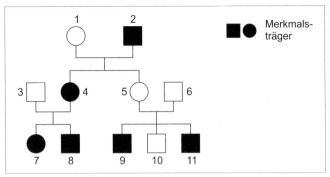

Abb. 2: Stammbaum einer Familie, in der erbliche Fructoseintoleranz auftritt

1.3.1 Leiten Sie anhand des Stammbaums den Erbgang der erblichen Fructoseintoleranz ab, indem Sie begründet nicht zutreffende Erbgänge ausschließen! Geben Sie alle möglichen Genotypen der Personen 1–6 und 10 an und ermitteln Sie, mit welcher Wahrscheinlichkeit die Eltern 3 und 4 ein phänotypisch gesundes Kind bekommen! 7

1.3.2 Ähnliche Symptome wie bei der erblichen Fructoseintoleranz zeigen auch Menschen mit Fructosemalabsorption. Bei diesen ist die Aufnahme von Fructose in die Dünndarmzellen gestört. Deshalb gelangt dieser Zucker in größerer Menge in den Dickdarm, wo er anaerob von verschiedenen Bakterien, z. B. von *E. coli*, abgebaut wird. Dies führt zu vielseitigen Beschwerden, wie z. B. Blähungen, für die Betroffenen.
Ein möglicher Stoffwechselweg zum bakteriellen Abbau der Fructose durch *E. coli* ist in folgender Abbildung dargestellt:

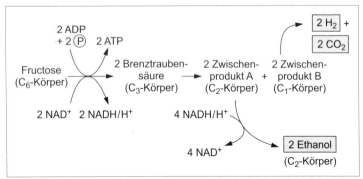

Abb. 3: Anaerober Abbauweg der Fructose in *E. coli*-Bakterien
(vereinfacht nach: S. C. Bischoff (2009): *Probiotika, Präbiotika und Synbiotika*. Thieme Verlag, Stuttgart, S. 8)

Vergleichen Sie den in Abbildung 3 dargestellten anaeroben Abbauweg mit der alkoholischen Gärung durch Hefepilze bezüglich der Energie- und Stoffbilanz!

6

1.3.3 Um diese Fructose-Aufnahmestörung (Fructosemalabsorption) zu diagnostizieren, gibt man Patienten, die mindestens 12 Stunden nichts gegessen haben, einmalig eine Lösung mit einer definierten Fructosemenge zu trinken. Der im Dickdarm entstehende Wasserstoff wird über das Blut zur Lunge transportiert und ausgeatmet. Nach der Fructosegabe wird kontinuierlich die Wasserstoffkonzentration in der Ausatemluft gemessen. In dieser Zeit darf der Patient keine weitere Nahrung zu sich nehmen.

Skizzieren Sie die bei diesem Test zu erwartende Wasserstoffkonzentration in der Ausatemluft in Abhängigkeit von der Zeit bei einem Patienten mit Fructosemalabsorption!

4

2 Morbus Crohn ist eine chronische Entzündung, die den ganzen Verdauungstrakt betreffen kann. Die Ursachen für die Entwicklung dieser Krankheit sind noch nicht geklärt. Als sicher gilt aber, dass neben bestimmten Umweltfaktoren wie Rauchen und Stress auch genetische Faktoren das Risiko für das Auftreten von Morbus Crohn erhöhen.

Im Jahr 2001 konnte gezeigt werden, dass Mutationen im NOD2-Gen im Zusammenhang stehen mit einem erhöhten Risiko, an Morbus Crohn zu erkranken.

Folgende Abbildung zeigt einen Ausschnitt der DNA-Sequenz des nicht-mutierten Allels des codogenen Stranges im NOD2-Gen:

Basennummer:	1 2 3 4 5 6 7 8 9 10 11 12 13 14 15 16 17 18
Codogener DNA-Strang:	3'...G A C G T C C G G G A A C T T T C C...5'

Abb. 4: Codogener Strang

Erste Base	Zweite Base				Dritte Base
5'	U	C	A	G	3'
U	Phe	Ser	Tyr	Cys	U
	Phe	Ser	Tyr	Cys	C
	Leu	Ser	Stopp	Stopp	A
	Leu	Ser	Stopp	Trp	G
C	Leu	Pro	His	Arg	U
	Leu	Pro	His	Arg	C
	Leu	Pro	Gln	Arg	A
	Leu	Pro	Gln	Arg	G
A	Ile	Thr	Asn	Ser	U
	Ile	Thr	Asn	Ser	C
	Ile	Thr	Lys	Arg	A
	Met (Start)	Thr	Lys	Arg	G
G	Val	Ala	Asp	Gly	U
	Val	Ala	Asp	Gly	C
	Val	Ala	Glu	Gly	A
	Val	Ala	Glu	Gly	G

Der genetische Code

2.1 Leiten Sie mithilfe der Tabelle die Aminosäuresequenz für den angegebenen DNA-Ausschnitt ab! 5

2.2 Eine Reihe von chemischen Substanzen (Mutagene) können Mutationen in der DNA auslösen. Das Mutagen Hydroxylamin bewirkt in der DNA eine Strukturveränderung der Base Cytosin. Das so veränderte Cytosin paart sich jetzt komplementär mit der Base Adenin. Das Mutagen Acridinorange dagegen bewirkt eine Rastermutation durch Einschub eines Nukleotids mit einer beliebigen Base in den codogenen DNA-Strang.
Eine **einzige** Mutation (Änderung der Basensequenz) in der DNA-Sequenz (codogener Strang) aus Aufgabe 2.1 (Basennummer 1–18) bewirkt, dass die Aminosäuresequenz des entstehenden Proteins folgendermaßen verändert ist:

… – Leu – Gln – Ala – Pro

Geben Sie an, welches der beiden genannten Mutagene diese Veränderungen der Aminosäuresequenz bewirkt hat, und begründen Sie Ihre Aussage!

$\dfrac{9}{40}$

Erwartungshorizont

1.1 *Bevor Sie die Aufgabe beantworten, betrachten Sie die Abbildung und ver-suchen Sie die einzelnen Prozesse zu verstehen. Verfassen Sie dann eine mög-lichst gut gegliederte Antwort. Achten Sie darauf, dass Sie die Transportme-chanismen laut Aufgabenstellung lediglich beschreiben sollen.*

Die Glucosemoleküle werden zusammen mit Natriumionen aus dem Darmin-nenraum in die Darmzellen transportiert. Die Natriumionen werden dabei ent-lang ihres Konzentrationsgradienten, die Glucosemoleküle entgegen ihrem Konzentrationsgradienten transportiert. Für den Glucosetransport und den Na-triumionentransport wird als Transportprotein (Carrier) das SGLT 1-Transport-protein benötigt.
Die Fructosemoleküle werden entlang ihres Konzentrationsgradienten transpor-tiert. Sie diffundieren aus dem Darminnenraum in die Darmwandzellen. Für den Fructosetransport wird ebenfalls ein Transportprotein, das GLUT 5-Trans-portprotein, benötigt.

Der Glucosetransport erfolgt als Symport, eine Form des Co-Transports. Beim Fructosetransport handelt es sich um einen passiven Transport in Form einer erleichterten Diffusion, da hier ein Transportprotein, das GLUT 5-Transport-protein, eingesetzt wird.

1.2 Die Natriumionen müssen entgegen ihrem Konzentrationsgradienten aus der Darmwandzelle in den Darminnenraum gepumpt werden, damit der Glucose-transport aufrechterhalten werden kann. Demnach handelt es sich um einen ak-tiven Transport, der Energie erfordert. Möglich wäre ein Carrier für Natriumio-nen, der für den Transport von Natriumionen ATP benötigt.

1.3.1 *Nicht alle Eltern von Merkmalsträgern sind betroffen – es handelt sich also um einen rezessiven Erbgang. Frauen und Männer sind etwa gleichermaßen von dem Erbleiden betroffen – dies deutet auf eine autosomale Vererbung hin.*

Es handelt sich um einen **autosomal-rezessiven** Erbgang.

Folgende Erbgänge können ausgeschlossen werden:
- Autosomal-dominanter Erbgang, da sonst die Eltern 5 und/oder 6 der Perso-nen 9 und 11 betroffen sein müssten.
- Gonosomal(X-cromosomal)-dominanter Erbgang, da sonst die Tochter 5 des Vaters 2 an Fructoseintoleranz leiden müsste.
- Gonosomal(X-chromosomal)-rezessiver Erbgang, da sonst die Tochter 7 von Vater 3 gesund sein müsste.
- Gonosomaler (Y-chromosomaler) Erbgang, da auch Frauen betroffen sind.

Mögliche Genotypen:

Person 1	Aa
Person 2	aa
Person 3	Aa
Person 4	aa
Person 5	Aa
Person 6	Aa
Person 10	AA oder Aa

Die Kinder des Paares 3 und 4 sind mit einer Wahrscheinlichkeit von 50 % phänotypisch gesund.

1.3.2 *Der Aufgabentext gibt vor, die alkoholische Gärung mit dem in Abb. 3 darge-stellten Stoffwechselweg zu vergleichen. Dies bedeutet, dass Sie Gemeinsamkei-ten und Unterschiede herausarbeiten sollen.*

Sowohl beim anaeroben Fructoseabbau durch *E. coli* als auch bei der alkoho-lischen Gärung werden pro mol Zucker 2 mol ATP gewonnen. Bei beiden Stoffwechselwegen entstehen außerdem 2 mol Ethanol und 2 mol Kohlenstoff-dioxid.

Beim dargestellten bakteriellen Abbauweg wird im Gegensatz zur alkoholi-schen Gärung der Hefe nicht Glucose, sondern Fructose als Substrat benötigt. Zudem entstehen als zusätzliches Produkt 2 mol Wasserstoff. Ein weiterer Unterschied zur alkoholischen Gärung liegt in der Regeneration von 4 mol NAD^+ aus 4 mol $NADH/H^+$ statt von 2 mol NAD^+.

1.3.3

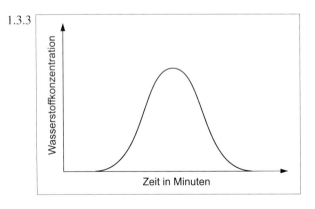

2.1

mRNA:	5' ... CUG CAG GCC CUU GAA AGG ... 3'
Aminosäuresequenz:	... Leu – Gln –Ala–Leu – Glu –Arg–...

2.2 Die Veränderung der Aminosäuresequenz betrifft die vierte Aminosäure. Aufgrund der Mutation wurde Leucin (Leu) durch Prolin (Pro) ausgetauscht. Das DNA-Triplett GAA codiert für die Aminosäure Leucin. Das Mutagen Hydroxylamin kann daher im vierten Triplett des codogenen DNA-Strangs keine Mutation hervorrufen, da hier keine Base Cytosin vorhanden ist.

Folglich muss das Mutagen Acridinorange eine Rastermutation durch einen Einschub eines Nukleotids (Insertion) hervorgerufen haben. Beispielsweise könnte das Nukleotid mit der Base Guanin zwischen den Basen 9 und 10 in den codogenen Strang eingeschoben worden sein. An der Codierung für die ersten drei Aminosäuren würde sich nichts ändern. Das vierte Triplett würde dann allerdings GGA statt GAA lauten, weshalb es zum Einbau von Prolin käme. Durch die Rasterverschiebung würde das so entstandene fünfte Triplett ACT (mRNA: UGA) als Stopp-Codon fungieren. Ein Abbruch der Aminosäuresequenz wäre die Folge (Nonsense-Mutation).

Alternativ kommt auch ein Einschub eines Nukleotids mit der Base Guanin zwischen den Basen 10 und 11 infrage. Ebenso könnte ein Einschub eines beliebigen Nukleotids zwischen den Basen 8 und 9 die Ursache für die angegebene Aminosäuresequenz sein: Die Veränderung der dritten Base des dritten Tripletts bewirkt keine Veränderung, sodass die Codierung für Alanin bestehen bleibt (DNA: CGG entspricht CGX; mRNA: GCC entspricht GCX). Durch die Rasterverschiebung kommt es dann zu GGA und ACT im vierten und fünften Triplett mit den oben beschriebenen Folgen.

BE

Zellschädigungen werden zum Beispiel durch schädliche Stoffwechselprodukte verursacht oder durch Veränderungen der DNA ausgelöst.

1   Das Enzym Katalase erfüllt eine wichtige Funktion für viele ein- und mehrzellige Organismen, da es das als Zellgift wirkende Wasserstoffperoxid zu den Endprodukten Wasser und Sauerstoff umwandelt. In der mikrobiologischen Diagnostik ist eine schnelle und eindeutige Unterscheidung von mikrobiellen Keimen, z. B. Streptokokken (besitzen keine Katalase) und Staphylokokken (besitzen Katalase), eine wichtige Aufgabe. Zur Unterscheidung dieser beiden Bakteriengattungen stehen im Labor folgende Materialien zur Verfügung:
– je eine Brutplatte mit Kolonien von *Streptococcus faecalis* bzw. *Staphylococcus aureus*
– Wasserstoffperoxid-Lösung
– Glas-Objektträger (steril)
– Impföse (steriles Hilfsmittel, um Bakterien aufzunehmen und zu übertragen)
Entwickeln Sie eine mögliche Vorgehensweise, wie unter Zuhilfenahme der angegebenen Materialien die beiden genannten Bakteriengattungen möglichst einfach unterschieden werden können!   5

2   Der Wasserstoffperoxid-Abbau erfolgt in eukaryotischen Zellen in speziellen Zellorganellen, den Peroxisomen.

2.1   Erklären Sie allgemein, warum das Vorhandensein von Zellorganellen für eine Zelle vorteilhaft ist!   3

2.2   Das so genannte Refsum-Syndrom ist eine rezessiv vererbte Erkrankung, die den Stoffwechsel in den Peroxisomen des Menschen betrifft und Schädigungen des Nervensystems hervorruft. Aufgrund eines genetischen Defekts kann Phytansäure, ein Stoff, der ausschließlich mit der Nahrung aufgenommen wird, nicht mehr abgebaut werden. Entsprechende Anreicherungen dieses Stoffes sind z. B. in Blutplasma oder Urin nachweisbar.

2.2.1   Die folgende Abbildung zeigt einen Stammbaum-Ausschnitt einer Familie, in der das Refsum-Syndrom auftritt.

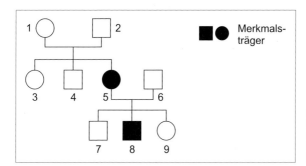

Merkmals-
träger

Abb. 1:
Stammbaum
einer Familie, in
der das Refsum-
Syndrom auftritt

Leiten Sie ab, ob das Refsum-Syndrom autosomal oder gonosomal vererbt wird! Geben Sie die Nummern der Personen im Stammbaum an, die sicher heterozygot sind, und beschreiben Sie eine mögliche Vorgehensweise, durch die diese Personen diagnostiziert werden können! 8

2.2.2 Beim Refsum-Syndrom wird das Nervensystem in Mitleidenschaft gezogen. Schädigungen treten dabei nicht primär an den Neuronen selbst, sondern an den Myelinscheiden auf, die abgebaut werden.
Fertigen Sie eine beschriftete Zeichnung eines Neurons mit myelinisierter Nervenfaser an und erklären Sie, wieso beim Refsum-Syndrom Auswirkungen auf die Funktion der Nervenzellen zu erwarten sind! 8

3 Beim Hutchinson-Gilford-Progerie-Syndrom (HGPS) führt eine Mutation im LMNA-Gen zu einer Zellschädigung und als Folge zu einer Vergreisung bereits im Kindesalter. Das Gen LMNA codiert für zwei Proteine, Lamin A und Lamin C.

3.1 Die Abbildung 2 zeigt schematisch einen Ausschnitt aus dem LMNA-Gen im Bereich der Exons 9 bis 12 sowie den Aufbau der für die beiden Proteine Lamin A bzw. C codierenden mRNAs.

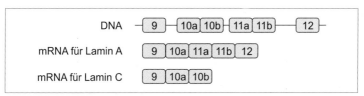

Abb. 2: Ausschnitt aus dem LMNA-Gen und Aufbau der mRNAs von Lamin A bzw. C
(verändert nach: S. Rodriguez, F. Coppedè, H. Sagelius, M. Eriksson (2009): *Increased expression of the Hutchinson-Gilford progeria syndrome truncated lamin A transcript during cell aging.* In: European Journal of Human Genetics 17, S. 928–937)

Benennen Sie den Vorgang, der zur Bildung der prä-mRNA führt!
Erklären Sie die Entstehung der beiden unterschiedlichen mRNAs aus der prä-mRNA für die beiden Proteine Lamin A und C! 7

3.2 Von Lamin A treten zwei Varianten auf. Tabelle 1 zeigt den Ausschnitt aus dem Exon 11 (nicht-codogener Strang, Codestrang) des LMNA-Gens dieser beiden Varianten.

Protein	Ausschnitt aus dem Exon 11 des LMNA-Gens
Lamin A (Variante 1)	5' CAG GTG GGC GGA CCC 3'
Lamin A (Variante 2)	5' CAG GTG GGT GGA CCC 3'

Tab. 1: Ausschnitt aus dem Exon 11 (Codestrang) des LMNA-Gens
(Sino Biological Inc: Human LMNA Gene cDNA clone plasmid/Catalog Number: HG12058-G)

Erste Base	Zweite Base				Dritte Base
5'	U	C	A	G	3'
U	Phe	Ser	Tyr	Cys	U
	Phe	Ser	Tyr	Cys	C
	Leu	Ser	Stopp	Stopp	A
	Leu	Ser	Stopp	Trp	G
C	Leu	Pro	His	Arg	U
	Leu	Pro	His	Arg	C
	Leu	Pro	Gln	Arg	A
	Leu	Pro	Gln	Arg	G
A	Ile	Thr	Asn	Ser	U
	Ile	Thr	Asn	Ser	C
	Ile	Thr	Lys	Arg	A
	Met (Start)	Thr	Lys	Arg	G
G	Val	Ala	Asp	Gly	U
	Val	Ala	Asp	Gly	C
	Val	Ala	Glu	Gly	A
	Val	Ala	Glu	Gly	G

Tab. 2: Der genetische Code

3.2.1 Leiten Sie ausgehend von Tabelle 1 die Aminosäuresequenz der entsprechenden Ausschnitte von Variante 1 und Variante 2 des Lamin A ab und begründen Sie, um welchen Typ von Genmutation es sich handelt! 5

3.2.2 Bei HGPS-Patienten findet man die Variante 2 des Lamin A. Dieses ist funktionsgestört und beruht auf folgender mRNA:

mRNA für funktionsgestörtes Lamin A   9 10a 11a 12

Abb. 3: Ausschnitt aus der mRNA des funktionsgestörten Lamin A
(verändert nach: S. Rodriguez, F. Coppedè, H. Sagelius, M. Eriksson (2009): *Increased expression of the Hutchinson-Gilford progeria syndrome truncated lamin A transcript during cell aging.* In: European Journal of Human Genetics 17, S. 928–937)

Entwickeln Sie eine Hypothese über die Folgen der Genmutation aus Aufgabe 3.2.1 auf molekularer Ebene, die die Bildung des funktionsgestörten Lamin A erklärt!

4
––
40

Erwartungshorizont

1 *Der Arbeitsauftrag „Entwickeln Sie eine mögliche …" lässt verschiedene Varianten der im Folgenden beschriebenen Vorgehensweise zu. Allerdings sollten in allen weiteren Varianten die laut Angabe zur Verfügung stehenden Materialien verwendet werden.*

Vorüberlegung zur Unterscheidungsmöglichkeit:
Unter den gegebenen Bedingungen bildet sich Sauerstoff nur bei Anwesenheit von Katalase und lässt sich in Form von Gasblasen beobachten.

Beschreibung der Vorgehensweise:
– Streptokokken *(Streptococcus faecalis)* werden von der Brutplatte mit einer Impföse auf einen sterilen Objektträger übertragen.
– Staphylokokken *(Staphylococcus aureus)* werden ebenfalls von der Brutplatte mit einer anderen Impföse auf einen weiteren sterilen Objektträger überführt.
– Auf beide Objektträger wird Wasserstoffperoxid-Lösung getropft.

Beobachtung:
– Auf dem Objektträger mit den Staphylokokken lassen sich Gasbläschen beobachten, da diese Bakterien das Enzym Katalase besitzen.
– Auf dem Objektträger mit den Streptokokken bilden sich keine Gasbläschen, da diese Bakterien keine Katalase besitzen.

2.1 Die meisten Zellorganellen werden durch eine einfache oder doppelte Membran vom Zytoplasma abgegrenzt. Durch diese **Kompartimentierung** entstehen viele unterschiedliche Reaktionsräume, in denen z. T. unterschiedliche Bedingungen herrschen. Dadurch können in der Zelle gleichzeitig verschiedene Stoffwechselreaktionen ohne gegenseitige Behinderung ablaufen.

2.2.1 *Zur Ableitung von Erbgangtypen können Hinweise dienlich sein, allerdings erfolgt eine eindeutige Begründung nur über die Angabe konkreter Genotypen.*
- *Laut Angabe handelt es sich um einen rezessiven Erbgang.*
- *Es sind je ein Mann und eine Frau von der Krankheit betroffen. Das deutet auf einen autosomalen Erbgang hin.*

Es handelt sich um einen **autosomal**-rezessiven Erbgang (a = krank machendes Allel, A = normales Allel). Dieser Erbgang liegt vor, da die Person 5 (aa) erkrankt ist, aber gesunde Eltern 1 und 2 (Aa) hat.

Folgende gonosomale Erbgänge können ausgeschlossen werden:
- Gonosomal(X-chromosomal)-rezessiver Erbgang, da in diesem Fall der Sohn 7 (X_aY) des Paares 5 (X_aX_a) und 6 (XY) krank sein müsste und auch der Vater 2 (X_aY) der Tochter 5 (X_aX_a).

Der Lehrplan schließt gonosomal Y-chromosomale Erbgänge nicht eindeutig aus, allerdings liegen nur sehr wenige Erbinformationen auf diesem Gonosom und es wird auch nicht zwischen dominant und rezessiv unterschieden.

- Gonosomale (Y-chromosomale) Erbgänge können ausgeschlossen werden, da auch die Frau 5 (XX) von dem Erbleiden betroffen ist.

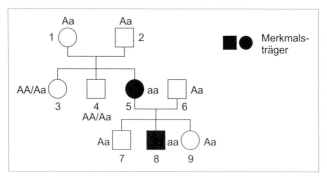

Sicher heterozygot sind die Personen 1, 2, 6, 7 und 9.

Die Aufgabenstellung verlangt die Beschreibung einer Diagnosemöglichkeit. U. a. wäre hier der Nachweis des Gendefektes durch Gendiagnose möglich. Auch durch den Heterozygotentest kann untersucht werden, ob eine phänotypisch merkmalsfreie Person Trägerin eines rezessiven Allels ist. Bei Heterozygoten kann beispielsweise die Funktionalität eines Enzyms eingeschränkt sein, wodurch Stoffwechselreaktionen nur noch in geringerem Maße als bei Gesunden katalysiert werden.

Die sichere Diagnostik heterozygoter Träger bei rezessiven Erbkrankheiten erfolgt z. B. über den **Heterozygotentest**. Dabei wird den zu untersuchenden Personen eine identische Menge Phytansäure verabreicht. Nach einem genau festgelegten Zeitpunkt wird dann der Phytansäuregehalt im Blut bzw. Urin ermittelt. Aufgrund einer eingeschränkten Enzymfunktion oder verringerten Enzymmenge kann die Phytansäure bei Heterozygoten nur verlangsamt abgebaut werden. Der Phytansäuregehalt ist deshalb zum festgelegten Zeitpunkt höher als der Vergleichswert bei homozygot gesunden Personen.

2.2.2

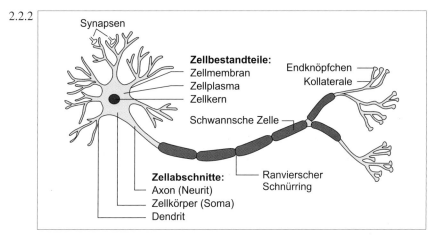

Der Abbau der isolierenden Myelinscheiden kann zu einer Beeinträchtigung der **saltatorischen Erregungsleitung** führen und damit die Geschwindigkeit oder Effizienz der Weiterleitung von Aktionspotenzialen im Axon herabsetzen.

3.1 Die prä-mRNA wird im Laufe der Proteinbiosynthese durch die **Transkription** gebildet.
Die mRNA für Lamin A enthält die Exons 9, 10a, 11a, 11b und 12. In der mRNA für Lamin C fehlen die Exons 11a, 11b und 12, dafür ist aber neben den Exons 9 und 10a auch Exon 10b enthalten.
Die reife mRNA wird durch nukleäre **Prozessierung** aus der prä-mRNA gebildet. Durch den Vorgang des **Spleißens** werden dabei neben den Introns in diesem Fall auch unterschiedliche Exons herausgeschnitten. Die verbliebenen Exons werden zur mRNA verknüpft. Durch die hier angegebene Form der Prozessierung entstehen aus einem Mosaikgen unterschiedliche mRNAs und damit auch unterschiedliche Proteine.

Noch während der Transkription entsteht durch nukleäre Prozessierung am 5'-Ende der mRNA eine Kappe aus einem methylierten Guanin-Nukleosid. Im Anschluss an die Transkription werden an das 3'-Ende der mRNA Adenosinnukleo-

tide angehängt, sodass ein sogenannter Poly-A-Schwanz aus 150–200 Nukleo-tiden entsteht. Sowohl die Kappe als auch der Poly-A-Schwanz schützen die prä-mRNA vor einem vorzeitigen enzymatischen Abbau.

3.2.1 *Nach der Transkription wird bei der Translation die Basensequenz des mRNA-Strangs in eine Aminosäuresequenz übersetzt.*

	Lamin A (Variante 1)
Code-Strang der DNA:	5'…CAG GTG GGC GGA CCC…3'
mRNA:	5'…CAG GUG GGC GGA CCC…3'
Aminosäuresequenz:	–Gln–Val–Gly–Gly–Pro–

	Lamin A (Variante 2)
Code-Strang der DNA:	5'…CAG GTG GGT GGA CCC…3'
mRNA:	5'…CAG GUG GGU GGA CCC…3'
Aminosäuresequenz:	–Gln–Val–Gly–Gly–Pro–

Bei der DNA-Sequenz in Variante 2 ist im Vergleich zu Variante 1 eine Base aus dem Exon 11 verändert, anstelle von C befindet sich T. Da jedoch trotz der Basensubstitution (Punktmutation) die gleiche Aminosäure codiert wird, handelt es sich in diesem Fall um eine **stumme Mutation**.

3.3.2 Bei der mRNA des funktionsgestörten Lamin A fehlt der Exonabschnitt 11 b. Es wird folglich ein kürzeres Protein gebildet. Dies lässt sich z. B. dadurch erklären, dass durch die Basensubstitution eine neue Schnittstelle für das Spleißen während der nukleären Prozessierung entstanden ist.

BE

Sowohl in den Savannen des südlichen Afrikas als auch in der Prärie Nordamerikas trifft man auf Kolonien in Familienverbänden zusammenlebender, höhlenbewohnender Säugetiere. Beide Tiergruppen zeigen einen auffällig ähnlichen Körperbau und ein vergleichbares Verhaltensrepertoire. So halten sowohl die afrikanischen Erdmännchen *(Suricata suricatta)* als auch die amerikanischen Präriehunde *(Cynomis sp.)* Wache, indem sich einzelne Individuen aufrecht stehend an Höhleneingängen positionieren und ihre Artgenossen durch schrille Alarmlaute vor eventuellen Gefahren wie Räubern warnen.

Abb. 1: Erdmännchen (links) und Präriehund (Charlesjsharp, https://commons.wikimedia.org/wiki/File:Meerkat_%28Suricata_suricatta%29_Tswalu_crop.jpg; Robert Otto; https://commons.wikimedia.org/wiki/File:Pr%C3%A4riehund_%28Cynomys%29.jpg, lizenziert jeweils unter CC BY-SA 4.0)

1   Erdmännchen und Präriehunde sind nicht näher miteinander verwandt. Beschreiben Sie eine molekularbiologische Methode Ihrer Wahl, mit der dies nachgewiesen werden kann, und erklären Sie unter Bezug auf den oben angefügten Text, inwieweit das ähnliche Verhalten und Aussehen der beiden Tiergruppen wissenschaftlich erklärt werden kann!   8

2   Im Gegensatz zu den pflanzenfressenden Präriehunden sind die Erdmännchen Fleischfresser, die auch in der Lage sind, Skorpione zu erbeuten und zu verspeisen. Da das Gift mancher Skorpione neurotoxisch ist, kommt es ab und zu zur Tötung eines Erdmännchens durch einen Skorpionstich. Das im Skorpiongift enthaltene Protein Bestoxin bindet an die spannungsabhängigen Natriumionenkanäle der Axonmembran der Motoneurone. Das Gift bewirkt bei den Erdmännchen schwere Krämpfe, die zum Tod führen.

2.1   Entwickeln Sie eine begründete Hypothese, welche die Wirkung des Bestoxins auf Erdmännchen erklärt!   4

2.2   Um die giftigen Skorpione zu fangen, wenden Erdmännchen eine besondere Jagdtechnik an:
Entdeckt ein hungriges Erdmännchen auf seinen Streifzügen einen Skorpion, so nähert es sich ihm und stellt sich dabei auf seine Hinterbeine.

Der Skorpion bemerkt den Jäger und geht in Abwehrhaltung. Daraufhin bewegt sich das Erdmännchen noch näher heran, greift sich den Skorpion mit den Vorderpfoten und beißt den Giftstachel ab. Die somit wehrlose Beute wird noch mehrfach im Sand gewälzt und mit weiteren Bissen getötet, bevor sie gefressen wird.

Interpretieren Sie das beschriebene Beutefangverhalten des Erdmännchens unter Verwendung ethologischer Fachbegriffe! Gehen Sie bei Ihren Überlegungen von einer erbkoordinierten Verhaltensweise des Erdmännchens aus. 5

2.3 Im Jahr 2006 wiesen zwei Biologen darauf hin, dass es sich bei dem Beutefangverhalten der Erdmännchen wohl doch nicht – wie bis dahin angenommen – um ein erbkoordiniertes Verhalten handelt.

Beschreiben Sie einen Versuch, mit dem diese neue Hypothese belegt bzw. geprüft werden kann! 4

3 In einer Studie der Northern Arizona University wurden die Warnlaute von Präriehunden aufgezeichnet und ausgewertet. Die dabei entstandenen zwei Spektrogramme (Abb. 2) stellen einen Ausschnitt aus dem Warnlaut eines Präriehundes bei der Annäherung eines angeleinten Haushundes bzw. eines Kojoten grafisch dar.

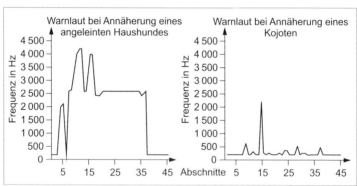

Abb. 2: Spektrogramme der Warnlaute von Präriehunden. Die Dauer des Warnlauts wurde jeweils in 45 gleich lange Abschnitte unterteilt. (Reprinted from Behavioural Processes 67(1), J. Placer, C. N. Slobodchikoff (2004): *A method for identifying sounds used in the classification of alarm calls.* S. 87-98; © 2004, with permission from Elsevier)

3.1 Erklären Sie, welche Schlussfolgerung man anhand der beiden Spektrogramme über die Kommunikation zwischen Präriehunden ziehen kann, und entwickeln Sie eine Hypothese zu der ultimaten Ursache der Unterschiede der beiden Warnlaute! 5

3.2 Im Gegensatz zur Alarmierung erfolgt die Abgrenzung des Territoriums von den Revieren fremder Artgenossen sowohl bei Präriehunden wie auch bei Erdmännchen nur selten durch akustische Signale.

Geben Sie drei Nachteile einer Reviermarkierung durch akustische Signale an! Nennen Sie zwei geeignete Signale, mit denen die Territoriumsmarkierung alternativ erfolgen könnte! 5

4 In seinen umfangreichen Forschungen hat HOOGLAND das Sozialverhalten der Präriehunde erforscht. Diese pflanzenfressenden Tiere leben in Kolonien zusammen, wobei alle Tiere der Kolonie mehr oder weniger miteinander verwandt sind. Die Weibchen gebären ihre Jungen jeweils in ihren eigenen Bruthöhlen. Nur während der Jungenaufzucht vertreibt das Weibchen Artgenossen, die sich in dem Gebiet um ihre Höhle aufhalten. Während sie ihre Jungen säugen, verbringen die Mütter viel Zeit in ihren Höhlen und können so nur wenig zum Bewachen der Kolonie beitragen.

HOOGLAND hat jüngst beobachtet, dass Weibchen, die selber Junge säugen, häufig in die Höhlen von anderen Müttern eindringen und deren Junge töten.

Der Zusammenhang zwischen Anzahl der säugenden Weibchen innerhalb der Kolonie und der Infantizidrate ist im folgenden Diagramm dargestellt.

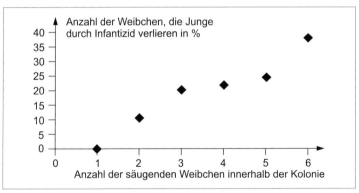

Abb. 3: Abhängigkeit der Infantizidrate von der Anzahl der säugenden Weibchen in einer Kolonie (Daten nach: J. L. Hoogland (2013): *Why do female prairie dogs copulate with more than one male*. In: Journal of Mammalogy 94 (4))

4.1 Erklären Sie, warum es auf den ersten Blick kontraproduktiv erscheint, verwandte Jungtiere zu töten! 3

4.2 HOOGLAND vermutete, dass es dennoch einen ultimaten Nutzen für säugende Weibchen hat, die Jungen von anderen Müttern zu töten. Leiten Sie aus den Angaben im Text und dem Diagramm drei Vorteile ab, die die tötenden Weibchen durch den Infantizid erlangen! 6
___
40

Erwartungshorizont

1   Ein mögliches Verfahren zur Bestimmung von Verwandtschaftsverhältnissen ist eine **DNA-Hybridisierung**. Dabei werden zunächst die isolierten DNA-Doppelstränge von Präriehund und Erdmännchen zum Schmelzen gebracht. Unter diesem Vorgang versteht man die Aufspaltung der DNA-Doppelhelix in ihre Einzelstränge, indem die Wasserstoffbrückenbindungen durch Erhitzen getrennt werden. Durch das Schmelzen der DNA verändert sich ihre Viskosität. Einzelstränge der DNA von Präriehund und Erdmännchen werden vermischt. Beim Abkühlen entsteht zwischen diesen Einzelsträngen durch komplementäre Basenpaarung eine Hybrid-DNA. Wird diese erneut erhitzt, so schmilzt sie früher als die DNA von Präriehund oder Erdmännchen, da nicht an allen Stellen eine komplementäre Basenpaarung vorliegt. Es sind weniger Wasserstoffbrückenbindungen vorhanden, sodass sich der Hybrid-DNA-Doppelstrang leichter auftrennt. Je niedriger die Schmelztemperatur der Hybrid-DNA gegenüber der Schmelztemperatur der DNA von Präriehund oder Erdmännchen liegt, desto geringer ist der Verwandtschaftsgrad beider Arten. Da die beiden Arten nicht sehr nah miteinander verwandt sind, dürfte die Schmelztemperatur der Hybrid-DNA deutlich unter derjenigen der Ursprungs-DNA liegen.

Um exakte Aussagen über die Verwandtschaftsverhältnisse zu treffen, müsste zusätzlich eine dritte Tierart untersucht werden, von der bekannt ist, dass sie entweder mit den Erdmännchen oder den Präriehunden nahe verwandt ist. Da jedoch hierzu keine Angaben im Aufgabentext zu finden sind, können Sie Ihre Antwort bezüglich des Verwandtschaftsgrades relativ vage halten.

Die Ähnlichkeiten im Aussehen und Verhalten können mithilfe der **konvergenten Entwicklung** erklärt werden. Beide Tierarten bewohnen auf unterschiedlichen Kontinenten ähnliche Lebensräume. Sie besetzten eine sehr ähnliche ökologische Nische.

Eine weitere molekularbiologische Methode zur Klärung der Verwandtschaftsverhältnisse ist z. B. die DNA-Sequenzierung.

2.1   Bestoxin bindet an die spannungsabhängigen Natriumionenkanäle der Axonmembran von Motoneuronen. Da die gestochenen Erdmännchen an Krämpfen sterben, bleiben durch das Gift vermutlich die spannungsabhängigen Natriumionenkanäle **länger geöffnet**. Dies hat zur Folge, dass dauerhaft Natriumionen ins Innere des Axons strömen, wodurch eine dauerhafte Depolarisation und vermehrt Aktionspotenziale ausgelöst werden. Es kommt zur **Dauererregung.** Da es sich bei den postsynaptischen Zellen um Muskelzellen handelt, werden diese lange anhaltend depolarisiert, was zu **Krämpfen** führt. Sind Herz- bzw. Atemmuskulatur betroffen, sind diese Krämpfe tödlich.

2.2 Falls die Jagdtechnik des Erdmännchens erbkoordiniert ist, stellt dieses Verhalten eine **Instinkthandlung** dar und lässt sich in die folgenden Phasen gliedern:
- Die **Handlungsbereitschaft** beim Erdmännchen wird durch Hunger hervorgerufen.
- Das **ungerichtete Appetenzverhalten** äußert sich durch Jagdstreifzüge.
- Der entdeckte Skorpion stellt einen **spezifischen Reiz** dar.
- Dieser Reiz löst die **gerichtete Appetenz (Taxis)** aus. Das Erdmännchen nähert sich dem Skorpion und stellt sich auf die Hinterbeine.
- Die Beute in der passenden Entfernung und gegebenenfalls in Abwehrhaltung fungiert als **Schlüsselreiz**.
- Dadurch wird die **Endhandlung (Erbkoordination)** ausgelöst. Das Erdmännchen bewegt sich noch näher heran, greift den Skorpion mit den Vorderpfoten und beißt ihm den Giftstachel ab. Anschließend wird die Beute im Sand gewälzt und mit Bissen getötet.

Da der spezifische Reiz und der Schlüsselreiz annähernd identisch sind, muss eine Unterscheidung nicht zwangsweise erfolgen.

2.3 Zur Überprüfung der Hypothese kann ein **Kaspar-Hauser-Experiment** durchgeführt werden. Dazu werden Erdmännchen **direkt nach der Geburt** aus dem Bau entfernt. Die Jungen müssen anschließend bis zur Geschlechtsreife **isoliert** aufgezogen werden, also ohne Kontakt mit Artgenossen oder Materialien, mit deren Hilfe sie spielerisch das Jagdverhalten erlernen könnten.
Anschließend werden die erwachsenen Kaspar-Hauser-Tiere mit Skorpionen konfrontiert. Ist das gezeigte Verhalten abweichend vom beschriebenen, handelt es sich bei dem typischen Beutefangverhalten um erlerntes Verhalten.

3.1 *Die Aufgabenstellung gibt vor, die Spektrogramme zu erklären und daraus eine Hypothese zu entwickeln. Es ist nicht verlangt, die Kurven zu beschreiben. Dennoch sollten Sie sich vor der Beantwortung der Aufgabe im Klaren über die Kurvenverläufe und damit über die Aussagekraft der Diagramme sein.*

Die beiden Warnlaute der Präriehunde als Reaktion auf Haushund und Kojote unterscheiden sich in Dauer, Verlauf und Spektrum der Frequenzen. Zudem sind die verwendeten Tonhöhen unterschiedlich. Die Warnlaute differieren also in mehreren Parametern, abhängig von der Art der Bedrohung. Präriehunde verfügen auf dieser Ebene offenbar über eine durchaus differenzierte Kommunikation.

Unter den ultimaten Ursachen versteht man die Zweckursachen von Verhaltensweisen.

Als ultimate Ursache für die unterschiedlichen Warnrufe kommen die verschiedenen, an die Situation angepassten Reaktionen der Gewarnten infrage. Je nach

Feind muss eine adäquate Reaktion erfolgen. Bei angeleinten Hunden werden die Tiere eher abwarten, bei sich annähenden Kojoten fliehen.

3.2 *Hier ist es ausreichend, drei Nachteile zu nennen. Sie müssen diese nicht ausführlich erklären.*

Akustische Signale zur Reviermarkierung können **Fressfeinde** anlocken. Zudem sind sie **zeitlich** und **räumlich** begrenzt.

Geeigneter wären beispielsweise **chemische Signale** wie die Markierung durch Urin oder Drüsensekrete. Auch **optische Signale** wie Markierungen durch Fraßspuren an Baumstämmen wären alternativ denkbar.

4.1 Die Präriehunde einer Kolonie sind relativ nah miteinander verwandt. Dies hat zur Folge, dass das tötende Weibchen mit dem getöteten Jungtier gemeinsame Gene besitzt. Durch den Infantizid verringert sich somit die **indirekte Fitness**, wodurch die **Gesamtfitness** des tötenden Weibchens **sinkt**.

4.2 *Gehen Sie bei ihrer Überlegung davon aus, dass die Gesamtfitness der tötenden Individuen steigen muss, obwohl die indirekte Fitness sinkt. Dies ist nur über eine Steigerung der direkten Fitness möglich.*

Damit die tötenden Weibchen ihre **Gesamtfitness** trotz des Verlustes der **indirekten Fitness** steigern können, muss sich deren **direkte Fitness erhöhen**, d. h., ihr eigener Nachwuchs muss größere Überlebenschancen erreichen.

Mögliche Gründe zur Steigerung der Überlebenschancen des eigenen Nachwuchses:
– Je mehr säugende Weibchen in einer Kolonie vorhanden sind, desto höher ist die Wahrscheinlichkeit, dass das eigene Junge getötet wird. Werden die Jungen anderer Weibchen getötet, so töten deren Mütter nicht mehr, da sie nicht mehr säugen.
– Nicht säugende Weibchen verbringen mehr Zeit mit dem Bewachen der Kolonie. Die Überlebenschancen für die Jungtiere der verbleibenden säugenden Weibchen werden durch den Zugewinn an Sicherheit erhöht.
– Artgenossen aus der Kolonie werden in Gebieten der Weibchen ohne Junge bzw. mit getöteten Jungtieren nicht mehr vertrieben. Sie können in diesen Gebieten fressen, wodurch ihnen mehr Nahrung zur Verfügung steht. Dies steigert ebenfalls die Überlebenschancen der eigenen Jungtiere.

BE

Der Afrikanische Elefant *(Loxodonta africana)* ist das größte Landsäugetier der Gegenwart. Seine Nahrung besteht hauptsächlich aus Gräsern, Blättern, Wurzeln, Rinde, Holz und Früchten. Erwachsene Tiere benötigen etwa 200 bis 300 kg pflanzliche Nahrung pro Tag. Die Lebenserwartung Afrikanischer Elefanten beträgt 50 bis 60 Jahre. Eine Elefantenkuh bringt während ihres Lebens durchschnittlich sieben Junge zur Welt. Die Tragzeit beträgt 20 bis 22 Monate.

1   In vielen Bereichen Afrikas erlebten die Elefantenpopulationen in Teilen des 19. und 20. Jahrhunderts einen dramatischen Rückgang. Ursachen waren vor allem Elfenbeinjäger sowie der starke Zuwachs der afrikanischen Bevölkerung und die damit verbundene Ausweitung von Weideflächen für Nutztiere. Zum Schutz der Elefanten wurden vielerorts Nationalparks gegründet. Die folgende Abbildung zeigt die Vegetationsbedeckung im Gebiet des Chobe-Nationalparks.

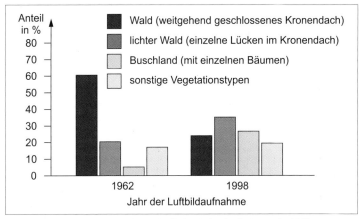

Abb. 1: Vegetationsbedeckung im Gebiet des Chobe-Nationalparks (gegründet 1967)
(Reprinted from African Journal of Ecology 40; D. K. Mosugelo, S. R. Moe, S. Ringrose, C. Nellemann (2002): *Vegetation changes during a 36-year period in northern Chobe National Park, Botswana.* S. 232-240; © 2002, with permission from John Wiley and Sons)

Beschreiben Sie die Aussagen des Diagramms und leiten sie eine begründete Hypothese zur Veränderung der Vegetation im Chobe-Nationalpark durch Elefanten ab! 6

2 Die Ergebnisse von Untersuchungen zur Fortpflanzung verschiedener Elefantenpopulationen sind in Tabelle 1 dargestellt:

Region	Populations dichte (Elefanten/km^2)	Alter der Elefantenkühe beim Erreichen der Geschlechtsreife (Jahre)	Geburtenabstand einer Elefantenkuh (Jahre)
Kenia (Tsavo)	7	15	7
Uganda (N. Murchison)	7–16	16	9
Uganda (Budongo-Wald)	15–25	22	nicht bekannt

Tab. 1: Untersuchungen zur Fortpflanzung weiblicher Afrikanischer Elefanten in verschiedenen Regionen Afrikas (Daten nach: C. R. Austin, R. V. Short (1981): *Fortpflanzungsbiologie der Säugetiere*. Pareys Studientexte 9, Parey Verlag, Berlin u. Hamburg)

Leiten Sie aus den Werten der Tabelle 1 ab, wie sich bei Elefanten in Kenia das Alter beim Erreichen der Geschlechtsreife und der Geburtenabstand bei einer Verringerung der Populationsdichte ändern würden, und begründen Sie anhand der Fortpflanzungsstrategie, weshalb sich diese Mechanismen bei Elefanten nur langsam auf die Bestandsregulierung auswirken! 6

3 Manche Nationalparks sind unmittelbar von Farmland umgeben. In den Grenzgebieten zwischen Nationalparks und Farmland kommt es immer wieder zu Konflikten zwischen Bauern und Elefanten. Die auf die Schutzgebiete zurückgedrängten Elefanten fallen auf den umliegenden Feldern ein. Sie zerstören die Ernte und nehmen den Nutztieren und den Menschen die Nahrung. Es wird deshalb ständig nach neuen Methoden geforscht, um die Elefanten von den Feldern fernzuhalten.

3.1 Bei Elefantengruppen, die in Gebieten mit größeren Bienenvorkommen leben, wurde Folgendes beobachtet: Binnen Sekunden verließen die Elefanten ihre Standorte, wenn ihnen lediglich Tonaufnahmen summender Bienen vorgespielt wurden. Auf andere dargebotene Geräusche gleicher Lautstärke reagierten die Tiere dagegen nicht.

3.1.1 Interpretieren Sie das Verhalten der Elefanten, das dazu führte, dass die Tiere bereits beim Summen von Bienen flüchteten, mit ethologischen Fachbegriffen! 7

3.1.2 Begründen Sie, weshalb Aufnahmen von Bienensummen nur dann über längere Zeit zur Abschreckung von Elefantenherden genutzt werden können, wenn es in dem Gebiet größere Bienenvorkommen gibt! 3

3.2 In Simbabwe gelang es den Farmern, die Elefanten durch einen Ring von Chilisträuchern, den sie um ihre Felder pflanzten, abzuwehren. Der in Chilischoten enthaltene Stoff Capsaicin entfaltet bei Elefanten eine ähnliche Wirkung wie beim Menschen. Er aktiviert Nozizeptoren, Endigungen spezifischer in der Haut und Mundschleimhaut vorkommender Nervenzellen, indem er an Calciumionenkanäle in der Membran der Nozizeptoren bindet und so die Öffnung dieser Ionenkanäle bewirkt. Das infolgedessen in den Nozizeptoren ausgelöste Aktionspotential wird über Nervenbahnen zum Gehirn geleitet und dort als schmerzartige Empfindung wahrgenommen.

	intrazellulär	extrazellulär
Calciumionenkonzentration in mmol/l	10^{-4}	2

Tab. 2: Calciumionenkonzentration im Zellplasma von Nozizeptoren und extrazellulär vor der Bindung von Capsaicin (Daten nach: D. E. Clapham (1997): *Some like it hot: spicing up ion channels.* In: Nature, Macmillan Publishers 389, S. 783–784)

3.2.1 Skizzieren Sie unter Einbeziehung der Werte aus Tabelle 2 einen vollständig beschrifteten Ausschnitt der Zellmembran eines Nozizeptors bei Anwesenheit von Capsaicin! 8

3.2.2 Vergleichen Sie den Mechanismus, der zur Öffnung der Calciumionenkanäle in der Membran der Nozizeptoren führt, mit dem Mechanismus, der die Ionenkanäle öffnet, die an der Weiterleitung eines Aktionspotenzials innerhalb einer Nervenzelle maßgeblich beteiligt sind! 5

4 Häufig weicht bei der Darstellung von Elefanten in Comics das Aussehen der Comicfigur deutlich vom naturgetreuen Abbild eines Elefanten ab, wie auch in Abbildung 2:

Abb. 2: Elefant als Comicfigur

Stellen Sie eine Hypothese auf, welche Wirkung der Zeichner mit dieser Darstellung beim Betrachter erzielen möchte, und erläutern Sie, welche Erkenntnisse aus der Verhaltensforschung er zur Erreichung dieser Ziele einsetzt! 5

40

<h1 style="text-align:center">Erwartungshorizont</h1>

1 **Beschreibung** der Vegetationsbedeckung:
   – Im erfassten Zeitraum von 1962 bis 1998 nahm der Waldanteil mit weitgehend geschlossenem Kronendach von 60 % auf ca. 24 % um fast 2/3 ab.
   – Der prozentuale Anteil an lichtem Wald nahm von ca. 20 % auf etwa 35 % zu. Beim Buschland war ebenfalls ein flächenmäßiger Zuwachs von ca. 5 % auf knapp 30 % zu beobachten.
   – Der Anteil der sonstigen Vegetationstypen blieb nahezu unverändert.

Erst nach der reinen Beschreibung der Aussagen des Diagrammes erfolgt die Ableitung der Hypothese unter Angabe von Begründungen.

Mögliche Hypothese:
Da die Elefanten im Nationalpark geschützt waren, vergrößerte sich vermutlich infolge des Jagdverbotes und des höheren Fortpflanzungserfolges die Elefantenpopulation. Im Zuge dessen erhöhte sich der tägliche Nahrungsbedarf der Population. Die vermehrte Nahrungsaufnahme von Rinde, Blättern und Wurzeln dezimierte die Bäume stark, sodass der Waldanteil mit geschlossenem Kronendach zurückging. Es entstand mehr lichter Wald. Weitere Ausdünnung durch Beweidung verbesserte das Lichtangebot und damit die Wachstumsbedingungen für Gräser und Sträucher. Dies erklärt die Zunahme an Buschland.

2 Würde in Kenia die Populationsdichte verringert, würde sich sowohl das Alter der Elefantenkühe beim Erreichen der Geschlechtsreife als auch der Geburtenabstand einer Elefantenkuh verringern. Dies lässt sich aus den Tabellendaten zu anderen Regionen ableiten: Je höher die Populationsdichte, desto später erreichen die Tiere die Geschlechtsreife und desto größer ist der Geburtenabstand.

Die im Vortext gegebenen Informationen über die Lebenserwartung und die Tragezeit liefern wichtige Hinweise zur Fortpflanzungsstrategie der Elefanten.

Elefanten sind **K-Strategen**. Anhand der Daten (relativ hohes Alter beim Erreichen der Geschlechtsreife, großer Geburtenabstand, lange Tragezeit) ist ersichtlich, dass Elefanten eine lange Generationszeit haben. Die Regulierungsmechanismen wirken sich deshalb nur langsam auf den Bestand aus.

3.1.1 Es handelt sich um eine **reizbedingte (klassische) Konditionierung**, und dabei um eine **bedingte Aversion:**
Das Summen ist in diesem Beispiel der **neutrale Reiz**. Die schmerzhaften Stiche stellen einen **unbedingten Reiz** dar, der als **unbedingte Reaktion** das „Verlassen der Standorte" auslöst. In der Lernphase wird der zunächst neutrale Reiz mit dem unbedingten Reiz verknüpft und zum **bedingten** Reiz, der ein Meideverhalten auslöst. Dabei ist eine enge zeitliche Verknüpfung, die **Kontiguität**, wichtig.

3.1.2 Solange Elefanten immer wieder von im Gebiet vorkommenden Bienen gestochen werden, wird das bedingte Verhalten weiterhin ausgeführt. Bleibt jedoch nach der Darbietung des bedingten Reizes der unbedingte Reiz zum wiederholten Male aus, so erfolgt die **Extinktion** des Erlernten und das bedingte Verhalten wird nicht mehr gezeigt. In diesem Fall wird die Abschreckung unwirksam.

3.2.1

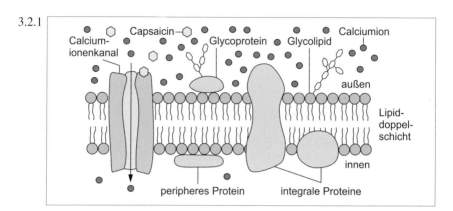

3.2.2 Bei den **Calciumionenkanälen** in der Membran der Nozizeptoren handelt es sich um **ligandenabhängige** Ionenkanäle, d. h., diese verändern nach der Bindung von Capsaicin ihre Raumstruktur und werden dadurch geöffnet.
Die an der Weiterleitung eines Aktionspotenzials beteiligten **Natrium- und Kaliumionenkanäle** einer Nervenzelle funktionieren hingegen **spannungsabhängig**. Diese Kanäle in der Membran des Axons sind im Ruhezustand geschlossen. Die Verringerung des Membranpotenzials bewirkt eine Konformationsänderung der Proteine und dadurch die kurzzeitige Öffnung zunächst der Natriumionen- und zeitlich verzögert der Kaliumionenkanäle.

4 *Beim Kindchenschema handelt es sich um einen angeborenen Auslösemechanismus beim Menschen, der Brutpflegeverhalten induziert.*

Der Comic-Zeichner möchte durch die Umsetzung des **Kindchenschemas** positive Gefühle beim Leser erzeugen. Indem dieser die Darstellung „süß“ oder „niedlich“ findet, wird sein Kaufverhalten beeinflusst.
Zum Erreichen dieses Zieles wird die Wirkung verschiedener Schlüsselreize eingesetzt. Dazu zählen ein großer Kopf, große Augen, Pausbacken, ein kurzer und rundlicher Rüssel als Andeutung einer Stupsnase und eines freundlichen Lachens sowie ein rundlicher Körper mit kurzen Gliedmaßen.

BE

Die vielfältig nutzbare und weltweit ange-
baute Maispflanze erlangte gerade in den ver-
gangenen Jahren auch in Deutschland eine
immer größere Bedeutung als Energiepflan-
ze. Wie viele andere Nutzpflanzen wird auch
der Mais von Insekten befallen. Um den Ern-
teverlust gering zu halten, werden in der
Landwirtschaft Schädlingsbekämpfungsmaß-
nahmen eingesetzt.

Abb. 1: Mais (Spiritia, https://commons.wikimedia.org/wiki/
File:Corn-raw-boiled-and-dry.jpg, lizenz. unter CC BY-SA 3.0)

1   Die Fotosynthese ist der zentrale Stoffwechselvorgang, der dem Wachs-
    tum von Mais zugrunde liegt. Eines der wichtigsten Enzyme der Foto-
    synthese ist RubisCO, das für den Einbau von Kohlenstoffdioxid in der
    Fixierungsphase der lichtunabhängigen Reaktionen verantwortlich ist.
    Erläutern Sie mithilfe eines beschrifteten Diagramms, wie sich eine Zu-
    nahme des Kohlenstoffdioxidgehaltes auf die Reaktionsgeschwindigkeit
    der Kohlenstoffdioxid-Fixierung auswirkt!   5

2   In einem Experiment werden Maispflanzen mit violetten Körnern, die
    beim Trocknen nicht schrumpfen (beide Merkmale dominant), mit Mais-
    pflanzen mit gelben Körnern, die beim Trocknen schrumpfen, gekreuzt.
    In der nächsten Generation erhält man die Phänotypen der Eltern im
    Verhältnis 1:1.
    Geben Sie die Genotypen der Ausgangspflanzen und der Folgegenera-
    tion an und charakterisieren Sie den Erbgang!   7

3   Einer der gefürchtetsten Maisschädlinge ist
    der Maiszünsler *(Ostrinia nubilalis)*, ein
    Kleinschmetterling, der seine Eier auf der
    Blattunterseite von Maispflanzen ablegt. Die
    geschlüpften Raupen fressen dann neben den
    Blüten auch das Mark der Maispflanzenstän-
    gel.

Abb. 2: Maiszünsler (Donald Hobern, https://commons.wiki-
media.org/wiki/File:Ostrinia_nubilalis_%2814699419091%29.
jpg, lizenziert unter CC BY 2.0)

3.1 Stellen Sie den Zusammenhang zwischen der Populationsgröße des Maiszünslers, der Anzahl seiner Fressfeinde und der Maisanbaufläche in einem Pfeildiagramm (je-desto-Beziehung) dar und erläutern Sie die von Ihnen dargestellten Zusammenhänge! 8

3.2 Zur Bekämpfung des Maiszünslers stehen verschiedene Verfahren zur Verfügung.

3.2.1 Das seit 2004 in Deutschland zugelassene Clothianidin ist ein Insektizid, das wie ein Transmitter an den Rezeptoren der erregenden Nervenzellen der Insekten wirkt, jedoch vom Transmitter spaltenden Enzym im synaptischen Spalt nicht abgebaut werden kann. Erläutern Sie die Wirkungsweise des Insektizids auf die Raupen des Maiszünslers! 6

3.2.2 Ein US-Hersteller entwickelte eine transgene Maissorte mit zwei artfremden Genen. Eines der Fremdgene ist aus dem Bakterium *Bacillus thuringiensis* (Bt) entnommen und für die Bildung eines Proteins zuständig, das für die Schädlinge tödlich ist. Als Vektor für den Gentransfer in die Pflanze wird ein Hybridplasmid erzeugt. Stellen Sie mithilfe beschrifteter Skizzen das Prinzip der Gewinnung eines Hybridplasmids dar und beschreiben Sie eine Methode zum Nachweis des erfolgreichen Einbaus einer Fremd-DNA in die Pflanzenzellen! 8

4 Unkrautvernichtungsmittel (Herbizide), z. B. auf Maisfeldern, sollen zum einen in geringen Dosierungen wirken und zum anderen hochspezifisch nur in pflanzliche Prozesse eingreifen. In der folgenden Tabelle sind drei Herbizide mit ihrer entsprechenden Wirkung angegeben:

Herbizid	Strukturmerkmal bzw. Eigenschaft
Triazine	Hemmung des Elektronentransports in der Thylakoidmembran
Diphenylether	strukturell dem ADP-Molekül sehr ähnlich
Pyridazinone	Zerstörung von Farbstoffen

Herbizide mit entsprechenden Strukturmerkmalen bzw. Eigenschaften
(P. Böger (1983): *Die photosynthetische Membran als Angriffsort für Herbizide.* In: Biologie in unserer Zeit. 13. Jahrg., Nr. 6, S. 170–177)

Erläutern Sie die Auswirkungen der jeweiligen Herbizide auf die Fotosynthese! 6

40

Erwartungshorizont

1 *Erstellen Sie hier ein beschriftetes Diagramm, aus der die Abhängigkeit der Reaktionsgeschwindigkeit von der Kohlenstoffdioxidkonzentration hervorgeht. Zudem sollen Sie dieses Diagramm erläutern.*

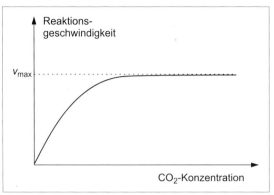

Mit zunehmender Kohlenstoffdioxidkonzentration nimmt die Reaktionsgeschwindigkeit erst rasch und dann langsamer zu und nähert sich bei höheren Konzentrationen einem Sättigungswert an, der Maximalgeschwindigkeit v_{max}. Sind alle Enzymmoleküle (RubisCO) mit der Fixierung des vorhandenen Kohlenstoffdioxids voll ausgelastet, so führt eine Steigerung der Kohlenstoffdioxidkonzentration nicht zu einer weiteren Steigerung der Reaktionsgeschwindigkeit.

2 *Da die Pflanzen in der F1-Generation phänotypisch nicht uniform sind, muss die Maispflanze mit den dominant ausgeprägten Merkmalen heterozygot vorliegen. Da das Phänotypenverhältnis 1 : 1 ist, liegt ein gekoppelter Erbgang vor. Gekoppelte Gene werden im Genotyp speziell gekennzeichnet. Eine Möglichkeit besteht darin, die gekoppelten Allele durch einen Bindestrich zu verbinden. Statt „Aa Bb" schreibt man „A−B a−b" bzw. „A−b a−B", je nachdem, welche Allele gekoppelt vorliegen.*

Alleldefinitionen:
V = dominantes Allel für violette Körnerfärbung
v = rezessives Allel für gelbe Körnerfärbung
N = dominantes Allel für nicht schrumpfende Körner
n = rezessives Allel für schrumpfende Körner

Es handelt sich um einen **dihybriden** Erbgang, bei dem beide Merkmale **dominant-rezessiv** vererbt werden. Die Gene der beiden Merkmale liegen **gekoppelt** vor.

Genotypen der Parentalgeneration:
Maispflanze mit violetten, nicht schrumpfenden Körnern: V–N v–n
Maispflanze mit gelben, schrumpfenden Körnern: v–n v–n

In der Aufgabenstellung wird nicht verlangt abzuleiten, wie Sie auf die Genotypen kommen. Um die Aufgabenstellung bearbeiten zu können, müssen Sie aber ggf. auf einem Notizzettel ein Kombinationsquadrat erstellen.

Kreuzung der Parentalgeneration:

Phänotyp	violette, nicht schrumpfende Körner	x	gelbe, schrumpfende Körner
Genotyp	V–N v–n		v–n v–n
Keimzellen	V–N; v–n		v–n

Kombinationsquadrat für gekoppelte Gene:

Keimzellen	V–N	v–n
v–n	V–N v–n	v–n v–n

Es ergibt sich ein Phänotypenverhältnis von 1 : 1.

Genotypen der F1-Generation:
Maispflanze mit violetten, nicht schrumpfenden Körnern: V–N v–n
Maispflanze mit gelben, schrumpfenden Körnern: v–n v–n

3.1

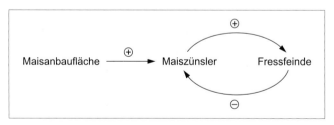

Je größer die Maisanbaufläche ist, desto mehr Nahrung steht für die Raupen der Maiszünsler zur Verfügung, wodurch die Populationsdichte der Maiszünsler steigt.
Je mehr Maiszünsler vorhanden sind, desto mehr Nahrung finden deren Fressfeinde. Die Populationsdichten der Fressfeinde steigen.
Je mehr Fressfeinde es gibt, desto mehr Maiszünsler werden erbeutet. Ihre Populationsdichte sinkt somit.

Auch die Maisanbaufläche soll in das Pfeilschema einbezogen werden. Eine Rückkopplung auf die Fläche ist allerdings nicht möglich. Falls hingegen statt der Anbaufläche die Maispflanzen selbst im Pfeilschema ergänzt würden, so ergäbe sich eine typische Fressfeind-Beute-Wechselbeziehung, wie sie schon zwischen Maiszünsler und dessen Fressfeinden dargestellt ist.

3.2.1 *Laut Angabentext wirkt das Insektizid Clothianidin als Agonist zu dem Transmitter im synaptischen Spalt von erregenden Nervenzellen der Insekten.*

Clothianidin bindet im synaptischen Spalt an die Rezeptoren der postsynaptischen Membran einer erregenden Nervenzelle. Die transmittergesteuerten Natriumionenkanäle öffnen sich, wodurch Natriumionen ins Innere der postsynaptischen Zelle einströmen. Da das Insektizid nicht von transmitterspaltenden Enzymen abgebaut wird, verbleibt es im synaptischen Spalt. Die Clothianidin-Moleküle binden daher dauerhaft an die Rezeptoren. Durch den verstärkten Natriumioneneinstrom in die postsynaptische Zelle kommt es dort zur Dauerdepolarisation und somit zur Dauererregung. Wird diese Erregung an die Muskelzellen weitergeleitet, verkrampfen diese (starre Lähmung) und es kommt zum Tod des Insekts.

3.2.2

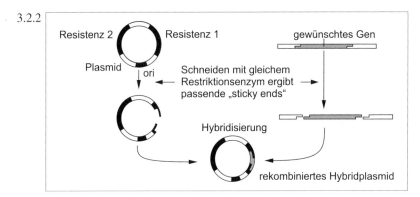

Herstellung eines **Hybridplasmids:**
– **Isolierung** des Gens aus der DNA des Spenderorganismus (hier *B. thuringiensis*): Die DNA aus dem Spenderorganismus wird mit **Restriktionsenzymen** in definierte Stücke geschnitten. Die Schnittstellen sind in der Regel nicht „glatt", sondern erzeugen sogenannte „**sticky ends",** überhängende Einzelstränge. Das gewünschte Gen wird dann **identifiziert** und **isoliert.**
– Gewinnung eines geeigneten Plasmids als **Vektor:** Aus Bakterien wird ein Plasmid isoliert und mit dem **gleichen Restriktionsenzym** geschnitten, das zum Zerschneiden der Spendergens verwendet wurde. Die Schnittstelle des Plasmids hat dann die **gleichen „sticky ends"** wie das Spendergen.

– **Hybridisierung**, Einbau der Spender-DNA: Die gewünschte Spender-DNA und die geöffneten Plasmide werden zusammengebracht und durchmischt. Die „sticky ends" fügen sich komplementär zusammen. Ein Enzym, die **DNA-Ligase**, wird hinzugefügt und verknüpft die Enden miteinander. Gelingt dieser Vorgang, so ist ein **rekombiniertes Hybridplasmid** entstanden.

Selektive Identifizierung von Bakterien mit aufgenommenem Hybridplasmid: Eigenschaften eines geeigneten Plasmids als Vektor:
– Das Plasmid muss mindestens zwei Gene als **Marker** besitzen (z. B. zwei Antibiotikaresistenzen gegen Ampicillin und Tetrazyklin).
– In einem der beiden Resistenzgene muss die **Schnittstelle** für das verwendete Restriktionsenzym liegen, sodass die entsprechende Antibiotikumresistenz durch den Einbau der Spender-DNA in den Vektor verloren geht.

Das Bakteriengemisch (Bakterien ohne Plasmid, mit unverändertem Plasmid oder mit Hybridplasmid) wird z. B. auf einem ampicillinhaltigen Nährboden kultiviert. Bakterien ohne Antibiotikumresistenz sterben darauf ab. Mithilfe der Stempeltechnik überträgt man nun einzelne angewachsene Zellen aus den Kolonien auf einen zweiten Nährboden, z. B. mit Tetrazyklin. Hier werden nur Bakterien wachsen, die ein unverändertes Plasmid aufgenommen haben. Aus einem Vergleich der Koloniemuster beider Nährböden kann man diejenigen Bakterien identifizieren, die zwar eine Ampicillin-, aber keine Tetrazyklinresistenz besitzen.

Der erfolgreiche Einbau von Fremd-DNA könnte auch mittels Gensonden nachgewiesen werden.

4   **Auswirkungen der Herbizide:**
– Triazine hemmen den Elektronentransport in der Thylakoidmembran. Durch die fehlenden Elektronen wird die Reduktion von NADP$^+$ zu NADPH/H$^+$ unterbunden. Es werden keine Redoxäquivalente für die Dunkelreaktion gebildet.

Außerdem wird der Protonentransport durch die Thylakoidmembran unterbunden. Dies hat zur Folge, dass der Protonengradient zwischen Lumen und Stroma nicht aufrechterhalten werden kann. Somit wird nur noch wenig oder kein ATP mehr gebildet, das für die Dunkelreaktion benötigt wird.

– Diphenylether ähnelt strukturell dem ADP. Es wirkt somit als kompetitiver Hemmstoff für die ATP-Synthase und verringert damit die Synthese von ATP, das für die Dunkelreaktion benötigt wird.
– Pyridazinone zerstören Farbstoffe und somit auch die Pigmente, die für die Fotosynthese wichtig sind. Eine Anregung von Elektronen in Chlorophyllmolekülen ist nicht mehr möglich und die Lichtreaktion kommt zum Erliegen.

BE

1   Sowohl Cyanobakterien als auch Grünalgen kommen als Einzelzellen und Zellkolonien in zahlreichen Lebensräumen vor. Auch die Fotosynthese läuft bei beiden Organismengruppen gleich ab. Zudem besteht bei den Fotosynthesepigmenten große Übereinstimmung, wobei Cyanobakterien anders als Grünalgen zusätzlich das blaue Pigment Phycocyanin besitzen.

1.1   Die folgende Abbildung zeigt den schematischen Aufbau einer Cyanobakterienzelle:

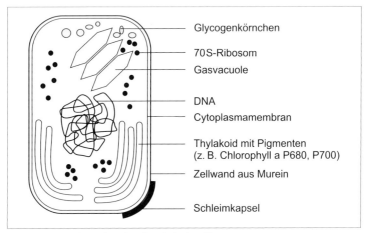

Abb. 1: Schematischer Aufbau einer Cyanobakterienzelle
(verändert nach: V. Wolff (1996): *Giftgrün.* In: Unterricht Biologie. 215, Friedrich Verlag GmbH, Seelze, S. 52–53)

Früher nannte man die Cyanobakterien Blaualgen wegen der genannten Ähnlichkeiten mit den Grünalgen. Erörtern Sie anhand von Abbildung 1, weshalb man heute auf den Begriff Blaualgen verzichten sollte und die Bezeichnung Cyanobakterien gerechtfertigt ist.   5

1.2   Neben fotoautotrophen Organismen kennt man seit dem 19. Jahrhundert auch chemoautotrophe Lebewesen. Im folgenden Schema ist die Chemosynthese farbloser Schwefelbakterien vereinfacht dargestellt:

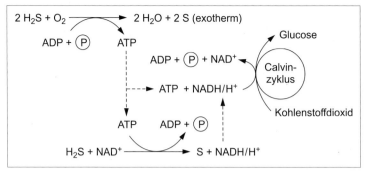

$2\,H_2S + O_2 \longrightarrow 2\,H_2O + 2\,S$ (exotherm)

Abb. 2: Vereinfachte, schematische Darstellung der Chemosynthese farbloser Schwefelbakterien
Anmerkung: Calvinzyklus entspricht den lichtunabhängigen Reaktionen
(verändert nach: R. W. Meyer (1990): *Die Chemosynthese*. In: Unterricht Biologie. 153, S. 34)

Vergleichen Sie unter Berücksichtigung von Abbildung 2 die Stoffwechselwege der Chemosynthese und der Fotosynthese im Hinblick auf
grundlegende Gemeinsamkeiten und Unterschiede! 8

2   Erstes Leben trat auf der Erde vor ca. 3,5–4 Mrd. Jahren auf. Tabelle 1
zeigt verschiedene in der Erdgeschichte auftretende Organismengruppen.
In Abbildung 3 ist vereinfacht die Entwicklung des Sauerstoffgehalts in
der Atmosphäre im Verlauf der letzten 4,5 Milliarden Jahre dargestellt.

A	B	C	D
aerobe heterotrophe Prokaryoten	anaerobe, heterotrophe Prokaryoten	mehrzellige Pflanzen	Cyanobakterien mit Fotosynthese

Tab. 1: Verschiedene in der Erdgeschichte auftretende Organismengruppen

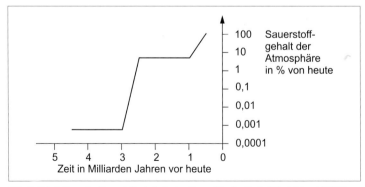

Abb. 3: Entwicklung des Sauerstoffgehalts in der Atmosphäre im Verlauf der letzten 4,5 Milliarden Jahre (verändert nach: J. Markl (2010): Markl Biologie–Oberstufe. Ernst Klett Verlag,
Stuttgart, S. 287)

2.1 Schätzen Sie den Zeitpunkt des erstmöglichen Auftretens der angegebenen Organismengruppen A bis D ab und begründen Sie Ihre Angabe! 8

2.2 Auf aerobe Lebewesen wirkt Sauerstoff als begünstigender Selektionsfaktor.
Legen Sie den Selektionsvorteil unter Mitverwendung geeigneter Stoffbilanzgleichungen des Energiestoffwechsels dar! 6

3 Viele Cyanobakterien, z. B. *Anabaena*, haben eine wichtige ökologische Bedeutung im globalen Kohlenstoff- und Stickstoffkreislauf. In den fadenartigen Zellkolonien von *Anabaena* kommen spezielle Zellen vor, die Heterocysten. Diese können aus elementarem Stickstoff mithilfe des Enzyms Nitrogenase Verbindungen herstellen, die für alle Lebewesen unverzichtbar sind.
In einer Versuchsreihe wurde die Aktivität der Nitrogenase untersucht. Es wurde bei allen Experimenten die gleiche Menge des Enzyms eingesetzt. Außerdem fanden die Versuche in Stickstoffatmosphäre statt. Die Ergebnisse sind in Tabelle 2 zusammengefasst.

Ansatz	Temp.	O_2	ATP	Nitrogenase	Kupfer(II)-sulfat	Enzymaktivität
1	20 °C	–	+	+	–	hoch
2	20 °C	–	–	+	–	keine
3	20 °C	+	+	+	–	keine
4	20 °C	–	–	+	+	keine
5	8 °C	–	+	+	–	gering
6	85 °C	–	+	+	–	keine

Tab. 2: Ergebnisse von Experimenten zur Aktivität von Nitrogenase
(+ Substanz vorhanden; – Substanz nicht vorhanden)

3.1 Erklären Sie die Enzymaktivitäten in den Ansätzen 1, 3, 5 und 6! 9

3.2 Begründen Sie, welcher der sechs Versuchsansätze kein aussagekräftiges Ergebnis liefert! Formulieren Sie einen Verbesserungsvorschlag! 4

40

Erwartungshorizont

1.1 Grünalgen sind zwar relativ einfach gebaute Einzeller, sie gehören jedoch systematisch zu den **Eukaryoten**.
Abb. 1 zeigt hingegen, dass die Cyanobakterienzelle Merkmale einer **prokaryotischen** Zelle aufweist:
– Die DNA liegt frei im Cytoplasma vor und nicht in einem von einer Doppelmembran umgebenen Zellkern.
– Es gibt keine membranumhüllten Zellorganellen.
– Die Ribosomen sind die einzigen Zellorganellen.

Die Ribosomen gehören zum 70S-Typ und nicht wie bei Eukaryoten zum 80S-Typ. Außerdem besteht die Zellwand wie bei Bakterien üblich aus Murein und nicht aus Zellulose wie die Zellwand der pflanzlichen Eukaryoten.

Der Begriff Blaualge ist also irreführend und sollte deshalb vermieden werden.

1.2 Beide Stoffwechselwege zeigen einige **Übereinstimmungen:**
ATP ist das Energieäquivalent und wird aus ADP und einem anorganischen Phosphatrest aufgebaut. Außerdem dient anorganisches Kohlenstoffdioxid als **Kohlenstoffquelle**. Durch die lichtunabhängigen Reaktionen des **Calvin-Zyklus** wird der energiereiche, organische Stoff **Glucose** gebildet.

Beide Stoffwechselwege weisen jedoch auch deutliche **Unterschiede** auf:
– Als **Elektronenquelle** dient bei der Fotosynthese Wasser, bei der Chemosynthese hingegen H_2S.
– Als **Energiequelle** dient bei der Fotosynthese Licht, bei der Chemosynthese jedoch die exotherme Reaktion von H_2S.
– Als **Reduktionsäquivalent** dient bei der Fotosynthese NADPH/H$^+$, bei der Chemosynthese jedoch NADH/H$^+$.
– Während Wasser bei der Fotosynthese als Edukt fungiert und Sauerstoff produziert wird, verhält es sich bei der Chemosynthese genau umgekehrt (Sauerstoff als Edukt, Wasser als Produkt).

2.1 Das erstmögliche Auftreten lag bei der Organismengruppe …
– **B vor ca. 3,5 bis 4 Milliarden Jahren**, da die Ursuppe den heterotrophen Organismen als Nahrungsquelle zur Verfügung stand und die nahezu sauerstofffreie Uratmosphäre nur Anaerobiern das Überleben ermöglichte.
– **D vor ca. 3 Milliarden Jahren**, da der Sauerstoffanstieg in der Atmosphäre auf die Fotosynthesetätigkeit der autotrophen Cyanobakterien hinweist.
– **A ab ca. 3 Milliarden Jahren**, da nun den Aerobiern durch den steigenden Sauerstoffgehalt der Atmosphäre genügend Sauerstoff zur Verfügung stand.
– **C vor ca. 1 Milliarden Jahren**, da sich die Atmosphäre durch deren Fotosynthesetätigkeit seitdem weiter mit Sauerstoff – bis zum heutigen Sauerstoffgehalt – anreicherte.

2.2 *Nach der Aufgabenstellung muss der Selektionsfaktor unter Mitverwendung ei-*
ner geeigneten Stoffbilanzgleichung dargelegt werden; die Stoffbilanzgleichung
muss also Rückschlüsse auf die Energieausbeute zulassen. Die hier verwendete
Bilanz der alkoholischen Gärung ist jedoch nur eine Möglichkeit.

Der Selektionsvorteil für die aeroben Lebewesen liegt in der **deutlich höheren Energieausbeute** bei der Zellatmung pro Mol abgebauter Glucose und damit in der effizienteren Nutzung der Nährstoffressourcen.

Bei der alkoholischen **Gärung** wird 1 mol Glucose während der Glykolyse in mehreren Schritten unter **anaeroben** Bedingungen zu 2 mol Brenztraubensäure abgebaut. Dabei entstehen **2 mol ATP** und 2 mol NADH/H$^+$.

$$C_6H_{12}O_6 + 2 \text{ ADP} + 2 \text{ P}_i \longrightarrow 2 \text{ C}_2H_5OH + 2 \text{ CO}_2 + 2 \text{ ATP}$$

Dagegen wird unter **aeroben** Bedingungen bei der **Zellatmung** nach der Glykolyse die energiereiche Brenztraubensäure weiter abgebaut. Durch oxidative Decarboxylierung und den Zitronensäurezyklus entstehen aus 2 mol Brenztraubensäure 6 mol Kohlenstoffdioxid. In der anschließenden Atmungskette wird der von den Reduktionsäquivalenten aufgenommene Wasserstoff zusammen mit den aufgenommenen Elektronen auf Sauerstoff übertragen. Insgesamt können so **38 ATP** erzeugt werden.

$$C_6H_{12}O_6 + 6 \text{ O}_2 + 38 \text{ ADP} + 38 \text{ P}_i \longrightarrow 6 \text{ CO}_2 + 6 \text{ H}_2O + 38 \text{ ATP}$$

3.1 Im **Ansatz 1** zeigt sich eine hohe Enzymaktivität. Die Temperatur liegt bei 20 °C, der Ansatz ist sauerstofffrei und enthält ATP. Diese Bedingungen sind vermutlich für die Aktivität der Nitrogenase relevant und optimal.

Im **Ansatz 3** zeigt sich dagegen keine Enzymaktivität. Da hier unter ansonsten gleichbleibenden Bedingungen Sauerstoff eingeleitet wurde, muss dieser die Enzymaktivität hemmen.

Im Vergleich zu Ansatz 1 wurde bei **Ansatz 5** unter ansonsten gleichbleibenden Bedingungen die Temperatur von 20 °C auf 8 °C erniedrigt. Aufgrund der **RGT-Regel** lässt sich die geringere Aktivität der Nitrogenase damit erklären, dass sich die Reaktionsgeschwindigkeit chemischer Reaktionen bei einer Temperaturerniedrigung um 10 °C halbiert bis drittelt.

Bei einer Temperaturerhöhung auf 85 °C zeigt sich im **Ansatz 6** bei ansonsten konstanten Bedingungen im Vergleich zu Ansatz 1 keine Enzymaktivität. Dies ist auf die Hitzedenaturierung der Enzymproteine zurückzuführen.

3.2 **Ansatz 4** liefert kein aussagekräftiges Ergebnis, da hier im Vergleich zu Ansatz 1 zwei Bedingungen gleichzeitig geändert wurden: Es fehlt ATP und es wurde Kupfer(II)-sulfat zugegeben. Aus Ansatz 2 geht jedoch hervor, dass ATP für die Enzymaktivität notwendig ist.

Um den Einfluss von Kupfer(II)-sulfat auf die Aktivität von Nitrogenase zu untersuchen, müssten für Ansatz 4 also die gleichen Versuchsbedingungen wie bei Ansatz 1 gelten. Dazu wird dann Kupfer(II)-sulfat gegeben.

BE

1 Zwei nicht miteinander verwandte Kinder zeigten eine sehr seltene, ungewöhnliche Erkrankung: Sie empfanden von Geburt an keinerlei Schmerzen. Die beiden Kinder fielen zum Zeitpunkt des Durchbruchs der ersten Zähne dadurch auf, dass sie sich selbst an Zunge, Lippen und Fingern verletzten. Wissenschaftler haben bei diesen Kindern eine Genmutation entdeckt, die zu einer angeborenen Schmerzunempfindlichkeit führt. Bei der Analyse der Erbsubstanz betroffener Personen wurde eine Mutation im Gen *PRDM12* identifiziert.

1.1 Im folgenden ist der Stammbaum einer mehrfach von dieser Erbkrankheit betroffenen Familie dargestellt.

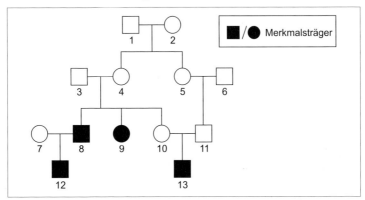

Abb. 1: Stammbaum einer betroffenen Familie
(verändert nach: Y.-C. Chen et al. (2015): *Transcriptional regulator PRDM12 is essential for human pain perception.* In: Nature Genetics 47(7), S. 803 – 808)

Leiten Sie anhand des Stammbaums den Erbgang der angeborenen Schmerzunempfindlichkeit ab, indem Sie begründet nichtzutreffende Erbgänge ausschließen! Geben Sie alle möglichen Genotypen der Personen 3, 6, 7 und 12 an! 7

1.2 Mit der Real-Time-PCR-Methode lassen sich u. a. DNA-Proben heterozygoter Personen von solchen homozygoter Personen unterscheiden. Dafür sind spezielle Gensonden notwendig, an die ein zunächst inaktiver, nichtleuchtender Fluoreszenzfarbstoff gekoppelt ist. Diese Sonden werden während der PCR-Reaktion wieder abgebaut. Beim Abbau der Sonde wird der Fluoreszenzfarbstoff aktiviert, d. h., er leuchtet. In der dafür verwendeten PCR-Maschine, die die Fluoreszenz während der gesamten Reaktion misst, kann der Fortschritt der PCR-Reaktion dokumentiert werden.

Im Fall der angeborenen Schmerzunempfindlichkeit wird die Gensonde passend zu einem kurzen Sequenzabschnitt mit der Mutation im *PRDM12*-Gen konstruiert. Abbildung 2 zeigt jeweils den Untersuchungsverlauf von drei verschiedenen DNA-Proben mit dieser Methode.

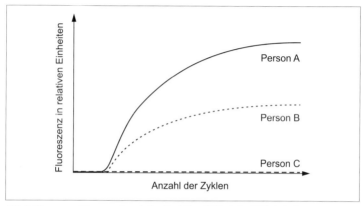

Abb. 2: Fluoreszenz-Messung während einer Real-Time-PCR mit der DNA dreier Personen

Ordnen Sie den drei Personen begründet den jeweils passenden Genotyp zu!   7

2   Die Mutation im *PRDM12*-Gen führt zur fehlerhaften Entwicklung von Nervenzellen, die für das Schmerzempfinden zuständig sind.

2.1   Beschreiben Sie das Zustandekommen und die Aufrechterhaltung des Ruhepotenzials!   9

2.2   Forscher des Max-Planck-Instituts für Experimentelle Medizin in Göttingen haben herausgefunden, dass die zu den Gliazellen gehörenden Oligodendrocyten Glucose zu Milchsäure umwandeln, um diese in die Neuronen zu transportieren. Dort wird die Milchsäure in den Mitochondrien zunächst zu Brenztraubensäure umgewandelt. Im Anschluss erfolgt der weitere Abbau zu Kohlenstoffdioxid und Wasser.

2.2.1 Geben Sie für den beschriebenen Stoffwechselweg in den Oligodendrocyten die Stoff- und Energiebilanz an!   3

2.2.2 Vergleichen Sie die Energieausbeute des Milchsäureabbaus in den Neuronen mit der des Glucoseabbaus mittels Mitochondrien in sonstigen Körperzellen!   4

3   Schmerzen beeinflussen zahlreiche Lernprozesse.

Kohlmeisen *(Parus major)* ernähren sich hauptsächlich von Insekten und deren Larven sowie von pflanzlicher Kost wie Samen und Nüssen. In einem Kaspar-Hauser-Experiment mit jungen Kohlmeisen werden Wespen *(Vespula germanica)* mit einer auffälligen Schwarz-Gelb-Färbung neben unauffällig gefärbten Blauen Schmeißfliegen *(Calliphora vicina)* zum Fressen angeboten.

Die Fütterungsversuche werden mit einer gleichbleibenden Gruppe von zehn Kohlmeisen alle drei Stunden wiederholt. Der Durchschnittswert der gefressenen Insekten pro Meise ist in folgendem Diagramm (Abb. 3) gegen die Zeit aufgetragen.

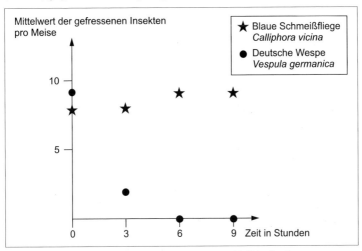

Abb. 3: Fressverhalten von Kohlmeisen bei Fütterung mit unterschiedlichen Insekten

3.1   Erklären Sie die Ergebnisse dieses Experiments aus verhaltensbiologischer Sicht!   6

3.2   Anschließend wird das Experiment in abgewandelter Form mit der gleichen Meisengruppe wiederholt. Statt Wespen werden nun über einen längeren Zeitraum harmlose Schwebfliegen *(Episyrphus balteatus)* mit einer auffälligen Schwarz-Gelb-Färbung sowie wieder die Blauen Schmeißfliegen angeboten. Begründen Sie das zu erwartende Ergebnis dieses Experiments!   4
                                                                                                       40

Erwartungshorizont

1.1 *Obwohl eine eindeutige Begründung oder ein Ausschluss nur über die Angabe konkreter Genotypen erfolgt, können Hinweise hilfreich sein: Die Merkmalsträger haben nicht alle einen betroffenen Elternteil, daher ist ein rezessiver Erbgang wahrscheinlich. Da im Stammbaum nur vier Merkmalsträger sind, ist das Geschlechterverhältnis nicht aussagekräftig. Beide Geschlechter können betroffen sein.*

Bei autosomal-dominanten Erbgängen wird das merkmalsausprägende Allel mit „A" und das normale Allel mit „a" symbolisiert. Bei autosomal-rezessiven Erbgängen verwendet man für das merkmalsausprägende Allel „a" und für das normale Allel „A". Bei X-chromosomalen Erbgängen verwendet man die Symbole „X^A" und „X^a".

Ein **autosomal-dominanter** Erbgang kann ausgeschlossen werden. Da Person 13 Merkmalsträger ist, müsste andernfalls entweder Person 10 oder Person 11 betroffen sein.

Alternativ: Da die Personen 8 und 9 Merkmalsträger sind, müsste andernfalls Person 3 oder 4 betroffen sein.

Ein **X-chromosomal-dominanter** Erbgang kann ausgeschlossen werden. Da Person 8 Merkmalsträger ist, müsste andernfalls Person 4 betroffen sein.

Alternativ: Da Person 9 betroffen ist, müsste andernfalls entweder Person 3 oder Person 4 Merkmalsträger sein.

Ein **X-chromosomal-rezessiver** Erbgang kann ausgeschlossen werden. Da Person 9 betroffen ist, müsste andernfalls Person 3 Merkmalsträger sein. Männer sind bezüglich des X-Chromosoms hemizygot, daher sind sie Merkmalsträger, wenn sie das rezessive Allel besitzen.

Auf dem Y-Chromosom befinden sich nur sehr wenige Erbinformationen, sodass Y-chromosomale Erbleiden sehr selten sind.

Auch ein **Y-chromosomaler** Erbgang kann ausgeschlossen werden, da mit Person 9 auch eine Frau betroffen ist.

Es muss sich daher um einen **autosomal-rezessiven** Erbgang handeln. Die Personen 3, 4, 7, 10 und 11 sind sicherlich Konduktoren, d. h., sie sind phänotypisch nicht betroffen, tragen aber ein rezessives Allel.

Genotypen:

Person 3:   Aa
Person 6:   AA oder Aa
Person 7:   Aa
Person 12: aa

1.2 *Wie im Aufgabentext erläutert, binden die Gensonden mit dem zunächst inakti-ven Fluoreszenzfarbstoff nur an einen Sequenzabschnitt des mutierten PRDM12-Gens. Werden während der PCR die gebundenen Gensonden abge-baut, wird der Fluoreszenzfarbstoff aktiviert. Dabei gilt, dass zwei mutierte Al-lele eine intensivere Fluoreszenz erzeugen als nur ein mutiertes Allel.*

Bei **Person A** liegt das rezessive Allel homozygot vor. Sie besitzt den Geno-typ aa. Die Sonden mit dem inaktiven Fluoreszenzfarbstoff binden an beide ho-mologen Chromosomen, da beide ein mutiertes Allel des Gens *PRDM12* tra-gen. Bei Abbau der Sonden während der PCR tritt die stärkste Fluoreszenz auf.

Person B ist heterozygot in Bezug auf das Merkmal. Sie besitzt den Geno-typ Aa. Die Sonden mit dem inaktiven Fluoreszenzfarbstoff binden nur an das homologe Chromosom, das ein mutiertes Allel besitzt. Die Fluoreszenz ist um ca. 50 % schwächer.

Bei **Person C** liegt das dominante Allel homozygot vor. Sie besitzt den Geno-typ AA. Da sie kein mutiertes Allel des *PRDM12*-Gens aufweist, können die Sonden nicht binden. Es tritt keine Fluoreszenz auf.

2.1 Das Ruhepotenzial beruht wesentlich auf einer unterschiedlichen Ionenvertei-lung im Zellinneren der Nervenzelle und in der wässrigen Lösung des extrazel-lulären Raumes. Das Ruhemembranpotenzial liegt bei ca. -70 mV. Dabei ist die Membraninnenseite negativ und die Außenseite positiv geladen.

Folgende Faktoren sind für die Ausbildung des Ruhepotenzials entscheidend:

- Die Ionenkonzentrationen sind auf beiden Seiten der Axonmembran unter-schiedlich. Im Inneren des Neurons ist die Konzentration an Kaliumionen und organischen Anionen hoch, auf der Außenseite der Axonmembran liegen Natrium- und Chloridionen in hoher Konzentration vor.

- Die Membran ist selektiv permeabel. Im Ruhezustand diffundieren Kaliumi-onen durch spezifische Ionenkanäle entlang ihres Konzentrationsgefälles von innen nach außen. Da die Membran für große, organische Anionen un-durchlässig ist, bleiben diese im Inneren zurück, wodurch sich ein elektri-scher Gradient aufbaut, der dem K^+-Ionenausstrom entgegenwirkt. Das Ru-hepotenzial ist dann erreicht, wenn das Bestreben nach einem Konzentra-tionsausgleich und das Bestreben nach einem Ladungsausgleich gleich groß sind. Man spricht vom elektrochemischen Gleichgewicht.

Dieses Ruhepotenzial würde sich mit der Zeit allerdings abbauen, da die Mem-bran auch für andere Ionen geringfügig permeabel ist. So gelangen z. B. Natri-umionen durch Leckströme in den intrazellulären Raum. Um ein Angleichen der Ionenkonzentrationen zu verhindern, betreiben die Nervenzellen Natrium-Kalium-Pumpen, die Na^+-Ionen und K^+-Ionen unter ATP-Verbrauch entgegen ihrem Konzentrationsgradienten transportieren. Pro Zyklus gelangen jeweils drei Na^+-Ionen in den extrazellulären und zwei K^+-Ionen in den intrazellulären Raum.

2.2.1 *Bei dem beschriebenen Stoffwechselweg handelt es sich um die Milchsäure-gärung. Zunächst findet die Glykolyse statt, im Anschluss die Gärungsreaktion, um die Redoxäquivalente zu regenerieren.*

Stoff- und Energiebilanz:

$$C_6H_{12}O_6 + 2\,ADP + 2\,P_i \longrightarrow 2\,C_3H_6O_3 + 2\,ATP$$
Glucose $\qquad\qquad\qquad\qquad\qquad\qquad$ Milchsäure

Bei der vollständigen Verbrennung von 1 mol Glucose werden 2 870 kJ freige-setzt, bei der Spaltung von 1 mol ATP 29 kJ. Da pro mol Glucose 2 mol ATP gewonnen werden, stehen der Zelle 58 kJ zur Verfügung. Um den Wirkungsgrad zu bestimmen, müssen diese ins Verhältnis zur Energie gesetzt werden, die in Glucose enthalten ist.

$$Wirkungsgrad = \frac{2 \cdot 29\ kJ}{2\,870\ kJ} = 0{,}02 \stackrel{\triangle}{=} 2\ \%$$

2.2.2 *Hier ist es entscheidend, Vortext und Aufgabenstellung exakt zu lesen. Es soll nicht nur die Energieausbeute bei den Vorgängen im Zellplasma verglichen werden, sondern beim gesamten Glucoseabbau.*

Der Glucoseabbau in den sonstigen Körperzellen ist in mehrere Schritte geglie-dert, die jeweils zum Energiegewinn beitragen:

– Bei der **Glykolyse** entstehen pro mol Glucose 2 mol ATP und 2 mol NADH/H$^+$.
– Bei der **oxidativen Decarboxylierung** werden 2 mol NADH/H$^+$ gebildet.
– Im **Zitronensäurezyklus** entstehen 2 mol ATP, 6 mol NADH/H$^+$ und 2 mol FADH$_2$.
– In der **Atmungskette** werden pro mol NADH/H$^+$ ca. 3 mol ATP gebildet und pro mol FADH$_2$ ca. 2 mol ATP.

Insgesamt entstehen bei der regulären Zellatmung bei der Umsetzung von **1 mol Glucose 38 mol ATP**.

Gelangt aus den Oligodendrocyten Milchsäure in die Mitochondrien der Neu-ronen, so entfällt der erste Schritt der regulären Zellatmung. Die oxidative De-carboxylierung, der Zitronensäurezyklus und die Atmungskette laufen jedoch ab. So entstehen aus 2 mol Milchsäure, die aus 1 mol Glucose entstehen, 2 mol ATP, 8 mol NADH/H$^+$ und 2 mol FADH$_2$. Insgesamt werden somit **30 mol ATP** gewonnen.

3.1 Während die Kohlmeisen zu Beginn des Experiments noch ähnlich viele Wes-pen wie Schmeißfliegen fraßen, wurden nach drei Stunden kaum noch Wespen erbeutet und nach sechs Stunden gar keine mehr. Es handelt sich bei diesem Ergebnis um eine **klassische Konditionierung**, genauer um eine **bedingte Aversion**. Futtertiere mit einer auffälligen schwarz-gelben Färbung stellen zunächst einen **neutralen Reiz** dar. Wird ein solches Tier gefressen, wird der neutrale Reiz mit der negativen Erfahrung des Wespenstiches verknüpft. Da der Schmerz durch den Stich direkt beim Fressen auftritt, ist **Kontiguität** gegeben. Nach einigen Stichen stellt das schwarz-gelbe Muster einen **bedingten Reiz** dar und Wespen werden gemieden.

3.2 Aufgrund ihrer auffälligen Färbung werden vermutlich zu Beginn des Experiments die Schwebfliegen gemieden. Frisst eine Kohlmeise im Laufe des Experiments doch eine Schwebfliege, bleibt der Schmerz aus. Frisst die Meise dann wiederholt Schwebfliegen, so wird der **bedingte Reiz** „schwarz-gelbes Muster" gelöscht und erlangt wieder den Status des **neutralen Reizes**.
Kommt es nach einiger Zeit zu solch einer **Extinktion**, werden die Schwebfliegen vermutlich wieder mit einer ähnlichen Häufigkeit wie die Schmeißfliegen gefressen.

BE

Die Gemeine Stechmücke ist weltweit verbreitet. Die Weibchen sind für die Bildung der Eier auf das Blut ihrer Wirtstiere angewiesen.

1 In London findet man in unmittelbarer Nachbarschaft zwei Formen der Gemeinen Stechmücke. Die Mücken der oberirdischen Form leben bevorzugt in Grünanlagen und Parks, sind dort in den wärmeren Monaten aktiv und vermehren sich. In der kalten Jahreszeit machen sie eine Winterpause.

Gemeine Stechmücke
(© Can Stock Photo Inc./defun)

Die unterirdische Form lebt in den Tunneln der Londoner U-Bahn. Diese Mücken sind das ganze Jahr über aktiv und vermehren sich auch ganzjährig.
Die Larven beider Formen entwickeln sich in Süßgewässern, wobei die unterirdische Form auf Gewässer im Untergrund angewiesen ist.
Weibchen dieser Form, die zufällig aus den U-Bahn-Schächten nach oben gelangen und sich mit Männchen der oberirdischen Form verpaaren, legen keine Eier.

1.1 Erläutern Sie auf der Grundlage des biologischen Artkonzepts, ob es sich bei den beschriebenen Stechmückenformen um unterschiedliche Arten handeln kann und belegen Sie Ihre Argumente mit Informationen aus dem Text! 4

1.2 Untersuchungen ergaben, dass die Vielfalt der Allele in der oberirdischen Form viermal größer ist als in der unterirdischen Form. Es stellte sich zudem heraus, dass alle Allele der unterirdischen Form auch im Genpool der oberirdischen Form vorkommen.
Erklären Sie die Entstehung des Genpoolunterschieds zwischen beiden Populationen! 4

2 Die weiblichen Stechmücken nutzen die Nährstoffe aus ihren Blutmahlzeiten auch zur eigenen Energiegewinnung. Der Nährstoff Glucose kann dabei im Insektenmuskel sowohl unter aeroben als auch unter anaeroben Bedingungen abgebaut werden. Unter anaeroben Bedingungen entsteht in erster Linie Milchsäure.

2.1 Stellen Sie auf Grundlage der Stoff- und Energiebilanzen für beide Stoffwechselprozesse eine begründete Vermutung darüber auf, welcher der beiden Stoffwechselprozesse in der Flugmuskulatur einer fliegenden Stechmücke hauptsächlich abläuft! 6

2.2 Einer der beiden Stoffwechselprozesse zur Energiegewinnung setzt Mitochondrien voraus.
Fertigen Sie eine beschriftete Skizze des elektronenoptischen Aufbaus eines Mitochondriums an! 5

3 Die landläufige Meinung, dass Stechmücken „süßes Blut" bevorzugen und Menschen mit derartigem Blut häufig gestochen werden, ist falsch. Japanische Forscher konnten vielmehr einen Zusammenhang der Stechmücken-Landungshäufigkeit in Bezug auf die Art der Blutgruppe feststellen (Abb. 1).

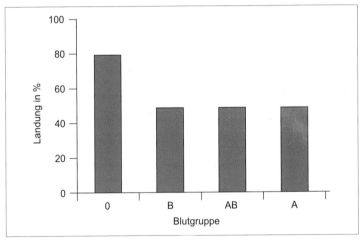

Abb. 1: Landungshäufigkeit von Stechmücken in Abhängigkeit von der Blutgruppe (verändert nach: Y. Shirai et al. (2004): *Landing preference of Aedes albopictus (Diptera: Culicidae) on human skin among ABO blood groups, secretors or nonsecretors, and ABH antigens.* In: Journal of Medical Entomology 41(4), July 2004)

3.1 Geben Sie auf Grundlage des folgenden Familienstammbaums (Abb. 2) die möglichen Genotypen der Personen 3, 4, 8 und 9 an und begründen Sie, ob die Geschwister 7, 8 und 9 anhand der Landungshäufigkeit von Stechmücken ihre jeweilige Blutgruppe erschließen können! 5

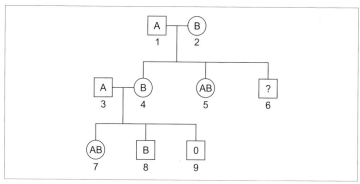

Abb. 2: Familienstammbaum unter Angabe der jeweiligen Blutgruppenphänotypen (nach dem ABO-System)

3.2   Durch medizinische Tests werden die Blutgruppe und der Genotyp von Person 6 identifiziert. Dabei stellt sich heraus, dass Person 6 nicht leibliches Kind von Person 1 sein kann.
Geben Sie die Blutgruppe und den Genotyp von Person 6 an und begründen Sie Ihre Entscheidung!   5

4   Mücken nutzen zur Orientierung verschiedene Geruchssinneszellen in ihren Antennen, die eine Reihe unterschiedlicher Geruchsrezeptoren in ihrer Dendritenmembran tragen. So reagieren Stechmücken beispielsweise besonders stark, wenn das Duftmolekül 4-Methylphenol („Duft" nach getragenen Socken) an einen speziellen Rezeptortyp bindet.
Bereits die Bindung eines passenden Duftmoleküls an den Geruchsrezeptor kann ein Aktionspotenzial im Axon der Geruchssinneszelle bewirken.

4.1   Stellen Sie die Spannungsverhältnisse an einer Nervenfaser vor und während eines Aktionspotenzials grafisch dar und benennen Sie die einzelnen Phasen!   5

4.2   Seit über 60 Jahren wird in Insektenschutzmitteln DEET (Diethyltoluamid) verwendet, das nach dem Auftragen auf die Haut in die Umgebungsluft diffundiert und Mücken abwehrt.
Stellen Sie zwei begründete Hypothesen auf, die die Wirkung von DEET auf unterschiedliche Weise neurophysiologisch erklären!   <u>6</u>
           40

Erwartungshorizont

1.1 *Laut Aufgabenstellung muss das biologische Artkonzept nicht nur wiedergege-ben, sondern auch durch Textbezug belegt werden.*

Definition: Nach dem biologischen Artkonzept fasst man alle Lebewesen zu einer Art zusammen, die sich miteinander kreuzen und fruchtbare Nachkommen erzeugen können.

Die beiden in London vorkommenden Formen der Gemeinen Stechmücke können unterschiedliche Arten sein, da sie räumlich (oberirdisch und unterirdisch) und zeitlich (nur in wärmeren Monaten aktiv und ganzjährig aktiv) getrennt sind. Außerdem legen die Weibchen der unterirdischen Form nach der Paarung mit einem Männchen der oberirdischen Form keine Eier, erzeugen also keine Nachkommen. Es besteht offenbar eine **reproduktive Isolation**.

1.2 *Eine besondere Form des Evolutionsfaktors Gendrift ist auch unter dem Begriff „genetischer Flaschenhals" bekannt. Die Modellvorstellung des Flaschenhal-ses beschreibt die ausgeprägte genetische Verarmung und damit auch die Än-derung der Allelfrequenzen, die durch eine Verringerung einer Population auf wenige Individuen hervorgerufen wird.*

Durch ein Zufallsereignis gelangte vermutlich eine kleine Gründerpopulation von Stechmücken in einen U-Bahn-Schacht. Dadurch kam es auch zu einer zu-fälligen Veränderung der Allelverteilung im Vergleich zur Ursprungspopula-tion. So fehlten vermutlich aufgrund dieser Gendrift bestimmte Allele zufällig im Genpool der Gründerpopulation. Die genetische Variabilität der unterirdi-schen Form wurde dadurch erheblich reduziert.

Grundlegende Voraussetzung für die Auseinanderentwicklung einer Art ist die Isolation. Durch die **geografische Isolation** der unterirdischen Population von der oberirdischen Population wurde ein nachträglicher Genaustausch verhin-dert.

2.1 *Zur vollständigen Beantwortung der Aufgabenstellung ist eine logische und strukturierte Vorgehensweise wichtig. Die Energiebilanz der Zellatmung setzt sich (pro mol Glucose) wie folgt zusammen:*
- *2 mol ATP und 2 mol NADH/H^+ aus der Glykolyse*
- *2 mol NADH/H^+ aus der oxidativen Decarboxylierung*
- *2 mol ATP, 6 mol NADH/H^+ und 2 mol $FADH_2$ aus dem Zitronensäure-zyklus*
- *Atmungskette: 10 mol NADH/H^+ ergeben ca. 30 mol ATP*
  2 mol $FADH_2$ ergeben ca. 4 mol ATP $\Rightarrow$ *ca. 34 mol ATP*

Stoff- und Energiebilanz der Zellatmung:

$$C_6H_{12}O_6 + 6\,O_2 + 38\,ADP + 38\,P_i \longrightarrow 6\,CO_2 + 6\,H_2O + 38\,ATP$$

Stoff- und Energiebilanz der Milchsäuregärung:

$$C_6H_{12}O_6 + 2\ ADP + 2\ P_i \longrightarrow 2\ C_3H_6O_3 + 2\ ATP$$

Bei der Milchsäuregärung werden pro mol Glucose lediglich 2 mol ATP in der Glykolyse erzeugt, bei der Zellatmung jedoch 38 mol ATP.

Vermutung: Bei fliegenden Stechmücken findet in der Flugmuskulatur hauptsächlich der aerobe Abbau von Glucose, also die Zellatmung, statt. Der Energiegewinn bei der Milchsäuregärung beträgt nur ca. 5 % des Energiegewinns aus der Zellatmung. Die schnellen, kräftigen und oft lange anhaltenden Flügelbewegungen erfordern jedoch viel Energie in Form von ATP, die nur durch die Zellatmung bereitgestellt werden kann.

2.2

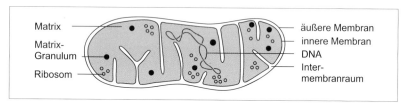

3.1 *Beim AB0-System existieren die drei Allele I^A, I^B und i; man spricht von multipler Allelie. I^A und I^B sind kodominant, I^A und I^B sind dominant gegenüber i. I^A kodiert für den Oberflächenfaktor A, I^B für B und i für kein Oberflächenmolekül. Daraus resultieren vier Phänotypen: A, B, AB, 0.*
In der Literatur werden für den Genotyp häufig die Buchstaben der Phänotypen verwendet, z. B. für Blutgruppe A entweder AA oder A0. Aus der hier verwendeten Schreibweise geht Dominanz und Rezessivität der Allele klar hervor.

Genotypen:

Person 3: I^Ai   Person 4: I^Bi

Person 8: I^Bi   Person 9: ii

Bei den Geschwistern 7 und 8 wird mit jeweils etwa 50 % die gleiche Stechmücken-Landungshäufigkeit festgestellt. Da die Blutgruppen B, AB und A etwa gleich hohe Landungshäufigkeiten aufweisen, können die Geschwister 7 und 8 ihre Blutgruppe nicht erschließen. Geschwister 9 wird mit einer Landungshäufigkeit von 80 % jedoch deutlich häufiger von Stechmücken angeflogen. Dies ist ein Indiz auf Blutgruppe 0.

3.2 Person 6: Genotyp $I^B I^B$ und damit Blutgruppe B

Die Erbmerkmale der Blutgruppen sind eindeutig, weshalb sie vor Gericht z. B. für Vaterschaftsgutachten als Beweismittel gelten. Wenn laut Angabe Person 6 nicht das leibliche Kind von Vater 1 sein kann, dann erfolgt die Herleitung des Genotyps über das Ausschlussprinzip.

Person 1, also der Vater, muss den Genotyp $I^A i$ besitzen, da sonst die Blutgruppe B bei Kind 4 nicht möglich wäre. Person 2, also die Mutter, kann jedoch die Genotypen $I^B i$ oder $I^B I^B$ besitzen.
Ist Kind 6 also kein leibliches Kind von Person 1, kann nur beim Genotyp $I^B I^B$ die Vaterschaft eindeutig ausgeschlossen werden. Als Vater gibt Person 1 entweder das Allel I^A oder das Allel i an sein leibliches Kind weiter.

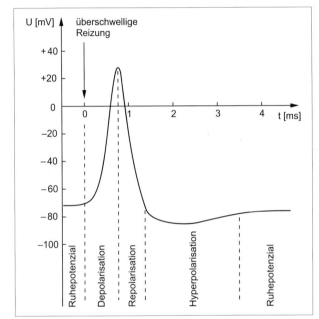

4.1

 4.2 *Hier ist das Aufstellen zweier begründeter Hypothesen verlangt. Neben den hier angegebenen Hypothesen sind auch noch weitere Möglichkeiten denkbar.*

Mögliche Hypothesen:
– DEET lagert sich an einen Geruchsrezeptor einer Geruchssinneszelle an, der spezifisch für das Mücken anlockende Duftmolekül 4-Methylphenol ist. Dies führt zur Hyperpolarisation der Zelle und damit zu einer geringeren Anzahl gebildeter Aktionspotenziale. Die Mücken werden nicht angelockt.
– DEET lagert sich zwar an einen entsprechenden Geruchsrezeptor einer Geruchssinneszelle an, bewirkt aber keine Aktivierung des Rezeptors. Es wird kein Aktionspotenzial ausgelöst und die Mücken werden nicht angelockt.
– DEET lagert sich an einen Geruchsrezeptor einer Geruchssinneszelle an, der für einen anderen, für Mücken unattraktiveren Duft spezifisch ist. Dies führt zur Depolarisation der Zelle und damit zur Auslösung eines Aktionspotenzials. Die Mücken zeigen daraufhin ein Fluchtverhalten.

BE

Licht nimmt auf vielfältige Weise Einfluss auf Lebewesen und die in ihnen ablaufenden biologischen Prozesse und stellt damit auch einen sehr wichtigen Evolutionsfaktor dar.

1   In einem Schülerexperiment wird der Einfluss unterschiedlicher Licht-qualität auf die Fotosyntheseleistung grüner Efeupflanzen untersucht. Dazu werden aus Efeublättern kleine Stücke herausgeschnitten und in verschiedenen Versuchsansätzen je fünf Stücke in Plastikspritzen gege-ben, die jeweils mit Wasser und Backpulver gefüllt werden. Das Back-pulver sorgt für in Wasser gelöstes Kohlenstoffdioxid. Überschüssiges, nicht gelöstes Kohlenstoffdioxid kann mithilfe des Spritzenkolbens ent-fernt werden. Hinter den Spritzen werden Folien unterschiedlicher Far-be (rot, blau, grün) angebracht (siehe Abb. 1), die mithilfe einer Licht-quelle beleuchtet werden, sodass auf die Efeublattstückchen jeweils nur Licht dieser einen Farbe einstrahlt.

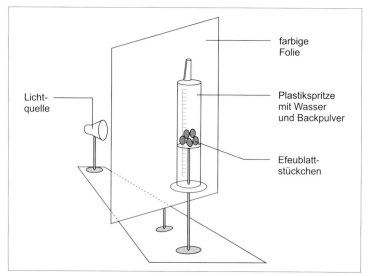

Abb. 1: Versuchsanordnung für ein Schülerexperiment zur Untersuchung der Abhängigkeit der Fotosynthese von der Lichtqualität
(verändert nach: C. Riekeberg (2009): *Der ENGELMANN-Bakterienversuch – einmal ganz anders.* In: Plantago – Informationen aus dem Schulbiologiezentrum Hannover, Herbst 2009)

1.1 Beim Versuchsansatz mit den blau beleuchteten Efeublattstückchen kann beobachtet werden, dass diese nach einer bestimmten Zeit in der Spritze aufsteigen.
Erklären Sie die beschriebene Beobachtung! Stellen Sie je eine begründete Hypothese darüber auf, welche Beobachtungen beim Einsatz der grünen bzw. der roten Farbfolie gemacht werden können!   6

1.2 Nennen Sie drei verschiedene Faktoren, die bei den einzelnen Versuchsansätzen in diesem Experiment für aussagekräftige Ergebnisse konstant gehalten werden müssen, und begründen Sie Ihre Auswahl!   6

1.3 An den Thylakoiden der Efeublattstückchen wird NADPH gebildet.
Stellen Sie die zugrunde liegenden Vorgänge skizzenhaft als energetisches Modell dar!   8

2 Um auf Lichtreize reagieren zu können, haben sich auch im Tierreich verschiedene Strukturen bis hin zu Organen entwickelt.

2.1 Tintenfische verfügen wie Wirbeltiere über leistungsfähige Linsenaugen, von denen ausgewählte Charakteristika in folgender Tabelle gegenübergestellt sind.

	Tintenfischauge	Wirbeltierauge
Netzhaut	Netzhaut einschichtig; die lichtempfindliche Seite der enthaltenen Lichtsinneszellen ist dem einfallenden Licht zugewandt	Netzhaut mehrschichtig; die lichtempfindliche Seite der enthaltenen Lichtsinneszellen ist vom einfallenden Licht abgewandt
Entstehung während der Embryonalentwicklung	Bildung des Auges vollständig aus den obersten Hautschichten des Kopfbereichs	Bildung des Auges großteils aus einer Ausstülpung des Zwischenhirns
Fähigkeit zur Anpassung an unterschiedliche Helligkeitsverhältnisse	vorhanden	vorhanden

Tab.: Vergleich von Tintenfisch- und Wirbeltierauge

Erörtern Sie, ob man auf der Grundlage der relevanten Informationen aus der Tabelle auf eine nahe stammesgeschichtliche Verwandtschaft von Tintenfischen und Wirbeltieren schließen kann!   5

2.2 Bei der Umwandlung von Lichtreizen in elektrische Signale in den Lichtsinneszellen (spezialisierte Nervenzellen) der Wirbeltiere ist u. a. das Enzym Phosphodiesterase (PDE) beteiligt, das die Umwandlung des Stoffes cyclo-GMP zu dem Produkt GMP bewirkt. Lichteinfall auf die Sinneszellen führt über mehrere Zwischenschritte dazu, dass ein bestimmter Teil, die sogenannte γ-Untereinheit, vom Enzymmolekül abgelöst wird, wodurch das Enzym PDE aktiviert wird und die beschriebene Reaktion katalysieren kann.

2.2.1 Stellen Sie die Aktivierung von PDE sowie seine darauf folgende Wirkungsweise in einer beschrifteten Skizze dar!   7

2.2.2 Im Dunkeln bewirkt die dauerhafte Bindung von cyclo-GMP-Molekülen an Natriumionenkanäle in der Lichtsinneszellmembran das Offenhalten dieser Kanäle.
Leiten Sie ab, in welcher Weise eine Belichtung zu einer Änderung des Membranpotenzials führt!   4

3   Wissenschaftler des Max-Planck-Instituts für Ornithologie untersuchten in aktuellen Studien die Auswirkungen der nächtlichen Beleuchtung in Städten auf dort lebende Singvögel. Es konnte u. a. herausgefunden werden, dass Amseln unter dem Einfluss künstlich erhellter Nächte früher im Jahr mit dem arttypischen Gesang beginnen, ebenso setzen das Ansteigen des Testosteronspiegels und das Hodenwachstum der Männchen jahreszeitlich früher ein.

Amsel
(Schplook /openclipart.org)

Begründen Sie unter Einbezug der im Text gegebenen Informationen, welcher Effekt in Bezug auf die Fitness der betroffenen Amselpopulationen erwartet werden kann!   <u>4</u>
    40

Erwartungshorizont

1.1 *Aufgrund der Zusammensetzung ihrer Blattpigmente nutzen Pflanzen vor allem die Wellenlängenbereiche des blauen und roten Lichts, da die Pigmente in diesen Bereichen besonders gut absorbieren.*

Die Efeublattstückchen, die mit blauem Licht beleuchtet werden, können Fotosynthese betreiben. Ein Produkt der Fotosynthese ist Sauerstoff. Der gebildete Sauerstoff haftet in Form von kleinen Gasbläschen an den Blattstückchen, wodurch deren Dichte verringert wird. Sie steigen auf.

Hypothese bei roter Folie: Vermutlich steigen die Blattstückchen ebenso wie bei Blaulicht auf. Auch im roten Licht ist eine hohe Fotosyntheseaktivität vorhanden, weshalb sich voraussichtlich ebenfalls Sauerstoffbläschen an den Blattstückchen anheften dürften.

Hypothese bei grüner Folie: Die Blattstücken steigen wahrscheinlich nicht auf. Die Fotosyntheseaktivität im grünen Licht ist sehr gering. Der gebildete Sauerstoff dürfte nicht ausreichen, um die Blattstückchen nach oben steigen zu lassen.

1.2 *Bei der Auswahl der drei Faktoren sind Sie prinzipiell frei. Idealerweise führen Sie jedoch die im Unterricht behandelten, wesentlichen externen Einflüsse auf die Fotosyntheserate an. Meist sind dies Lichtqualität, Lichtintensität, Temperatur und Kohlenstoffdioxidgehalt.*

Faktoren:
- **Temperatur** des Wassers: Die Temperatur des Wassers sollte bei den einzelnen Versuchsansätzen identisch sein, da Teilreaktionen der Fotosynthese temperaturabhängig sind. Wird die Temperatur geändert, so verändert sich nach der **RGT-Regel** auch die Reaktionsgeschwindigkeit. Dadurch wird die Fotosyntheserate und damit auch die Bildung der Sauerstoffbläschen beeinflusst.
- **Kohlenstoffdioxidgehalt** des Wassers: Im Versuchsansatz wird so viel Backpulver ins Wasser gegeben, dass überschüssiges Kohlenstoffdioxid abgelassen werden kann. Wird die Menge an Backpulver so stark verringert, dass das Wasser nicht mehr mit Kohlenstoffdioxid gesättigt ist, hat dies einen Einfluss auf die Fotosyntheserate der Blattstückchen. Verringert man den Kohlenstoffdioxidgehalt, so sinkt die Fotosyntheseleistung, da in der Dunkelreaktion weniger Kohlenstoffdioxid fixiert werden kann. Somit verlangsamt sich auch die Lichtreaktion, in der Sauerstoff gebildet wird.

Da Backpulver im Überschuss hinzugegeben wird, zieht eine Erhöhung der Backpulvermenge keine Veränderung nach sich. Die größere Menge an Kohlenstoffdioxid würde aus der Spritze entfernt werden.

- **Lichtintensität:** Wird die Lichtintensität verändert, hat dies direkten Einfluss auf die Fotosyntheserate. Je größer die Lichtintensität ist, desto höher ist die Fotosyntheseleistung. Erst ab einer sehr hohen Lichtintensität nehmen die Pigmente der Fotosynthese Schaden, sodass die Fotosyntheserate sinkt.

1.3

2.1 Um auf eine Homologie und damit auf eine nähere Verwandtschaft zwischen Lebewesen schließen zu können, muss mindestens eines von drei Homologiekriterien erfüllt sein:
- **Das Kriterium der spezifischen Qualität:** Trotz ihrer funktionellen Ähnlichkeiten sind die beiden Linsenaugen unterschiedlich aufgebaut. Beispielsweise ist die Netzhaut im Tintenfischauge einschichtig und die darin enthaltenen Lichtsinneszellen sind dem einfallenden Licht zugewandt. Die Netzhaut bei Wirbeltieraugen ist hingegen mehrschichtig und die Lichtsinneszellen sind dem einfallenden Licht abgewandt. Somit liefert das Kriterium der spezifischen Qualität keinen Hinweis auf Homologie.
- **Das Kriterium der Kontinuität:** Während der embryonalen Entwicklung entsteht das Tintenfischauge aus den obersten Schichten des Kopfbereichs. Das Wirbeltierauge hingegen wird zum größten Teil aus einer Ausstülpung des Zwischenhirns gebildet. Demnach liegt keine Homologie vor.

- *Das Kriterium der Lage: Dazu sind in der Tabelle keine eindeutigen Informationen enthalten. Kopffüßer besitzen allerdings kein Kopfskelett, während die Augen der Wirbeltiere in knöchernen Augenhöhlen liegen. Aufgrund des komplett unterschiedlichen Bauplans und Gefügesystems, in dem sich die Augen befinden, liefert das Kriterium der Lage keinen Hinweis auf Homologie.*

Bei den beiden Augentypen handelt es sich nicht um homologe Organe. Eine stammesgeschichtliche Verwandtschaft kann dementsprechend nicht abgeleitet werden.

2.2.1

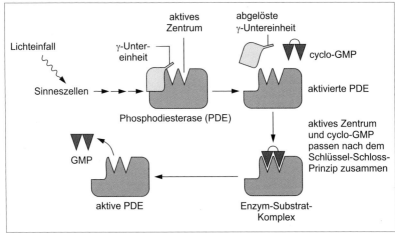

Die obige Skizze stellt nur eine denkbare Möglichkeit der Wirkungsweise von der γ-Untereinheit da. Der Bestandteil könnte auch ähnlich wie ein allosterischer Hemmstoff wirken. Durch seine Ablösung könnte es zu einer Konformationsänderung des Enzyms kommen. Erst dadurch hätte dann das aktive Zentrum die passende Form, um das Substrat zu binden.

2.2.2 Durch die Belichtung wird das Enzym Phosphodiesterase aktiv und die cyclo-GMP-Moleküle werden zu GMP-Molekülen umgesetzt. Diese Veränderung hat zur Folge, dass weniger/keine GMP-Moleküle (mehr) zur Verfügung stehen, um an die Natriumionenkanäle zu binden. Letztere können daher nicht mehr offen gehalten werden. Der Natriumioneneinstrom wird somit verringert und das Membranpotenzial wird dadurch negativer.

3 Ein verfrühtes Hodenwachstum und ein Anstieg des Testosteronspiegels bei den Amselmännchen führen zu einer früheren Revierbildung und einer früheren Anlockung potenzieller Paarungspartnerinnen durch den arttypischen Gesang. Falls sich die Amselweibchen jahreszeitlich verfrüht durch den Gesang anlocken lassen, kommt es zu einem früheren Brutbeginn im Jahr. Dies könnte zu einer Erhöhung der Nachkommenzahl führen, z. B. durch mehrere Bruten im Jahr, und dadurch zu einer Steigerung der Fitness.

Da die Aufgabenstellung offen lässt, ob die Fitness aufgrund des Faktors „künstliche Beleuchtung" tatsächlich steigt oder sinkt, sind Sie in Ihrer Argumentation relativ frei. Selbstverständlich könnten Sie auch argumentieren, dass zu frühes Brüten im Jahr dazu führt, dass die Nachkommen aufgrund von Futtermangel schlechtere Überlebenschancen haben. Auch andere Argumentationswege sind möglich, insofern Sie die Informationen aus dem Text einbeziehen.

BE

Um überleben zu können, benötigen Mäuse in ihrem Revier ein gutes Orientierungsvermögen sowie empfindliche Sinnesorgane.

1   Der Stoff PEA (= Phenylethylamin) kommt im Urin aller Katzen und deren Verwandten vor. Mäuse besitzen in der Membran ihrer Riechsinneszellen auf PEA spezialisierte Rezeptoren.
In einem Experiment wurde die Reaktion von Wildtypmäusen (Mäuse mit natürlicher, unveränderter Genausstattung) und Mäusen mit fehlenden Genen für PEA-Rezeptoren (Mutanten) auf verschiedene Duftstoffe in einer Versuchskammer untersucht. Die Versuchskammer wies zwei geruchsgetrennte Bereiche (A und B) auf. Nur Bereich A enthielt ein Schälchen mit einer Duftstofflösung. Als Duftstofflösungen wurden bei den verschiedenen Versuchsdurchgängen wässrige Lösungen von PEA in verschiedenen Konzentrationen bzw. Puma-Urin eingesetzt.
Aus den gemessenen durchschnittlichen Aufenthaltszeiten der Versuchstiere in den Bereichen A und B der Versuchskammer wurde ein sog. Abwendungs-Index errechnet. Dieser bringt zum Ausdruck, in welchem der Bereiche sich die Tiere im Versuch bevorzugt aufhalten.
Die Versuchsergebnisse sind in folgendem Diagramm (Abb. 1) zusammengestellt:

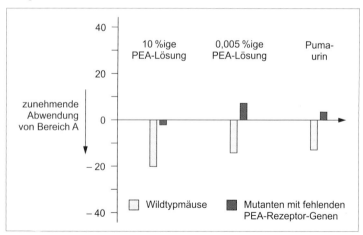

Abb. 1: Abwendungs-Indizes bei verschiedenen Versuchsansätzen
(verändert nach: Dewan et al. (2013): *Non-redundant coding of aversive odours in the main olfactory pathway.* In: Nature, May 23)

1.1 Erklären Sie unter Einbezug der in Abbildung 1 dargestellten Ergebnisse das Vorkommen der PEA-Rezeptoren bei Wildtypmäusen aus evolutionsbiologischer Sicht! 6

1.2 In einem Kontrollansatz wird das Schälchen im Bereich A der Versuchskammer nicht mit einer PEA-haltigen Duftstofflösung, sondern nur mit Wasser gefüllt.
Begründen Sie die zu erwartenden Ergebnisse bei Wildtypmäusen und Mutanten im Vergleich zu den anderen Versuchsansätzen! 4

2 Katzen können von einem weit verbreiteten Endoparasiten, dem eukaryotischen Einzeller *Toxoplasma gondii*, befallen werden. In den Körper der Katze, die für den Parasit der Endwirt ist, gelangen die Einzeller durch die Aufnahme von infizierten Mäusen. Die weitere Vermehrung des Parasiten findet in den Darmwandzellen des Endwirts statt. Da der Parasit in das Gehirn der Mäuse vordringt, wurden infizierte und nicht-infizierte Mäuse in einem Labyrinthversuch auf ihr Lernverhalten untersucht. Die Nager wurden dafür auf ein bestimmtes Labyrinth dressiert. In der folgenden Tabelle (Tab. 1) sind die Versuchsergebnisse aufgeführt.

Mäusepaar		I	II	III	IV	V	VI	VII	VIII	IX	X
Anzahl richtiger Testläufe von 20	Kontroll-tier	16	17	12	18	7	8	18	20	15	17
	Infiziertes Tier	2	0	2	0	1	0	0	3	2	0

Tab. 1: Anzahl richtiger Testläufe bei 10 untersuchten Mäusepaaren
(verändert nach: R. Lucius, B. Loos-Frank (2008): *Biologie von Parasiten.* Springer Verlag, Berlin, 2. Aufl., S. 95)

Fassen Sie die in Tabelle 1 dargestellten Ergebnisse aus den Labyrinthversuchen zusammen und leiten Sie daraus die ultimate Ursache dafür ab, dass *Toxoplasma gondii* die Gehirne der Mäuse befällt! 6

3 Beim Eindringen in die Zellen der Wirte sondert *Toxoplasma gondii* lipidähnliche Moleküle, sog. Isoprenoide, ab, die in die Wirtszellmembran eingelagert werden. Durch Abschnüren eines Teils dieser Wirtszellmembran entsteht im Inneren der Wirtszelle eine spezialisierte Vakuole, die den Einzeller *Toxoplasma gondii* umschließt.

3.1 Fertigen Sie eine beschriftete, modellhafte Skizze der Membran dieser besonderen Vakuole an! 6

3.2 Das folgende Schema (Abb. 2) stellt den besonderen Syntheseweg von Isoprenoiden bei *Toxoplasma gondii* stark vereinfacht dar. Dieser unterscheidet sich deutlich von Stoffwechselprozessen in tierischen Zellen:

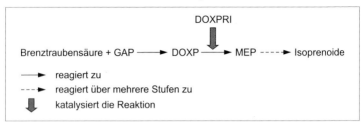

Abb. 2: Schematische Darstellung der Isoprenoidsynthese (stark vereinfacht)
(verändert nach: S. C. Nair, et al. (2011): *Apicoplast isoprenoid precursor synthesis and the molecular basis of fosmidomycin resistance in Toxoplasma gondii.* In: J. Ex. Med. 208(7), S. 1547–1559)

Als mögliche Wirkstoffe gegen einzellige Krankheitserreger werden u. a. folgende Stoffe in Betracht gezogen (siehe Tab. 2).

Wirkstoff	Wirkung auf
Penicillin	Synthese der Bakterienzellwand
Fosmidomycin	Isoprenoidbiosynthese
Atovaquon	Elektronentransport im Mitochondrium

Tab. 2: Auswahl von Wirkstoffen gegen einzellige Krankheitserreger
(verändert nach: K. Krause (2007): *Herbizide – neue Wirkstoffe gegen die Malaria.* In: Biologie in unserer Zeit 4(37), S. 233)

Beurteilen Sie die Verwendung der in Tabelle 2 genannten Wirkstoffe als Medikamente gegen den eukaryotischen Einzeller *Toxoplasma gondii* bei Katzen! 7

3.3 Das Protein DOXPRI zeigt die typischen Kennzeichen eines Enzyms wie Spezifitäten und Beeinflussbarkeit durch äußere Faktoren.

3.3.1 Beschreiben Sie unter Mitverwendung einer modellhaften Skizze eine bei Enzymen vorkommende Form von Spezifität! 5

3.3.2 Der Wirkstoff Fosmidomycin besitzt einen ähnlichen strukturellen Aufbau wie DOXP und hemmt die in Abbildung 2 dargestellte Umwandlung von DOXP zu MEP. Stellen Sie den Einfluss von Fosmidomycin auf die Geschwindigkeit der MEP-Synthese in einem beschrifteten Diagramm grafisch dar und benennen Sie die Art der vorliegenden Hemmung! 6
  ____
  40

Erwartungshorizont

1.1   Wildtypmäuse mit PEA-Rezeptoren wandten sich sowohl bei hoch als auch niedrig konzentrierter PEA-Lösung sowie bei Puma-Urin vom Kammerabschnitt A mit der Duftstofflösung ab. Die Mutanten, also Mäuse ohne PEA-Rezeptoren, zeigten diese Abwendung nicht und hielten sich in allen Fällen wesentlich länger im Kammerabschnitt A auf als Wildtypmäuse.

Die Mäuse mit PEA-Rezeptoren haben einen **Selektionsvorteil** gegenüber den Mutanten, da sie Katzenurin auch noch in geringen Konzentrationen wahrnehmen und eher fliehen können. Sie werden daher seltener von Katzen erbeutet und haben somit einen **höheren Fortpflanzungserfolg**.

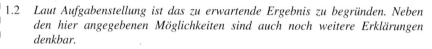

1.2   *Laut Aufgabenstellung ist das zu erwartende Ergebnis zu begründen. Neben den hier angegebenen Möglichkeiten sind auch noch weitere Erklärungen denkbar.*

Mögliche Ergebnisse:
– Der Abwendungs-Index schwankt für beide Gruppen um den Nullwert. Sowohl Wildtypmäuse als auch Mutanten halten sich in beiden Kammerbereichen statistisch annähernd gleich häufig auf, da die Kammern für beide Gruppen gleich attraktiv sind.
– Der Abwendungs-Index nimmt für beide Gruppen positive Werte an, da der Kammerabschnitt A sowohl von Wildtypmäusen als auch von Mutanten durch die Flüssigkeitsquelle bevorzugt aufgesucht wird.

2   Während die nicht infizierten Kontrolltiere eine hohe Anzahl richtiger Testläufe zeigten (meist zwischen 15 und 20 richtige Testläufe von 20), war diese Anzahl bei allen infizierten Mäusepaaren deutlich geringer (höchstens drei richtige Testläufe von 20).

Die Lernfähigkeit und damit die Orientierungsfähigkeit werden durch den Befall mit dem eukaryotischen Einzeller *Toxoplasma gondii* offensichtlich stark verringert. Daher können infizierte, orientierungslose Mäuse von Katzen leichter erbeutet werden, sodass der Erreger häufiger von seinem Endwirt aufgenommen wird. Da nur im Endwirt die weitere Vermehrung des Parasiten erfolgt, ist dessen Reproduktion damit gewährleistet.

3.1

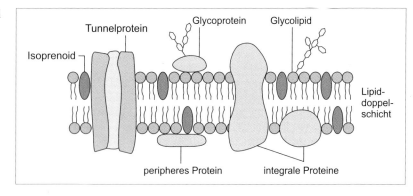

3.2 **Penicillin** unterbindet die Synthese der Bakterienzellwand. Es ist nicht wirksam gegen eukaryotische Zellen und deshalb **nicht wirksam** gegen den eukaryotischen Einzeller *Toxoplasma gondii*. Die Verwendung ist deshalb **nicht sinnvoll**.

Fosmidomycin unterbindet mit der Isoprenoidsynthese einen besonderen Stoffwechselprozess des Krankheitserregers. Da sich dieser Stoffwechselprozess von denjenigen in tierischen Zellen stark unterscheidet, ist der Wirkstoff nicht wirksam gegen eukaryotische Zellen, aber **wirksam** gegen *Toxoplasma gondii*. Die Verwendung ist deshalb sehr **sinnvoll**, da der Erreger Isoprenoide benötigt, um in die Wirtszelle einzudringen.

Atovaquon wirkt auf den Elektronentransport in den Mitochondrien und verhindert so den Energiegewinn bei der Zellatmung. Es ist deshalb **wirksam** gegen eukaryotische Zellen. Allerdings beeinträchtigt es nicht nur *Toxoplasma gondii*, sondern auch die Vorgänge in anderen eukaryotischen Zellen. Da durch Atovaquon also auch die Zellen der Katze geschädigt werden, ist dessen Verwendung **nicht sinnvoll**.

3.3.1 *Enzyme sind substratspezifisch und wirkungsspezifisch. Laut Aufgabenstellung ist es nur verlangt, eine der beiden Spezifitäten zu beschreiben, diese jedoch anhand einer modellhaften Skizze.*

Als **Substratspezifität** bezeichnet man die Eigenschaft der meisten Enzyme, nur eine bestimmte Verbindung, ihr Substrat, katalytisch zum Produkt umzusetzen. Dazu bindet das Enzym das passende Substrat nach dem Schlüssel-Schloss-Prinzip im aktiven Zentrum.

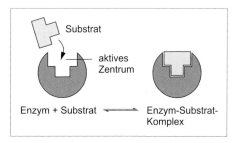

Viele Enzyme sind jedoch gruppenspezifisch, d. h., sie setzen Verbindungen mit gleichen funktionellen Gruppen um.

Als **Wirkungsspezifität** bezeichnet man die Eigenschaft eines Enzyms, nur eine bestimmte Reaktion, die ein Substrat eingehen könnte, zu katalysieren. Dazu bindet das Enzym das passende Substrat nach dem Schlüssel-Schloss-Prinzip im aktiven Zentrum.

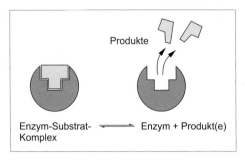

3.3.2 *Die Angabe, dass der Wirkstoff Fosmidomycin einen ähnlichen strukturellen Aufbau wie das Substrat DOXP besitzt, ist ein deutlicher Hinweis auf eine kompetitive Hemmung.*

Bei der hier vorliegenden Hemmung handelt es sich um eine **kompetitive Hemmung**.

Grafische Darstellung:

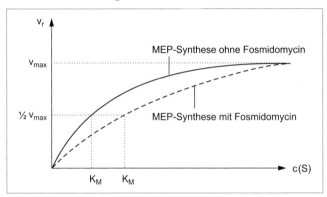

BE

Tierarten werden als Neozoen bezeichnet, wenn sie nach 1492 in einem bestimmten Gebiet neu aufgetreten sind. Neozoen gelten zudem als invasiv, wenn sie die biologische Vielfalt in ihrem neuen Lebensraum gefährden.

1 Der Waschbär *(Procyon lotor)* ist ein ursprünglich in Nordamerika heimisches Säugetier, das sich zu etwa je einem Drittel aus pflanzlicher Kost, Wirbellosen und kleinen Wirbeltieren ernährt. Entscheidend für die Populationsentwicklung in Deutschland war die Aussetzung von zwei Waschbärenpaaren am nordhessischen Ederseee am 12. April 1934. Bereits 1956 wurde der Bestand um den Edersee auf 285 Exemplare geschätzt.

Waschbär
(Foto: Darkone; https://commons.
wikimedia.org/wiki/File:Raccoon_%
28Procyon_lotor%29_2.jpg; lizenziert unter CC BY-SA 2.5)

1.1 In der folgenden Tabelle ist die ungefähre Anzahl erlegter Waschbären in Deutschland in verschiedenen Jahren dargestellt.

1996–1997	1997–1998	1998–1999	1999–2000	2000–2001	2001–2002	2002–2003	2003–2004	2004–2005	2005–2006	2006–2007	2007–2008	2008–2009
6 300	6 300	6 300	8 000	9 600	16 000	20 000	21 000	23 000	24 000	25 000	36 000	56 000

Tab.: Ungefähre Anzahl erlegter Waschbären in Deutschland bei gleichbleibender Bejagungsquote (jeweils April–März)
(stark vereinfacht nach: Deutscher Jagdverband (Hrsg.): Jahresjagdstrecken Bundesrepublik Deutschland)

Stellen Sie ausgehend von den Werten in Text und Tabelle einen Entwicklungsverlauf der Waschbärpopulation in Deutschland seit 1934 grafisch dar und begründen Sie diesen! 9

1.2 Der Aktionsraum (= Hauptaufenthaltsgebiet) von Waschbären in verschiedenen Lebensräumen ist in Abbildung 1 dargestellt. Der Solling ist ein vor allem mit Kiefern und Buchen bewachsenes Mittelgebirge in Niedersachsen mit einigen Feuchtbiotopen, während der Müritz-Nationalpark in Mecklenburg-Vorpommern ein ausgedehntes, in Mischwald eingebettetes Gewässersystem besitzt.

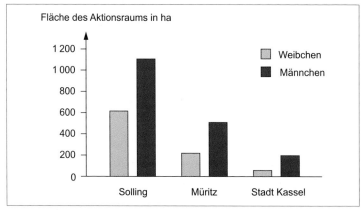

Abb. 1: Aktionsraum von Waschbären in verschiedenen Gebieten
(verändert nach: www.projekt-waschbaer.de/allgemeine-angabe; zuletzt aufgerufen am
30.09.2015)

1.2.1 Vergleichen Sie die Aktionsraumgrößen von weiblichen und männlichen Waschbären und formulieren Sie eine mögliche Erklärung für den Unterschied! 4

1.2.2 Vergleichen Sie die Aktionsraumgrößen im Solling und der Stadt Kassel und formulieren Sie eine begründete Hypothese dafür, warum die für beide Geschlechter gemessenen Werte in der Stadt Kassel stark von denen in den Naturräumen abweichen! 3

2 Waschbären sind mögliche Überträger des Tollwutvirus. Dabei handelt es sich um sogenannte RNA-Viren mit einer einzelsträngigen RNA als Erbsubstanz, die als Matrize für die Herstellung einer mRNA in der Wirtszelle dient.

2.1 Leiten Sie mithilfe der Code-Sonne (Abb. 2) aus der gegebenen mRNA-Sequenz für das M2-Protein des Tollwutvirus die Aminosäuresequenz ab und benennen Sie den zugrunde liegenden Abschnitt der Proteinbiosynthese!

Ausschnitt aus der mRNA-Sequenz für das M2-Protein:

5' – AUGGUUCCU – 3' 3

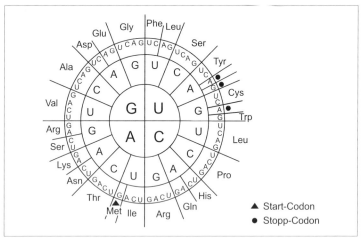

Abb. 2: Code-Sonne

2.2 Erstellen Sie ein Schema (z. B. Fließschema), in dem die Schritte, die in einer eukaryotischen Zelle zur Bildung der reifen mRNA führen, dargestellt werden! 4

2.3 Im Tollwutvirus befindet sich neben seiner RNA auch eine RNA-Polymerase. Begründen Sie, warum das Virus auch dieses Enzym in den Wirtsorganismus einschleusen muss! 3

3 Der Tigerpython *(Python molurus)* ist eine in weiten Teilen der Tropen und Subtropen Süd- und Südostasiens verbreitete Schlangenart. Weiterhin gibt es Populationen in Florida, z. B. im Everglades-Nationalpark, die durch das Freilassen privat gehaltener Tiere entstanden sind und eine Bedrohung für dort einheimische Säugetierarten darstellen.

Tigerpython
(© Can Stock Photo Inc./oxilixo)

3.1 Der Tigerpython lauert seiner Beute z. B. im Geäst oder im Wasser auf. Hat die hungrige Schlange die Beute erkannt, bewegt sie sich darauf zu. Das Opfer wird gepackt, umschlungen und erstickt. Je nach Größe des Beutetiers kann das Verschlingen einige Stunden dauern.

Erklären Sie das Verhalten des Tigerpythons beim Beutefang unter Verwendung ethologischer Fachbegriffe! Gehen Sie davon aus, dass es sich um eine erbkoordinierte Verhaltensweise handelt!   6

3.2   Aus einem Zoo in Amsterdam wird berichtet, dass ein Dunkles Tigerpython-Weibchen unter jahrelanger Abwesenheit von Männchen in fünf aufeinanderfolgenden Jahren Eier legte, aus denen nur weibliche Jungtiere schlüpften. Eine DNA-Analyse zeigte eine vollkommene Übereinstimmung mit der DNA des Muttertieres. Dies ist bei Reptilien selten und bei anderen Riesenschlangenarten bisher unbekannt.

3.2.1 Erklären Sie die Entstehung dieser besonderen Eizellen auf zytogenetischer Ebene!   4

3.2.2 Stellen Sie je einen Vor- und Nachteil dieser Vermehrung gegenüber der geschlechtlichen Fortpflanzung dar!   <u>4</u>
                                                                          40

1.1 Der Verlauf der Populationsentwicklung zeigte vermutlich in der lag- oder **Anlaufphase** (ab 1934) zunächst einen flachen Anstieg, da mit zwei Waschbärenpaaren nur wenige Gründerindividuen am nordhessischen Edersee ausgesetzt wurden. Sie benötigten außerdem erst einige

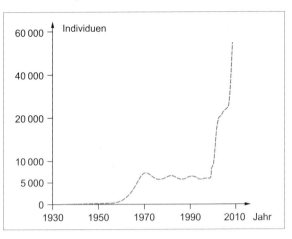

Zeit, um sich an die neuen Umweltbedingungen zu gewöhnen. Anschließend stieg die Individuenzahl wahrscheinlich rasch an, da die Waschbären günstige Nahrungsbedingungen vorfanden und Fressfeinde sowie Konkurrenten weitgehend fehlten. Dieses exponentielle Wachstum ist ein Kennzeichen für die log- oder **Vermehrungsphase**.

Das Populationswachstum schwankte dann langfristig um einen optimalen Grenzwert K, d. h., das Populationswachstum verlangsamte sich mit der Zeit, da es durch das Nahrungs- und Platzangebot, zunehmenden Feinddruck und vor allem durch die vermehrte Konkurrenz begrenzt wurde. Das Populationswachstum befand sich von 1996 bis 1999 in der **stationären Phase**, bei der vermutlich die Umweltkapazität erreicht wurde.

Der seit dem Jahr 2000 zu beobachtende sprunghafte Anstieg erlegter Waschbären weist auf ein seitdem (bis 2009) erhöhtes Populationswachstum hin. Eine Ursache dafür könnte beispielsweise die Besiedelung neuer Lebensräume sein.

1.2.1 Die Größe des Aktionsraumes variiert sowohl bei Männchen als auch Weibchen je nach Standort. Die Waschbärenweibchen weisen jedoch in allen drei untersuchten Lebensräumen einen deutlich kleineren Aktionsraum als die Männchen auf. Die Männchen nehmen etwa die doppelte bis dreifache Fläche der Aktionsraumgröße der Weibchen in Anspruch.

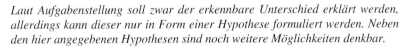

Laut Aufgabenstellung soll zwar der erkennbare Unterschied erklärt werden, allerdings kann dieser nur in Form einer Hypothese formuliert werden. Neben den hier angegebenen Hypothesen sind noch weitere Möglichkeiten denkbar.

Mögliche Erklärungen:
- Männchen suchen in ihrem Aktionsraum nicht nur nach Futter, sondern auch nach Fortpflanzungspartnerinnen.
- Während Männchen als Einzelgänger leben, teilen sich mehrere Weibchen die gemeinsamen Futterstellen oder Schlafplätze eines Aktionsraums.
- Starkes männliches Territorialverhalten bedingt ausgedehnte Kontrollgänge.

1.2.2 Während im Solling die Aktionsräume der Männchen ca. 1 100 ha und die der Weibchen 600 ha groß sind, betragen diese Flächen in der Stadt Kassel bei den Männchen nur ca. 200 ha und bei den Weibchen nur etwa 50 ha.

Neben den hier angegebenen Hypothesen sind auch weitere Möglichkeiten denkbar. Nur eine Hypothese ist gefordert.

Mögliche Hypothesen:
- Die kleineren Aktionsräume in der Stadt lassen sich durch ganzjährig verfügbare, in genügend großer Menge vorhandene Nahrungsquellen wie z. B. Vorgärten, Blumenbeete, Futterplätze für Haustiere, aber auch Komposthaufen und Mülltonnen für die allesfressenden Waschbären auf deutlich kleinerem Raum erklären.
- Durch die Stadtbeleuchtung (z. B. Straßenlaternen, Schaufensterbeleuchtungen usw.) erweitert sich für die Waschbären die für die Nahrungssuche zur Verfügung stehende Zeit. Die benötigte Nahrung kann deshalb auf deutlich kleinerem Raum gesucht werden.
- Im deutlich kleineren Stadtgebiet leben sehr viele Waschbären, die ihr Revier verteidigen. Damit steht im Stadtgebiet den einzelnen Individuen nur ein kleinerer Aktionsraum zur Verfügung. Auf kleinerem Raum finden sich neben Baumhöhlen auch viele weitere mögliche Unterschlüpfe wie z. B. Gartenhäuschen, Garagen, Kaminschächte oder verlassene Häuser als Versteck- und Fluchtmöglichkeiten.

Das Wissen, dass es sich bei Waschbären um überwiegend nachtaktive Tiere handelt, die in Kleingruppen zusammenleben, kann weder vorausgesetzt noch durch die in der Angabe enthaltenen Informationen erschlossen werden.

2.1 *Die Proteinbiosynthese kann in zwei Abschnitte gegliedert werden: Die Transkription, die bei Eukaryoten im Zellkern stattfindet, und die Translation, die im Zytoplasma an den Ribosomen abläuft. Die Transkription bezeichnet die Synthese einer mRNA anhand der Vorlage des codogenen DNA-Strangs.*

Der zugrunde liegende Abschnitt der Proteinbiosynthese ist die Translation, da hier die Basensequenz des mRNA-Strangs in eine Aminosäuresequenz übersetzt wird. Bei der Ableitung der Aminosäuresequenz wird die mRNA beginnend mit dem 5'-Ende von der Mitte der Code-Sonne nach außen abgelesen.
Aminosäuresequenz: ... Met–Val–Pro ...

2.2

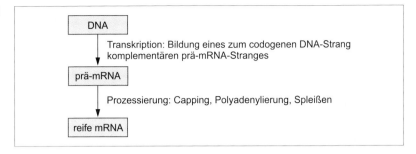

2.3 Die RNA-Polymerase eukaryotischer Wirtszellen, hier der Zellen der Waschbären, kann nur DNA transkribieren. Die Erbsubstanz des Tollwutvirus besteht jedoch aus einer einzelsträngigen RNA. Zur Herstellung der mRNA aus RNA wird also eine spezielle RNA-Polymerase benötigt, die durch das Virus in die Wirtszelle eingeschleust werden muss.

3.1 *Laut Angabe handelt es sich beim beschriebenen Verhalten um eine erbkoordinierte Verhaltensweise. Sie können also von einer Instinkthandlung ausgehen.*

Das Beutefangverhalten des Tigerpythons stellt eine **Instinkthandlung** dar und lässt sich in die folgenden Phasen gliedern:
- Die **Handlungsbereitschaft** des Tigerpythons wird durch Hunger hervorgerufen.
- Das **ungerichtete Appetenzverhalten** äußert sich im Lauern der Schlange in einem Versteck, im Geäst oder im Wasser.
- Das Erkennen einer passenden Beute stellt den **auslösenden Schlüsselreiz** dar.
- Dieser Schlüsselreiz löst die **gerichtete Appetenz (= Taxis)** aus. Diese äußert sich darin, dass der Tigerpython sein Versteck verlässt und sich der Beute annähert.
- Es erfolgt die **Endhandlung (Erbkoordination)**. Die Schlange packt die Beute, umschlingt sie und erstickt sie.

3.2.1 *Für die Erklärung des beobachteten Phänomens kann eine der im Folgenden aufgeführten Möglichkeiten herangezogen werden.*

Mögliche Erklärungen:
- Mitotische Teilungsvorgänge bei der **ungeschlechtlichen Fortpflanzung** führen zu diploiden, genetisch **identischen Zellen**, die alle die gleiche Erbinformation wie die Mutter tragen. Aus diesen entwickeln sich die genetisch identischen Nachkommen.

– Bei der **Parthenogenese** (= Jungfernzeugung) entstehen die genetisch identischen Nachkommen aus unbefruchteten Eizellen der Weibchen. Dazu werden spezielle Keimzellen gebildet, bei denen die **erste meiotische Teilung**
(= **Reduktionsteilung**) unterbleibt. Diese diploiden Zellen besitzen die identische Erbinformation wie die Mutter. Die anschließende 2. Reifeteilung
(= Äquationsteilung) verläuft normal, es werden diploide Keimzellen gebildet, die Einchromatid-Chromosomen enthalten.

*Möglich ist auch eine andere Form der Parthenogenese, bei der die erste meio-
tische Teilung (= Reduktionsteilung) normal verläuft. Die haploiden Kerne
werden jedoch nicht auf zwei Tochterzellen verteilt, sondern* **verschmelzen
wieder zum diploiden Zustand.** *Diese diploiden Zellen besitzen alle die identische Erbinformation wie die Mutter.*

*3.2.2 Durch Rekombinationsvorgänge bei der Meiose (Crossing-over, zufällige
Chromosomenverteilung) und der Befruchtung (zufälliges Zusammentreffen
der Keimzellen) ist die genetische Variabilität bei der geschlechtlichen Fortpflanzung erhöht. Bei der ungeschlechtlichen Vermehrung ist diese ausschließlich durch relativ seltene Neumutationen möglich.*

Vorteile:
– Unter gleichbleibenden Umweltbedingungen ist eine rasche Vermehrung
von optimal angepassten Organismen einer Population günstig. Vorteilhafte
Genkombinationen können so erhalten werden und an die Nachkommen
weitergegeben werden.
– Diese Art der Fortpflanzung ist zeit- und energiesparend, da die aufwendige
Partnersuche bzw. Paarung entfällt.
– Es müssen eventuell keine speziellen Geschlechtszellen hergestellt werden.
– Auch in Ermangelung eines Männchens ist die Fortpflanzung und somit eine
Vermehrung möglich.

In der Aufgabenstellung ist die Darstellung nur eines Vorteils gefordert.

Nachteil: Bei sich ändernden Umweltbedingungen kann es sich negativ auswirken, wenn alle Nachkommen genetisch identisch sind. Nur bei genetischer
Variabilität innerhalb einer Population können unterschiedlich angepasste Individuen und Selektion auftreten.

BE

Der Galapagos-Seelöwe *(Zalophus wollebaeki)* ist eine marine, auf den Inseln des Galapagosarchipels ganzjährig anzutreffende Säugetierart.

1 Den Seelöwen, die eine durchschnittliche Lebenszeit von 15 Jahren erreichen können, dienen flache Lavafelder an den Küstenlinien als Lebensraum. Tagsüber sind sie oft im Wasser zu beobachten, wo sie als ausgezeichnete Schwimmer Jagd auf Fische bis in 20 m Tiefe machen. Im Wasser haben ausgewachsene Seelöwen lediglich Hochseehaie als Feinde, die gelegentlich in Ufernähe schwimmen. Erwachsene Seelöwen-Bullen (sog. Strandmeister) versammeln zur Fortpflanzungszeit einen Harem von drei bis 20 Weibchen um sich und besetzen als

Galapagos-Seelöwe
(Foto: Kelly J. Kane; https://commons.wikimedia.org/wiki/File:Zalophus_wollebaeki2.jpg; lizenziert unter CC BY-SA 3.0)

Revier einen Küstenabschnitt inklusive Flachwasserzone, wo sie sich mit den Weibchen paaren. Nach einer Tragzeit von 11 Monaten bringen die begatteten Weibchen jeweils ein Junges zur Welt, das im Schutz der Eltern heranwächst und mit vier bis fünf Jahren geschlechtsreif wird. Im Zeitraum von 1978 bis 2001 wurde beobachtet, dass sich die Seelöwenpopulation von ca. 40 000 auf ca. 15 000 Individuen verkleinert hat, wovon sie sich bis heute nicht entscheidend erholt hat.

1.1 Stellen Sie in einem Diagramm die Phasen der Populationsentwicklung der Galapagos-Seelöwen modellhaft dar und benennen Sie diese! Berücksichtigen Sie dabei den Zeitraum von der Erstbesiedlung der Galapagosinseln bis zu heutigen Zeit! 8

1.2 Stellen Sie unter Bezug auf Informationen aus dem Text eine begründete Hypothese zur Fortpflanzungsstrategie der Galapagos-Seelöwen auf und geben Sie an, unter welcher Voraussetzung diese Fortpflanzungsstrategie von Vorteil ist! 5

1.3 Im Jahr 1983 standen die Inseln unter dem Einfluss eines speziellen Klimaphänomens, des sogenannten El Niño, während die darauffolgenden Jahre dem Normalzustand entsprachen.
Im Rahmen von Untersuchungen zum Einfluss des El Niño wurde die Menge an Phytoplankton (pflanzliche Kleinstlebewesen) durch Mes-

sung des Chlorophyllgehalts bestimmt. Die Messergebnisse in Abhängigkeit von der Wassertiefe sind in folgender Abbildung (Abb. 1) aufgetragen.

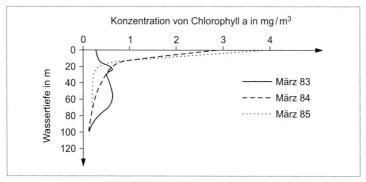

Abb. 1: Abhängigkeit des Chlorophyllgehalts von der Wassertiefe
(verändert nach: S. Seitz, H. P. Klein (2011): *Die Entstehung und Geschichte der Galapagosinseln*. In: Praxis der Naturwissenschaften 5/60, S. 11)

Leiten Sie unter Verwendung der gegebenen Daten einen möglichen Zusammenhang zwischen dem Klimaphänomen El Niño und einem Rückgang der Seelöwenpopulation her!　　5

2　Die als „Strandmeister" bezeichneten erwachsenen Seelöwen-Bullen können gefährlich werden. Sieht ein „Strandmeister" einen anderen paarungsbereiten Bullen, so nähert er sich dem Eindringling an seinem Uferabschnitt auf- und abschwimmend, dabei stößt er ein lautes und rhythmisches Brüllen aus. An Land richtet er sich auf, wirft den Kopf zurück und reißt das Maul auf.

2.1　Interpretieren Sie dieses Verhaltensmuster aus soziobiologischer Perspektive und beurteilen Sie seine biologische Bedeutung!　　4

2.2　Benennen Sie das bei den Galapagos-Seelöwen vorliegende Paarungssystem und erörtern Sie anhand von je zwei Argumenten Kosten und Nutzen des Paarungssystems für die Seelöwen!　　5

3　Um die Verwandtschaftsverhältnisse von Galapagos-Seelöwen *(Zalophus wollebaeki)* und Kalifornischen Seelöwen *(Zalophus californianus)* aufzuklären, wurden unter anderem DNA-Sequenzvergleiche durchgeführt.

3.1　Für die DNA-Vergleiche wurde in diesem Fall das Gen für Cytochrom b, ein Protein der Atmungskette, untersucht. Die folgende Abbildung (Abb. 2) zeigt einen Ausschnitt aus dem Code-Strang dieses Gens, der bei diesen Verwandtschaftsuntersuchungen mithilfe der Polymerasekettenreaktion (PCR) vermehrt wurde.

```
        1   2   3   4   5
5'–... ATGACCAACATTCGA ... AATTTGAGGGGG ... GTACCTTAGATTG ...–3'
       ├───────────────────────────────────────────┤
              Durch PCR vermehrter DNA-Bereich
```

Abb. 2: Ausschnitt aus dem Code-Strang des Cytochrom-b-Gens

Leiten Sie mithilfe der Code-Sonne (Abb. 3) unter Angabe der entsprechenden mRNA-Sequenz die Aminosäuresequenz ab, die von den Tripletts 1 bis 3 codiert wird!   4

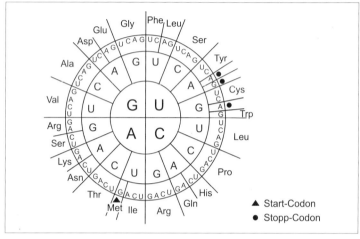

Abb. 3: Code-Sonne

3.2   Wählen Sie begründet aus folgender Tabelle diejenige Nukleotidsequenz aus, die als Primer für die Vervielfältigung des DNA-Bereichs aus 3.1 mittels PCR verwendet werden könnte! Begründen Sie zudem den Ausschluss der anderen Sequenzen!   4

Sequenz 1:	3' – TGGTTGTAA – 5'	
Sequenz 2:	3' – GAATCTAAC – 5'	Tab.: Nukleotidsequenzen zum Einsatz
Sequenz 3:	3' – ATCGCTGAT – 5'	als mögliche Primer

3.3   Begründen Sie unter Bezug auf die Teilschritte des PCR-Verfahrens die Notwendigkeit des Einsatzes einer hitzestabilen Polymerase für dessen Automatisierung!   5
                                                                      ───
                                                                       40

1.1

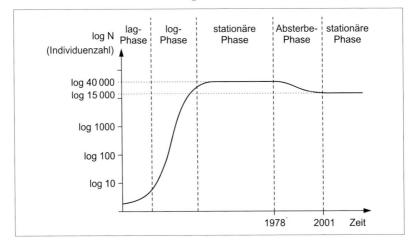

1.2 *Um beurteilen zu können, ob es sich bei einer Art eher um K- oder r-Strategen handelt, bietet es sich an, eine Tabelle zu erstellen und anhand der im Text gegebenen Informationen typische Kriterien zu prüfen und einzuordnen.*

Merkmal	K-Stratege	r-Stratege
Lebensdauer	lang „durchschnittliche Lebenszeit von 15 Jahren"	*[kurz]*
Entwicklung	lang „Tragezeit von 11 Monaten"	*[schnell]*
Zeit bis zur Geschlechtsreife	lang „mit vier bis fünf Jahren geschlechtsreif"	*[kurz]*
Brutpflege/elterliche Fürsorge	vorhanden „das im Schutz der Eltern heranwächst"	*[nicht vorhanden]*
Anzahl der Nachkommen	wenige „jeweils ein Junges"	*[viele]*

Hypothese: Bei den Galapagos-Seelöwen handelt es sich um **K-Strategen**.

Diese Fortpflanzungsstrategie ist bei stabilen Umweltbedingungen vorteilhaft.

Es ist durchaus denkbar, dass Sie noch weitere Merkmale finden, die auf eine K-Strategie hindeuten. So könnte man die Körpergröße als „groß" einstufen, da die ausgewachsenen Tiere lediglich Hochseehaie als Feinde besitzen.
Auch wenn es sich bei den Seelöwen eindeutig um K-Strategen handelt, bietet es sich an, Aufgaben von diesem Typ immer nach dem angegebenen tabellarischen Schema zu lösen. Viele Arten lassen sich nicht als eindeutige K- oder r-Strategen identifizieren.

1.3 *Die Aufgabenstellung verlangt, aus den Daten den Rückgang der Seelöwenpopulation abzuleiten. Beginnen Sie damit, das Diagramm zu beschreiben. Geben Sie die Achsenbeschriftung an und beschreiben Sie dann die Kurvenverläufe.*

Abbildung 1 zeigt den Chlorophyll-a-Gehalt in Abhängigkeit von der Wassertiefe jeweils im März der Jahre 1983 bis 1985. 1984 und 1985 nahm der Chlorophyllgehalt von ca. 3 bis 4 mg/m^3 in der obersten Wasserschicht auf etwa 1 mg/m^3 bis ca. 15 m Wassertiefe rasch ab, ab 15 bis 20 m verringerte sich die Chlorophyllkonzentration bis auf 100 m Tiefe weiter. Im Jahr 1983 war im Oberflächenwasser bis ca. 15 m erheblich weniger Chlorophyll zu finden als in den darauffolgenden Jahren.
Der geringe Chlorophyllgehalt im Oberflächenwasser im März 1983 lässt sich mit einer geringeren Phytoplanktonkonzentration erklären. Je weniger Phytoplankton vorhanden ist, desto weniger Nahrung steht den Konsumenten 1. Ordnung zur Verfügung. Ein Rückgang der Dichte dieser Pflanzenfresserpopulationen führt zu einer Verringerung der Bestände der Konsumenten 2. Ordnung und höherer Ordnung (Fische). Je geringer die Dichten der Fischpopulationen sind, die die Nahrungsgrundlage für die Seelöwen bilden, desto geringer wird die Dichte der Seelöwenpopulation werden.

2.1 *Bei dem beschriebenen Verhaltensmuster handelt es sich um innerartliche Aggression bei den Seelöwenmännchen. Die einzelnen Eskalationsphasen des aggressiven Verhaltens gehen häufig ineinander über und lassen sich nicht ganz klar voneinander abgrenzen. Sie können daher häufig Imponier- und Drohverhalten zu einer Phase zusammenfassen.*

Das Verhaltensmuster zeigt die ersten **Eskalationsphasen** der **innerartlichen Aggression** bei Seelöwenmännchen. Aufgrund der begrenzten Anzahl an Fortpflanzungspartnern versucht der „Strandmeister" den Rivalen zu vertreiben.
Das „Auf- und Abschwimmen" und das Gebrüll des „Strandmeisters" stellen das **Imponierverhalten** dar. Dabei handelt es sich um **ritualisierte Verhaltensweisen**, die durch Wiederholung verstärkt werden sollen.
Das Aufrichten und Zurücklegen des Kopfes an Land sind **Drohverhalten**. Dadurch vergrößert der Seelöwe seine Körperumrisse und erscheint imposanter. Beim Maulaufreißen präsentiert er dem Rivalen seine Zähne als Waffen.

Die biologische Bedeutung für das Imponier- und Drohverhalten liegt im Kräftemessen ohne Kampf. Mögliche Verletzungen können so vermieden werden, und im Vergleich zum Kampf bedeutet das Verhalten für beide Rivalen eine Energieersparnis.

2.2 Bei dem Paarungssystem handelt es sich um **Polygamie**, genauer um **Polygynie**.

Nutzen: Der „Strandmeister" maximiert seinen Paarungs- und Fortpflanzungserfolg. Die Weibchen profitieren vom Schutz durch den „Strandmeister" und genießen eine hohe Revierqualität.

Kosten: Um das Revier zu behaupten, muss der „Strandmeister" es mehrfach vor Rivalen verteidigen. Ebenso muss er mehrfach um die Weibchen balzen. Die Weibchen wiederum müssen die vorhandenen Ressourcen miteinander teilen.

3.1 Codogener Strang: 3' ... TAC TGG TTG ... 5'
mRNA: 5' ... AUG ACC AAC ... 3'
Aminosäuren: Met - Thr - Asn ...

3.2 Ein Primer muss **komplementär** zum 3'-Ende des zu vervielfältigenden DNA-Abschnitts sein. Dies gilt nur für **Sequenz 2**. Sie ist komplementär zu dem Abschnitt vor dem zu vermehrenden Bereich und grenzt direkt an diesen an:
Code-Strang: 5' ... zu vermehrender Bereich – GTACCTTAGATTG ... 3'
Sequenz 2: 3' GAATCTAAC 5'

Sequenz 1 scheidet aus, da sie komplementär zu einem Bereich innerhalb der zu vermehrenden DNA-Sequenz ist.

Sequenz 3 kommt nicht infrage, da sie zu überhaupt keiner angegebenen Sequenz komplementär ist und demnach auch nicht zum relevanten Bereich.

3.3 *Die Polymerasekettenreaktion (PCR) ist ein Verfahren zur schnellen Vervielfältigung von DNA. Die zu vervielfältigende doppelsträngige DNA befindet sich in einer Lösung, zu der eine hitzebeständige DNA-Polymerase (Taq-Polymerase), die einzelnen Nukleotide und Primer hinzugefügt werden. Letztere sind komplementär zu den Enden des zu vervielfältigenden DNA-Abschnitts.*

Teilschritte der PCR:
– Die Lösung muss erhizt werden, damit sich die DNA-Doppelstränge durch Auflösung der Wasserstoffbrückenbindungen voneinander trennen (Denaturierung).

- Die Lösung wird abgekühlt, dabei binden die Primer über Wasserstoffbrückenbindungen an die zu vervielfältigende DNA (Hybridisierung). Es sind zwei Primer nötig, einer für jeden Strang.
- Die DNA-Polymerase verlängert die Primer durch Anknüpfen komplementärer Nukleotide. Die Originalstränge dienen dabei als Matrizen.
- Das zu vermehrende DNA-Stück wird pro Zyklus verdoppelt (Amplifikation).
- Mehrere Zyklen werden nacheinander durchlaufen, bis die gewünschte Menge an DNA hergestellt ist.

Eine hitzestabile Polymerase ist erforderlich, da beim Denaturierungsschritt Temperaturen von über 90 °C notwendig sind. Eine nicht hitzebeständige Polymerase würde bei diesen Temperaturen denaturiert und somit inaktiv.

Durch die hitzebeständige DNA-Polymerase ist eine Automatisierung der PCR möglich, da sie ihre Funktion trotz hoher Temperaturen aufrechterhält. Wäre die Polymerase nicht so hitzebeständig, wären Unterbrechungen bzw. Eingriffe nach jedem Zyklus notwendig.

BE

Innerhalb der Wirbeltiergruppe der Vögel stellen die Singvögel die größte Gruppe dar. In Deutschland sind rund 170 Arten bekannt.

1   Der Kolkrabe *(Corvus corax)* war bis zur Mitte des 19. Jahrhunderts in Nordostdeutschland weit verbreitet. Typisch für den in Deutschland größten Singvogel ist sein breites Nahrungsspektrum, das von an Meeresküsten angeschwemmten Schnecken und Muscheln über kleine Wirbeltiere wie Mäuse bis hin zu Aas reicht. Die unablässige Bejagung durch den Menschen führte am Anfang des 20. Jahrhunderts zum regionalen Aussterben des Kolkraben, wie z. B. im 107 km² großen Untersuchungsgebiet (UG) „Greifswald/Wolgast" im östlichen Teil Mecklenburg-Vorpommerns (Abb. 1).

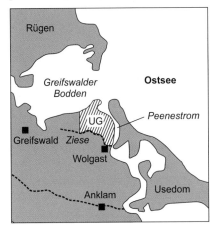

Abb. 1: Lage des Untersuchungsgebietes (UG) „Greifswald/Wolgast" (verändert nach: D. Glandt (1991): *Der Kolkrabe in Mitteleuropa.* Biologisches Institut Metelen e. V., Metelener Schriftenreihe für Naturschutz, S. 23)

Ein Wiederbesiedlungsversuch im Jahr 1955 in den Wäldern des UG zeigte nur langsam Erfolg: 1970 konnten lediglich drei Brutpaare mit jeweils eigenem Brutrevier gezählt werden. Die weitere Brutbestandsentwicklung des Kolkraben im Untersuchungsgebiet lässt sich folgender Tabelle (Tab. 1) entnehmen. Die Revier- bzw. Brutdichte von 20,6 Revieren pro 100 km² im Untersuchungsgebiet „Greifswald/Wolgast" ist seit Ende der 1980er-Jahre relativ stabil. Sie gehört zu den absoluten Höchstwerten im mitteleuropäischen Raum.

	1970	1972	1974	1976	1978
Waldbrüter (Anzahl Reviere)	3	5	4	6	6
Offenlandbrüter (Anzahl Reviere)	0	0	1	3	3
Summe der Reviere	3	5	5	9	9
Dichte der Reviere pro 100 km²	2,8	4,7	4,7	8,4	8,4

	1980	1982	1984	1986	1988
Waldbrüter (Anzahl Reviere)	12	11	10	13	12
Offenlandbrüter (Anzahl Reviere)	4	7	5	9	10
Summe der Reviere	16	18	15	22	22
Dichte der Reviere pro 100 km²	14,9	16,8	14,0	20,6	20,6

Tab. 1: Brutbestandsentwicklung des Kolkraben im Untersuchungsgebiet von 1970 bis 1988 (verändert nach: D. Glandt (1991): *Der Kolkrabe in Mitteleuropa*. Biologisches Institut Metelen e. V., Metelener Schriftenreihe für Naturschutz, S. 23)

1.1 Fertigen Sie ausgehend von den Daten aus Text und Tabelle ein Diagramm der Populationsentwicklung des Kolkraben ab 1970 im gesamten Untersuchungsgebiet an und beschreiben Sie allgemein die darin erkennbaren Phasen einer Populationsentwicklung.

8

1.2 Wissenschaftler suchen einerseits nach Gründen für die Stabilität der Populationsdichte auf diesem hohen Niveau und andererseits auch nach Gründen für die Begrenzung des Populationswachstums. Sie haben als eine Hypothese formuliert, dass die Ursache für dieses hohe Niveau im Nahrungsangebot liegt.
Geben Sie eine Begründung an, die diese Hypothese stützt, und stellen Sie zwei weitere Hypothesen auf, die als Grundlage für die Untersuchung der Begrenzung der Anzahl an Revieren dienen.

6

2 Der Stieglitz *(Carduelis carduelis)*, auch Distelfink genannt, gehört zu den buntesten Singvögeln Europas. Er ernährt sich vornehmlich von den Samen verschiedener Blütenpflanzen.

Foto: F. C. Franklin / cc-by-sa-3.0 unported

2.1 Das auffällig bunt gefärbte Gefieder des Stieglitzes war schon im Mittelalter ein Motiv für Maler.
Beschreiben Sie anhand von drei verschiedenen Aspekten den Nutzen auffälliger Farbmuster für die Kommunikation im Tierreich. Geben Sie für jeden Aspekt ein passendes Beispiel an. 6

2.2 Männliche Stieglitze beginnen im Frühjahr mit dem Balzgesang. Planen Sie ein Experiment, mit dem sich feststellen lässt, ob die Tageslänge der Auslöser für das Balzverhalten der Stieglitzmännchen ist. 5

2.3 Die Nahrung der körnerfressenden Stieglitze findet sich in der Regel lokal konzentriert und zeitlich befristet. Mehrmals am Tag fliegen die Vögel in Gruppen ein Nahrungsgebiet an. Bereits dort fressende Individuen locken weitere Tiere mit einem Lockruf an. Fressende Stieglitze sind ständig durch Fressfeinde gefährdet. Bei Annäherung eines Feindes warnen die Vögel einander, sobald sie diesen beim Kopfheben erkennen. Die Ergebnisse einer Untersuchung zum Fressverhalten des Stieglitzes bei ausreichendem Nahrungsangebot sind in folgendem Diagramm vereinfacht dargestellt.

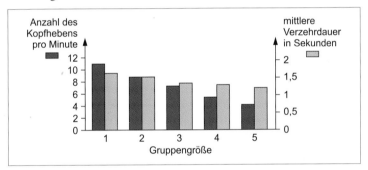

Abb. 2: Ergebnisse einer Untersuchung zur Anzahl des Kopfhebens und der mittleren Verzehrdauer eines Futterkorns bei unterschiedlicher Gruppengröße (N = 1, …, 5 Individuen) von Stieglitzen
(verändert nach: E. Glück (1987): *Benefits and costs of social foraging and optimal flock size in goldfinches (Carduelis carduelis).* In: Ethology 74, S. 65–79.
doi:10.1111/j.1439-0310.1987.tb00922.x)

Beschreiben Sie die Ergebnisse der Untersuchung und leiten Sie daraus eine ultimate Ursache für den Zusammenschluss der Stieglitze in Gruppen ab. 8

3 Viele heimische Singvögel ernähren sich von Insekten. Eine Studie aus dem Jahr 2013 befasste sich mit der Schädlingsbekämpfung durch natürliche Feinde. Sie untersuchte hierfür die Schäden, die Schmetterlingsraupen an Kohlpflanzen verursachen. Auf mehreren Untersuchungsflächen mit Kohlpflanzen und Schmetterlingsraupen wurden natürliche Feinde

der Raupen ausgesetzt, auf einigen Flächen Fluginsekten alleine und auf
weiteren Flächen Fluginsekten gemeinsam mit Vögeln. Eine Übersicht
über ausgewählte Ergebnisse zeigt die folgende Tabelle.

natürliche Feinde	Schädlings- rückgang um	Rückgang der Pflanzenschäden um
Fluginsekten	90 %	70 %
Fluginsekten und Vögel	45 %	40 %

Tab. 2: Untersuchungsergebnisse zur natürlichen Schädlingsbekämpfung
(verändert nach: E. A. Martin et al. (2013): *Natural enemy interactions constrain pest control in
complex agricultural landscapes*. In: PNAS 110, S. 5 534–5 539)

Interpretieren Sie die dargestellten Ergebnisse und beurteilen Sie auf dieser Grundlage die Hypothese, dass eine höhere Artenvielfalt zu einer verbesserten Schädlingsbekämpfung führt.

$\dfrac{7}{40}$

Erwartungshorizont

1.1 *Beim Erstellen eines Diagramms trägt man in der Regel die unabhängige Größe
auf der x-Achse, die abhängige auf der y-Achse auf. Es sollen nur die Phasen der
Populationsentwicklung beschrieben werden, die auch im Material zu erkennen
sind.*

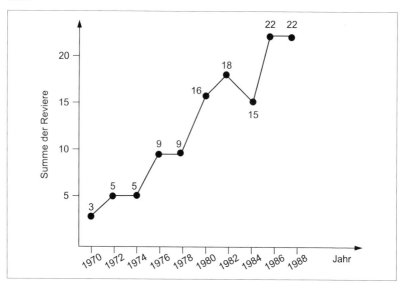

*Statt der „Summe der Reviere" ist es ebenso möglich, die „Dichte der Reviere"
auf der y-Achse aufzutragen.*

Die Summe der Reviere bzw. die Dichte der Reviere dienen als Indikatoren für
die Populationsdichte der Kolkraben.

In den Jahren zwischen 1970 und 1986 befand sich die Population der Kolkraben
im Untersuchungsgebiet in der **exponentiellen Phase (= logistisches Wachstum)**. Ab 1986 blieb die Populationsdichte stabil, die Kolkrabenpopulation befand sich in der **stationären Phase**.

Exponentielle Phase (= log-Phase): Nachdem die Neubesiedelung zunächst
schleppend angelaufen ist, begann die Kolkrabenpopulation ab 1970 schnell zu
wachsen. Vermutlich dauerte es einige Jahre, bis sich die Vögel an die Bedingungen im Untersuchungsgebiet gewöhnten. Die Lebensbedingungen für die
Kolkraben waren dank ausreichend Nahrung optimal, weshalb eine sehr starke
Vermehrungsrate gegeben war. Die Geburtenrate ist in dieser Phase sehr viel
größer als die Sterberate, d. h. die Wachstumsrate ist deutlich positiv.

Stationäre Phase: Ab einer gewissen Populationsdichte kommt es zwischen den
einzelnen Individuen der Art zur Konkurrenz, da es beispielsweise an Revieren
mit ausreichend Nahrung und geeigneten Brutplätzen mangelt. Dies führt dazu,
dass sich Geburtenrate und Sterberate in etwa angleichen. Die Wachstumsrate
nimmt ab und nähert sich 0 an. Die Umweltkapazität wurde erreicht.

*Im Jahr 1984 ging die Populationsdichte kurzzeitig etwas zurück. Vermutlich
geht dies auf Umwelteinflüsse, die im Aufgabentext nicht näher beschrieben
sind, zurück. Trotzdem befand sich die Population insgesamt weiterhin in der
Phase des logistischen Wachstums.*

1.2 **Begründung:**
Die Populationsdichte auf diesem hohen Niveau kann beispielsweise mit dem
großen **Nahrungsangebot** begründet werden. Zum Nahrungsspektrum des
Kolkraben zählen auch vom Meer angeschwemmte Muscheln und Schnecken.
Da das Untersuchungsgebiet eine lange Küstenlinie besitzt, kann davon ausgegangen werden, dass stetig Muscheln und Schnecken an der Küste zu finden sind
und sie eine wichtige Nahrungsgrundlage darstellen.

Hypothesen:
Für die Begrenzung der Anzahl der Reviere können beispielsweise zunehmender
sozialer Stress und das Fehlen weiterer geeigneter **Brutplätze** verantwortlich
sein.
– **Sozialer Stress** kann hervorgerufen werden, wenn die Populationsdichte ein
gewisses Maß überschreitet. Revierinhaber werden dann zu häufig mit Rivalen konfrontiert. Durch die daraus resultierenden Kämpfe werden Stresshor-
mone ausgeschüttet, die zu einer Begrenzung der Populationsdichte führen,
da beispielsweise die Fruchtbarkeit sinkt.

– Im Untersuchungsgebiet ist nur eine bestimmte Anzahl geeigneter **Brutplätze** vorhanden. Die innerartliche Konkurrenz begrenzt das Populationswachstum.

Alternativ können auch andere Gründe für eine konstante Populationsdichte angeführt werden. Migrationsbewegungen könnten ebenso zu einer konstanten Populationsdichte führen, wenn Teile der Population auswandern. Auch die schnellere Ausbreitung von Krankheiten und der erhöhte Feinddruck sind Faktoren, die die Populationsdichte begrenzen können.

2.1 *In dem Aufgabenblock A 1 geht es zwar um heimische Singvögel, allerdings ist der Aufgabentext hier allgemein gehalten. Sie müssen sich bei Ihren gewählten Beispielen nicht auf heimische Vögel beschränken. Es wird nach der Kommunikation im gesamten Tierreich gefragt.*

Eine **auffällige Körperfärbung** kann unterschiedliche Funktionen haben:
– Sie kann, wie beispielsweise beim Pfau, der **Anlockung** von Geschlechtspartnern dienen.

Der männliche Pfau besitzt auffällig bunte Oberschwanzdeckfedern, die er zu einem Rad aufschlagen kann. So lockt er Weibchen bei der Balz an.

– Sie kann wie bei der Wespe **Wehrhaftigkeit** signalisieren. Die typische gelbschwarze Warnfärbung zeigt anderen Tieren, dass die Wespe wehrhaft ist.
– Sie kann wie bei der Schwebfliege **Wehrhaftigkeit vortäuschen** (Mimikry). Die auffällige Färbung ahmt die Warnfärbung wehrhafter Insekten nach.

2.2 Um zu untersuchen, ob der Auslöser für den Balzgesang der Stieglitzmännchen die Tageslänge ist, sollten mehrere Gruppen von Stieglitzmännchen in Gefangenschaft gehalten werden.

Eine Gruppe sollte unter möglichst normalen Bedingungen aufgezogen werden. Bei den anderen Gruppen müssten unterschiedliche Versuchsansätze durchgeführt werden, in denen die Tageslänge (Licht) künstlich variiert wird. Alle anderen Bedingungen wie beispielsweise die Temperatur oder das Futter müssen identisch sein.

Bei den einzelnen Gruppen muss der Zeitpunkt der Balz verglichen werden.

Bei Tieren in Gefangenschaft sind die Ergebnisse solcher Untersuchungen nur zum Teil aussagekräftig, da die Tiere aufgrund der Gefangenschaft oder des Erfahrungsentzugs veränderte Verhaltensweisen zeigen können bzw. bestimmte Verhaltensweisen überhaupt nicht zeigen.

2.3 Um eine ultimate Ursache abzuleiten, müssen Sie die Ergebnisse der Untersuchung analysieren und das Diagramm auswerten. Beginnen Sie mit einer kurzen Beschreibung des Diagramms und beachten Sie die Achsenbeschriftungen. In diesem Diagramm sind zwei y-Achsen vorhanden.

In dem Diagramm in Abbildung 2 sind die **Anzahl des Kopfhebens** pro Minute und die **mittlere Verzehrdauer** in Sekunden von Stieglitzen gegen die **Gruppengröße** aufgetragen.

Mit zunehmender Gruppengröße sinkt die Anzahl des Kopfhebens pro Minute und die mittlere Verzehrdauer eines Futterkorns.

Die Nahrungssuche ist für den Stieglitz mit zunehmender Gruppengröße profitabler. Die Vögel müssen mit steigender Gruppengröße seltener den Kopf heben, um potenzielle Fressfeinde rechtzeitig zu erkennen, da sie gegebenenfalls von Artgenossen gewarnt werden. Die Stieglitze haben somit mehr Zeit zum Fressen, weshalb die Verzehrdauer eines Korns sinkt.

Stieglitze in größeren Gruppen können somit mehr Energie pro Zeit aufnehmen, was zu einer Steigerung der **direkten Fitness** führt.

3 Bevor Sie die Ergebnisse interpretieren, beschreiben Sie zunächst die Inhalte der Tabelle. Beginnen Sie am besten damit, die Struktur der Tabelle wiederzugeben, indem Sie auf die Kopfzeile und die Randspalte eingehen.

In Tabelle 2 sind die Untersuchungsergebnisse zur natürlichen Schädlingsbekämpfung einer Studie zusammengefasst. Hierbei wurden der **Schädlingsrückgang** und der **Rückgang der Pflanzenschäden** untersucht, wenn nur **Fluginsekten** bzw. **Fluginsekten und Vögel** als natürliche Feinde der Schmetterlingsraupen eingesetzt wurden.

Werden nur Fluginsekten eingesetzt, so beträgt der Schädlingsrückgang 90 % und der Rückgang der Pflanzenschäden 70 %.

Dienen Fluginsekten und Vögel als natürliche Feinde, so ist ein Schädlingsrückgang von 45 % und ein Rückgang der Pflanzenschäden um 40 % zu beobachten. Der Einsatz von Fluginsekten alleine bringt demnach einen wesentlich besseren Erfolg als ein kombinierter Einsatz der natürlichen Feinde. Neben den Schädlingen fressen die Vögel auch die Fluginsekten und dezimieren somit die Zahl der natürlichen Feinde der Schmetterlingsraupen erheblich.

Die **Hypothese**, dass eine höhere Artenvielfalt zu einer verbesserten Schädlingsbekämpfung führt, kann bei dieser Studie **nicht bestätigt** werden.

In einem natürlichen Ökosystem, in dem komplexe Nahrungsnetze bestehen, ist eine höhere Artenvielfalt zur Dezimierung von Schädlingen langfristig sicher sinnvoll. Hiernach wird aber in der Aufgabenstellung nicht gefragt.

BE

1 Affen leben häufig in Gruppen zusammen und zeigen ein komplexes Sozialverhalten. In der Form des Zusammenlebens unterscheiden sich einige Arten. Die Abbildung 1 zeigt die Familienstrukturen bei Gorillas und Gibbons. Das für die Gibbons dargestellte Paarungssystem ist für Säugetiere eher ungewöhnlich.

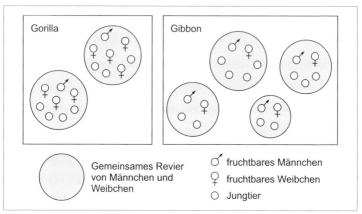

Abb. 1: Familienstruktur bei Gorillas und Gibbons
(verändert nach: D. Macdonald (2004): *Enzyklopädie der Säugetiere.* Tandem Verlag, S. 296)

Benennen und beschreiben Sie die in der Abbildung 1 dargestellten Paarungssysteme bei Gorillas und Gibbons. Geben Sie zwei mögliche ultimate Ursachen für die Ausbildung des Paarungssystems der Gibbons an.

6

2 Schimpansen leben in Gruppen, denen mehrere fruchtbare Männchen und Weibchen sowie Jungtiere angehören. Unter den Männchen herrscht eine strikte Rangordnung. Vom ranghöchsten Alpha-Männchen stammt der Großteil der Jungtiere ab (ca. 50 bis 65 %), die nach einer etwa achtmonatigen Tragzeit geboren werden. Meist wird ein

Schimpanse
Foto: © Eric Isselée - Fotolia.com

Junges geboren, Zwillinge sind wie beim Menschen selten. Die Entwöhnung von der Muttermilch findet mit etwa vier Jahren statt. In der Regel pflanzen sich Schimpansenweibchen und -männchen erst mit über 12 Jahren fort. In Freiheit werden Schimpansen etwa 40 Jahre alt.

2.1 Leiten Sie anhand des Textes die Fortpflanzungsstrategie der Schimpansen ab. 5

2.2 Infantizid ist unter Affen durchaus verbreitet.
Definieren Sie den Begriff Infantizid und stellen Sie eine ultimate Ursache für Infantizid durch männliche Säugetiere dar. 4

2.3 Über mehrere Jahre beobachteten Wissenschaftler eine Schimpansengruppe. Es wurden die Rangpositionen der Schimpansenmännchen (Abb. 2) und das Verhalten von Weibchen, die gerade Junge haben (Abb. 3), aufgezeichnet.

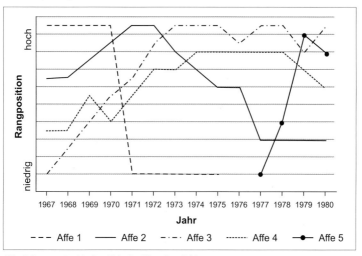

Abb. 2: Rangwechsel in der Alpha-Position einer Schimpansengruppe
(verändert nach: G. Hornung et al. (2008): *Verhaltensbiologie. Materialien für den Sekundarbereich II*, Schroedel Verlag, S. 93)

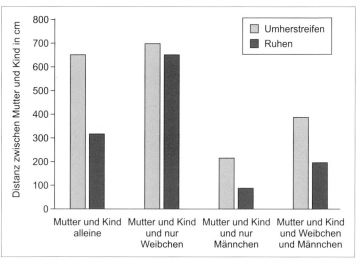

Abb. 3: Durchschnittliche Mutter/Kind-Distanz während des Umherstreifens und während der Ruhephasen bei Schimpansen, je nach Zusammensetzung der Gruppe (verändert nach: E. Voland (2009): *Soziobiologie.* Spektrum Verlag, 3. Auflage, S. 31)

Begründen Sie anhand des Textes und der Abbildungen 2 und 3, ob diese Daten die Hypothese „Infantizid tritt bei Schimpansen auf." stützen.　　　　10

3　Ein Schimpansenforscher äußert folgenden Satz: „Das Aufstellen einer Rangordnung durch Kämpfe der Männchen innerhalb einer Affengruppe ist letztendlich eine Form der Aggressionskontrolle."
　Erläutern Sie diese Aussage.　　　　6

4　Orang-Utans leben heute in freier Wildbahn nur noch in den tropischen Wäldern der beiden Inseln Sumatra (Indonesien) und Borneo (Indonesien, Malaysia, Brunei). Unter Verweis auf die Orang-Utans warnen Wissenschaftler vor einem durch den Menschen verursachten Verlust an Biodiversität. Die folgenden Abbildungen zeigen die Populationsentwicklung wildlebender Orang-Utans (Abb. 4), die Verbreitung der Wälder auf Borneo (Abb. 5) sowie die Entwicklung der Palmölproduktion in Indonesien und Malaysia seit 1975 (Abb. 6).

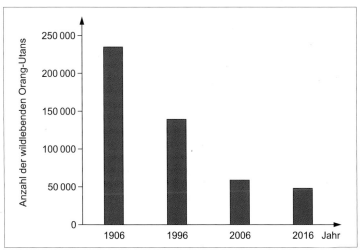

Abb. 4: Populationsentwicklung der wildlebenden Orang-Utans
(erstellt nach Daten von WWF International, *Species Fact Sheet: Orang-Utans*, 2006)

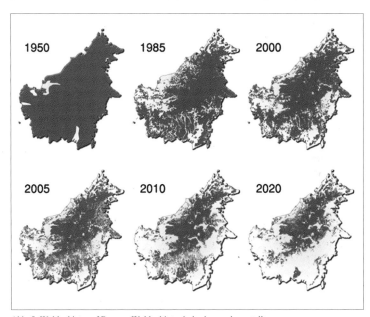

Abb. 5: Waldgebiete auf Borneo, Waldgebiete sind schwarz dargestellt
(verändert nach: Hugo Ahlenius, UNEP/GRID-Arendal 2007;
http://www.grida.no/resources/8324)

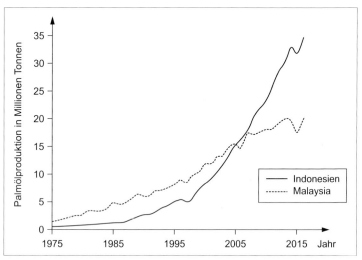

Abb. 6: Entwicklung der Palmölproduktion in Indonesien und Malaysia
(zusammengestellt nach Daten von: USDA auf www.indexmundi.com)

Definieren Sie den Begriff Biodiversität und erläutern Sie mithilfe der Abbildungen 4 bis 6, inwieweit die Warnung der Wissenschaftler begründet ist.

$\dfrac{9}{40}$

Erwartungshorizont

1 *Um die Aufgabe komplett zu beantworten, empfiehlt es sich, zunächst die beiden in der Abbildung dargestellten Paarungssysteme getrennt voneinander auszuwerten. Beginnen Sie damit, das jeweilige Paarungssystem zu beschreiben und anschließend zu benennen.*

Beschreibung und Benennung:

Die Familienstruktur der **Gorillas** setzt sich innerhalb eines gemeinsamen Revieres neben den Jungtieren aus mehreren fruchtbaren Weibchen und einem fruchtbaren Männchen zusammen. Dieses Paarungssystem wird **Polygamie** genannt.

Fachlich ganz genau handelt es sich hierbei um Polygynie, da sich zwar ein Männchen mit mehreren Weibchen verpaart, die Weibchen jedoch nur mit diesem einen Männchen.

Bei **Gibbons** leben innerhalb eines gemeinsamen Revieres nur ein fruchtbares Weibchen und ein fruchtbares Männchen mit ihren Jungtieren zusammen. Dies wird als **Monogamie** bezeichnet.

Unter den ultimaten Ursachen versteht man die Zweckursachen von Verhaltensweisen. Bei der Beantwortung der Frage müssen dabei nur zwei mögliche Ursachen angegeben werden, wobei zu berücksichtigen ist, dass bei den verschiedenen Paarungssystemen ein maximaler Fortpflanzungserfolg angestrebt wird.

Bei den Gibbons hat sich Monogamie als Paarungssystem ausgebildet.
Beispiele für **ultimate Ursachen** *(nur zwei gefordert)*:
– Partnerfindung und Partnerwahl müssen zu Lebzeiten des Paares nur einmal durchgeführt werden
– Männchen und Weibchen haben gleich hohen Fortpflanzungserfolg
– durch den Einsatz der Männchen bei der Aufzucht der Jungtiere erhöht sich deren Überlebenswahrscheinlichkeit und damit der Fortpflanzungserfolg
– der Schutz des Männchens erhöht die Überlebenschance des trächtigen Weibchens
– die Männchen schützen ihren eigenen Nachwuchs so besser vor Kindsmord durch andere Männchen
– Rangordnungskämpfe innerhalb einer Gruppe sind nicht notwendig

2.1 Die niedrige Wachstumsrate durch die mit acht Monaten relativ lange Tragzeit und den wenigen Nachkommen, die mit über 12 Jahren relativ lange Dauer bis zur Geschlechtsreife und die mit einer Lebenserwartung von 40 Jahren verhältnismäßig langlebigen Generationen sprechen für einen **K-Strategen**. Auch das lange Säugen der Jungtiere stellt hohe Investitionen in den Nachwuchs dar und ist ein Kennzeichen der K-Strategen.

2.2 *Der Infantizid kann sehr vielfältige und oft unbekannte Auslöser haben. Alle Er-*
klärungsversuche sind deshalb Mutmaßungen. Die folgenden Gründe werden
häufig als Ursache für Infantizid angeführt:
- *Übervölkerung und der dadurch ausgelöste soziale Stress bzw. aggressive*
Auseinandersetzungen,
- *Kannibalismus, bei dem das Opfer als Nahrungsquelle dient,*
- *die Verknappung von Ressourcen und damit Konkurrenzsituation bzw. Revier-*
kämpfe,
- *Strategie, um den Reproduktionserfolg zu erhöhen.*

Als Infantizid bezeichnet man das **Töten von Nachkommen der eigenen Art**.
Ein neues Alpha-Männchen profitiert durch diese Verhaltensweise: Durch die
Tötung von Jungtieren beseitigt es zum einen den von einem Rivalen gezeugten
Nachwuchs, zum anderen werden die Weibchen schneller wieder empfängnis-
bereit.

Das neue Alpha-Männchen steigert also seinen eigenen Fortpflanzungserfolg
und die Nachkommen mit seinen Genen ersetzen die Nachkommen des Vorgän-
gers bereits nach kurzer Zeit. Beim Infantizid handelt sich damit um ein die „direkte Fitness" förderndes Verhalten für das Männchen.

2.3 *Um die Aufgabe komplett zu bearbeiten, empfiehlt es sich, zunächst die zwei Dia-*
gramme auszuwerten. Benennen Sie zunächst die Größen auf den Achsen. Hier-
bei wird die Größe der y-Achse gegen die der x-Achse beschrieben. Anschließend
notieren Sie die Beobachtungen, die Sie den Diagrammen entnehmen können,
und erklären diese anhand des Informationstextes Schritt für Schritt.

Im Kurvendiagramm der **Abbildung 2** ist die **Rangposition** gegen die **Jahres-
zahl** aufgetragen. Aus dem Diagramm geht hervor, dass im gesamten Beobach-
tungszeitraum häufige Wechsel in der Rangfolge stattfanden. Dabei hatte die Alpha-Position meist nur maximal vier Jahre das gleiche Männchen inne, also die
Zeit, in der ein Jungtier von der Mutter gesäugt wird. Dies bedeutet, dass ein
neues Alpha-Männchen mit Berücksichtigung der achtmonatigen Tragzeit mit
einigen Weibchen keinen Nachwuchs zeugen könnte.

Im Balkendiagramm der **Abbildung 3** ist die **durchschnittliche Distanz zwischen Mutter und Kind** in Zentimeter gegen **verschiedene Gruppenzusam-
mensetzungen in Abhängigkeit von verschiedenen Aktivitätsphasen** aufgetragen. Aus dem Diagramm geht hervor, dass sich die Distanz zwischen Mutter
und Jungtier sowohl beim Umherstreifen als auch beim Ruhen deutlich verringert, sobald Männchen anwesend sind. Die Weibchen nehmen die Männchen
also als Bedrohung für ihre Jungtiere wahr. Bei Anwesenheit von nur Weibchen
um Mutter und Kind vergrößert sich sogar die Distanz zwischen den beiden.

Die Daten stützen die Hypothese: **Bei neuen Alpha-Männchen droht Infantizid**, der die erneute Empfängnisbereitschaft der Weibchen beschleunigt.

3 *In der Ethologie werden unter dem Begriff „Aggression" alle Verhaltensweisen – zwischenartliche und innerartliche – des Angriffs und der Verteidigung zusammengefasst, die der Vertreibung oder Unterwerfung des Gegners dienen.*

Als **Aggressionskontrolle** werden alle Verhaltensweisen bezeichnet, die eine Verletzung oder Tötung von Artgenossen verhindern sollen, die durch Streitsituationen um Ressourcen entstehen können. Durch **Rangordnungskämpfe** wird innerhalb einer Schimpansengruppe eine individuelle Reihenfolge jedes einzelnen männlichen Individuums aufgestellt. Da nach einem Rangordnungskampf das unterlegene und damit rangniedere Tier einige Zeit allen ranghöheren Tieren z. B. bei der Nahrungsaufnahme, der Wahl des Schlafplatzes oder des Geschlechtspartners den Vortritt lässt, werden dadurch aggressive Verhaltensweisen verhindert.

4 *Um eine vollständige Erläuterung zu formulieren, müssen Sie die drei Abbildungen auswerten. Beachten Sie bei den Diagrammen (Abb. 4 und Abb. 6) die Achsenbeschriftungen. Beschreiben Sie die wichtigsten Aussagen, die Sie den Abbildungen entnehmen können, und setzen Sie diese in Zusammenhang.*

Definition:
Als **Biodiversität** wird der Formenreichtum und damit die Artenzahl eines Ökosystems bezeichnet. Es wird aber auch die genetische Vielfalt innerhalb einer Art darunter verstanden.

Erläuterung:
Abbildung 4 zeigt, dass von 1906 bis 2006 die Anzahl der wildlebenden Orang-Utans kontinuierlich von etwa 240 000 Individuen auf ca. 60 000 zurückgegangen ist und in den folgenden zehn Jahren bis 2016 noch einmal um ca. 10 000 Individuen gesunken ist. **Damit nahm die genetische Vielfalt innerhalb der Art deutlich ab.**
Die Abbildung 6 zeigt, dass die Palmölproduktion von 1975 bis 2015 in beiden Ländern sprunghaft gestiegen ist, in Indonesien von ca. 1 Million Tonnen auf 36 Millionen Tonnen und in Malaysia von etwa 2 Millionen Tonnen auf ca. 20 Millionen Tonnen. Zeitgleich haben die Waldgebiete in Borneo deutlich abgenommen (s. Abbildung 5). Während 1950 noch ganz Borneo mit tropischen Wäldern bedeckt war, wird für 2020 prognostiziert, dass nur noch etwa die Hälfte der Insel mit tropischen Wäldern bedeckt sein wird. Auch für Indonesien ist zu vermuten, dass durch die Palmölproduktion **ursprüngliche Ökosysteme und damit Lebensräume für Arten zerstört wurden.**
Die Datenlage zeigt deutlich, dass die Warnung der Wissenschaftler berechtigt und begründet ist. Der Einfluss des Menschen führt in diesem Fall zum Verlust an Biodiversität.

BE

1   In den zwei mexikanischen Flüssen Pichucalco (Pich) bzw. Tacotalpa (Tac) gibt es Abschnitte mit einer erhöhten Konzentration an Dihydrogensulfid (H_2S) im Wasser, in anderen Flussabschnitten ist das Wasser dihydrogensulfidfrei. Verschiedene Fischarten der Gattung *Poecilia* kommen in allen Bereichen der zwei Flüsse vor, obwohl Dihydrogensulfid als giftig und umweltgefährlich eingestuft ist. Eine Ursache für die Giftigkeit von Dihydrogensulfid wird in dessen Wirkung auf das Enzym Cytochrom-c-Oxidase (COX) vermutet. Es katalysiert in den Mitochondrien einen Reaktionsschritt, bei dem Elektronen auf Sauerstoffmoleküle übertragen werden.

1.1   Eine Untersuchung zeigt, dass die Enzymaktivität von COX durch Dihydrogensulfid beeinflusst wird. Die Untersuchungsergebnisse sind in folgender Tabelle zusammengefasst.

Versuchs-ansatz	H_2S-Konzentra-tion in µmol / L	Sauerstoff-konzentration	Enzym-aktivität in %
1	0	normal	100
2	60	normal	77
3	120	normal	68
4	240	normal	57
5	240	deutlich erhöht	100

Tab: Wirkung von Dihydrogensulfid auf das Enzym COX
(verändert nach: J. P. Collman et al. (2009): *Using a functional enzyme model to understand the chemistry behind hydrogen sulfide induced hibernation.* In: PNAS 106, no 52, p. 22 090–22 095)

Leiten Sie anhand der Informationen aus der Tabelle die Wirkung von Dihydrogensulfid auf das COX-Enzym auf molekularer Ebene ab.   7

1.2   In einer weiteren Versuchsreihe stellen Wissenschaftler die Hypothese auf, dass die Aktivität der COX-Enzyme von Fischen, die in dihydrogensulfidhaltigem Wasser leben, von Dihydrogensulfid nicht negativ beeinflusst wird. Sie isolieren hierfür COX-Enzyme aus Individuen verschiedener *Poecilia*-Arten und untersuchen diese. Die Ergebnisse sind im folgenden Diagramm (Abb. 1) dargestellt.

Hinweise: In den Untersuchungen werden die Fischarten nur mit den abgekürzten Namen ihrer Heimatflüsse bezeichnet.
Der Namenszusatz „-S" bedeutet, dass die Fischart dort in dihydrogensulfidhaltigem Wasser lebt.

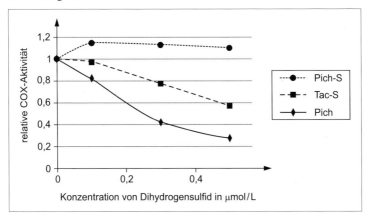

Abb. 1: COX-Aktivität in Abhängigkeit von der H_2S-Konzentration
(verändert nach: M. Pfenninger et al. (2014): *Parallel evolution of cox genes in H_2S-tolerant fish as key adaptation to a toxic environment.* In: Nature Communications, p. 1–7; doi:10.1038/ncomms4873)

Leiten Sie ab, ob sich die Datenreihen zur Überprüfung der Hypothese eignen und welche Schlussfolgerungen ggf. gezogen werden können.　　　6

1.3　Nur wenige *Poecilia*-Arten können in dihydrogensulfidhaltigem Wasser leben. Erklären Sie die Entwicklung der dihydrogensulfidunempfindlichen Fischart Pich-S innerhalb der Gattung *Poecilia* durch die erweiterte Evolutionstheorie.　　　9

1.4　Stellen Sie eine begründete Hypothese auf, unter welcher Voraussetzung auch ein Fisch der Art Pich (vgl. Abb. 1) zeitweise in dihydrogensulfidhaltigen Flussabschnitten überleben könnte.　　　3

2　Schwertträger *(Xiphophorus)* sind beliebte Aquarienfische. Die Abbildung 2 zeigt die Umrisse eines Männchens (♂) und eines Weibchens (♀). Besonders auffällig ist beim Männchen die verlängerte Schwanzflosse, die als Schwert bezeichnet wird und namensgebend ist. Sie wird erst beim Erreichen der Geschlechtsreife ausgebildet und bei der Balz dem Weibchen mehrmals bei verschiedenen Schwimmmanövern präsentiert. In mehreren Experimenten werden Wirkungen des Schwertes auf männliche bzw. weibliche Fische untersucht.

Experiment A:

Bei Männchen mit natürlich ausgebildetem Schwert und künstlich gekürztem Schwert wird in Abwesenheit bzw. Gegenwart eines Weibchens der Sauerstoffverbrauch der Männchen gemessen.

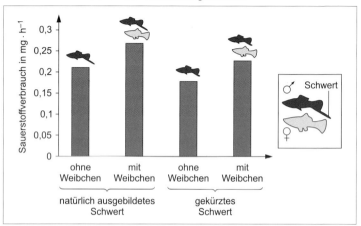

Abb. 2: Sauerstoffverbrauch pro Stunde von *Xiphophorus-montezumae*-Männchen beim Schwimmen (verändert nach: A. L. Basolo, G. Alcaraz (2003): *The turn of the sword: length increases male swimming costs in swordtails*. In: proc. R. Soc. Lond. B, 270, p. 1 631–1 636)

Experiment B:

In jedem Versuchsdurchgang sind immer gleichzeitig zwei Männchen mit unterschiedlich langen Schwertern und ein Weibchen anwesend. Es wird jeweils die Schwertlänge der Männchen gemessen und die Zeitdauer, die ein Weibchen mit dem jeweiligen Männchen verbringt.

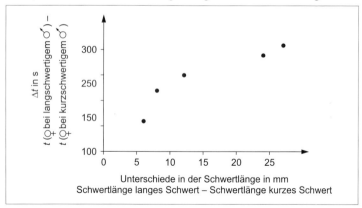

Abb. 3: Unterschiede der gemeinsam verbrachten Zeiten von Weibchen und Männchen in Abhängigkeit von den Unterschieden der Schwertlänge
(verändert nach: A. L. Basolo (1990): *Female preference for male sword length in the green sword tail, Xiphophorus helleri*. In: Animal Behaviour, 40, p. 332–338)

2.1 Die Wissenschaftler gehen davon aus, dass die Länge des Schwertes die direkte Fitness eines Männchens beeinflusst.

Erklären Sie unter Bezug auf die Ergebnisse der beiden Experimente je eine positive und eine negative Wirkung des Schwertes auf die direkte Fitness eines Schwertträgermännchens.   9

2.2 In zwei natürlichen Lebensräumen werden die relativen Schwertlängen der männlichen Fische bestimmt (Abb. 4). Ein Lebensraum ist frei von Fressfeinden der Fische, im anderen leben Fressfeinde.

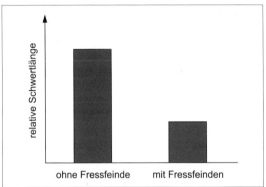

Abb. 4: Relative Schwertlänge bei *Xiphophorus helleri* in Abhängigkeit von der Anwesenheit von Fressfeinden
(verändert nach: A. L. Basolo and W. E. Wagner Jr: *Covariation between predation risk, body size and fin elaboration in the green swordtail, Xiphophorus helleri*. In: Biological Journal of the Linnean Society, 83 (2004), p. 87–100)

Bei dem in Experiment B beobachteten Verhalten der Fischweibchen spricht man von sexueller Selektion.

Beurteilen Sie folgende Aussage eines Biologen: „Die in einem Lebensraum zu beobachtenden Merkmale der Tiere sind ein Ergebnis der Wirkung sowohl der sexuellen als auch der natürlichen Selektion." Beziehen Sie sich in Ihrer Erklärung auf die in Abbildung 4 dargestellten Ergebnisse.   6
                                                                           40

Erwartungshorizont

1.1 *Beschreiben Sie zur Lösung der Aufgabe zuerst kurz die Tabelle. Beachten Sie die Zeilen- und Spaltenbeschriftung. Notieren Sie anschließend Ihre Beobachtungen. Achten Sie dabei auf Gemeinsamkeiten und Unterschiede bei den Versuchsansätzen. Nutzen Sie diese Informationen, um die Wirkung von Dihydrogensulfid auf das COX-Enzym auf molekularer Ebene abzuleiten.*

In der Tabelle sind die Versuchsergebnisse der Wirkung von Dihydrogensulfid (H_2S) auf das Enzym COX dargestellt. In **fünf Versuchsansätzen** wird die **Enzymaktivität** untersucht, während die **H_2S-Konzentration** bzw. die **Sauerstoffkonzentration** verändert werden.

– In den **Versuchsansätzen 1–4** wird die H_2S-Konzentration zunehmend erhöht, während die Sauerstoffkonzentration immer konstant bleibt. Es kann beobachtet werden, dass die Enzymaktivität mit zunehmender H_2S-Konzentration abnimmt.

– Im **Versuchsansatz 5** beträgt die H_2S-Konzentration ebenso wie bei Versuchsansatz 4 240 µmol/L, während die Sauerstoffkonzentration im Vergleich zu den anderen Experimenten deutlich erhöht ist. Im Ansatz 5 erkennt man, dass bei gleichbleibend hoher H_2S-Konzentration die Enzymaktivität bei 100 % ist.

Dihydrogensulfid besitzt eine ähnliche Teilchenmasse wie ein Sauerstoffmolekül und kann an das **aktive Zentrum** des Enzyms COX binden und es so für das eigentliche **Substrat** Sauerstoff **blockieren**. Dihydrogensulfid **konkurriert** mit Sauerstoff um das aktive Zentrum des Enzyms COX. Dadurch wird die **Enzymaktivität verringert**. Wird die Sauerstoffkonzentration deutlich erhöht, so steigt die Wahrscheinlichkeit, dass Sauerstoff- statt Dihydrogensulfidmoleküle auf die COX-Enzyme treffen. Es handelt sich um eine **kompetitive Hemmung**.

1.2 *Bevor Sie die Datenreihen im Detail auswerten, beschreiben Sie am besten das Diagramm allgemein, um sich einen Überblick zu verschaffen. Gehen Sie anschließend auf die einzelnen Datenreihen ein und überprüfen Sie deren Eignung zur Überprüfung der Hypothese Schritt für Schritt.*

In dem Diagramm ist die **relative Aktivität der Cytochrom-c-Oxidase** gegen die **Konzentration von Dihydrogensulfid** aufgetragen. Die COX-Enzyme von drei verschiedenen Fischarten sind untersucht worden.

Pich-S: Die Aktivität des COX-Enzyms der *Poecilia*-Art Pich-S nimmt mit steigender H_2S-Konzentration zunächst zu und sinkt ab einer Konzentration von ca. 0,1 µmol/L leicht ab. Die Aktivität bleibt über den gesamten untersuchten Bereich über der Enzymaktivität ohne Dihydrogensulfid. Die **Datenreihe von Pich-S** ist geeignet, da diese Art in dihydrogensulfidhaltigem Wasser lebt. Die Aktivität des COX-Enzyms wird im untersuchten Bereich durch

Dihydrogensulfid nicht negativ beeinflusst. Es erhöht sogar die Aktivität des COX-Enzyms leicht.

Tac-S: Die Aktivität des Enzyms der Tac-S *Poecilia*-Art sinkt kontinuierlich mit zunehmender H_2S-Konzentration. Sie sinkt allerdings deutlich langsamer als die Aktivität der *Poecilia*-Art Pich. Die **Datenreihe von Tac-S** ist ebenfalls geeignet. Auch diese Art lebt im dihydrogensulfidhaltigen Wasser. Die Aktivität des COX-Enzyms wird hier allerdings negativ durch Dihydrogensulfid beeinflusst.

Pich: Die **Datenreihe von Pich** ist nicht geeignet, da die Art nicht in Gewässern, die Dihydrogensulfid enthalten, lebt.

Alternativ könnte man die Datenreihe von Pich als geeignet betrachten, wenn sie als Kontrolle dienen soll. Die Datenreihe darf dann nicht isoliert, sondern in Kombination mit den beiden anderen betrachtet werden.

1.3 *Die erweiterte Evolutionstheorie basiert auf der Evolutionstheorie von* CHARLES DARWIN. *Sie vereint* DARWINS *Theorie mit Erkenntnissen aus der Genetik, Zellbiologie, Ökologie und anderen Disziplinen der modernen Biologie. Erklärungsansätze mithilfe der erweiterten Evolutionstheorie beschäftigen sich insbesondere mit den Evolutionsfaktoren (Mutation, Rekombination, Gendrift, Selektion und Isolation), die den Genpool einer Population verändern. Je nach Aufgabenstellung können unterschiedliche Evolutionsfaktoren zur Beantwortung herangezogen werden.*

Entwicklung nach der erweiterten Evolutionstheorie:

- Die Individuen einer *Poecilia*-Art entwickeln mehr Nachkommen, als für den Erhalt der Art erforderlich sind (**Überproduktion**). Da die Individuenzahl insgesamt gesehen in etwa **konstant** bleibt und die **Ressourcen begrenzt** sind, kommt es zwischen den einzelnen Individuen zur **Konkurrenz**.
- Aufgrund der **genetischen Variabilität** unterscheiden sich die Individuen einer Art voneinander. So besitzen einige Individuen COX-Enzyme, die eine höhere Toleranz gegenüber Dihydrogensulfid aufweisen. Ursache für die genetische Variabilität sind zum einen zufällige, ungerichtete **Mutationen** in der DNA und **Rekombinationsereignisse**, die ebenfalls zufällig und ungerichtet neue Allelkombinationen und damit unterschiedliche Phänotypen hervorbringen.
- Auf die Fische wirkt der **abiotische Selektionsfaktor** „Dihydrogensulfid". Fische, deren COX-Enzyme eine höhere Toleranz gegenüber Dihydrogensulfid aufweisen, überleben wahrscheinlicher. Aufgrund der höheren Toleranz funktionieren in dihydrogensulfidhaltigem Wasser ihre Mitochondrien besser, wodurch sie einen **Selektionsvorteil** haben. Zudem war vermutlich die Konkurrenz in solchen Gewässern geringer, weshalb Individuen mit dem veränderten COX-Enzym zusätzliche Ressourcen zur Verfügung standen, was ebenfalls einen Selektionsvorteil gegenüber den anderen Individuen darstellte.

– In dihydrogenhaltigen Gewässern haben Fische mit veränderten COX-Enzymen einen Selektionsvorteil und konnten sich wahrscheinlicher **fortpflanzen**. Somit wurden die **Erbanlagen** für das veränderte COX-Enzym häufiger an die nächste Generation **weitergegeben**. In der Population, die in dihydrogenhaltigen Gewässern lebt, kam es zu einer **gerichteten Verschiebung** der Gen- bzw. Allelhäufigkeit im Genpool der Art in Richtung veränderter COX-Enzyme.

Waren die Individuen der Populationen mit und ohne veränderten COX-Enzymen lange genug voneinander **isoliert**, da zum Beispiel Individuen ohne tolerantem COX-Enzym nicht lange in dihydrogensulfidhaltigem Wasser überleben konnten, fand zwischen den Individuen der Populationen kein **Genfluss** statt. Sie waren **separiert**. Durch weitere **Mutations- und Rekombinationsereignisse** in den beiden Populationen veränderte sich der Genpool beständig. Die Individuen der beiden Populationen waren zudem unterschiedlichen **Selektionsfaktoren** ausgesetzt. Mit der Zeit bildeten sich aus den Populationen unterschiedliche *Poecilia*-**Rassen** und später **Arten**.

Bei der Bildung unterschiedlicher *Poecilia*-Arten könnte es zu einer allopatrischen Artbildung gekommen sein.

Die Entstehung der unterschiedlichen Poecilia-Arten ist im Moment wissenschaftlich noch nicht eindeutig geklärt. Da in dem Material keine weiteren Hinweise auf die Entstehung der Arten gegeben sind, kann man nur eine Hypothese zu deren Entstehung entwickeln. Die aufgeführte Hypothese ist trotz einer ausführlichen Formulierung immer noch stark vereinfacht. Da sich die Entstehung der Arten auf vielfältige Weise erklären lässt, ist die hier beschriebene Lösung nur eine unter mehreren möglichen Varianten.

1.4 *Zur Lösung dieser Aufgabe können sämtliche Materialien des Aufgabenblocks mit einbezogen werden. Aus der Tabelle in Aufgabe 1.1 geht hervor, dass es sich bei der Hemmung der COX-Enzyme durch Dihydrogensulfid um eine kompetitive Hemmung handelt.*

Da es sich bei Dihydrogensulfid um einen kompetitiven Hemmstoff der COX-Enzyme handelt, kann eine Erhöhung des eigentlichen Substrats Sauerstoff die Wirkung des Hemmstoffes abmildern. Fische der *Poecilia*-Art Pich könnten vermutlich in sauerstoffreichen Gewässern einige Zeit überleben, da der hohe Sauerstoffgehalt die Wirkung des Dihydrogensulfids auf die COX-Enzyme zumindest teilweise abschwächt.

2.1 *Werten Sie zunächst die Diagramme der beiden Experimente aus. Beachten Sie besonders bei Experiment B die komplexe Achsenbeschriftung. Anschließend beschreiben Sie die Beobachtungen, die Sie den Diagrammen A und B entnehmen können. Diese Beobachtungen nutzen Sie, um dann eine positive und eine negative Wirkung zu erklären.*

Experiment A: Das Diagramm des Experimentes A zeigt den **Sauerstoffverbrauch** von Schwertträger-Männchen. Es wurde der Sauerstoffverbrauch von Männchen mit **normalem** und **gekürztem** Schwert jeweils in **Abwesenheit** und in **Gegenwart** eines Weibchens gemessen. Es wird deutlich, dass der Sauerstoffverbrauch generell zunimmt, sobald ein Weibchen anwesend ist. Außerdem ist der Sauerstoffverbrauch von Männchen mit natürlich ausgebildetem Schwert höher als bei Männchen mit gekürztem Schwert. Aus diesen Ergebnissen kann abgeleitet werden, dass ein langes Schwert eine **negative Wirkung** für das Männchen hat. Je länger das Schwert ist, desto höher ist der Sauerstoffverbrauch und somit der Energiebedarf des Männchens. Dies wirkt sich negativ auf die **direkte Fitness** des Männchens aus.

Experiment B: Im Diagramm des Experimentes B ist die **zeitliche Differenz** (Zeit, die Weibchen bei langschwertigen Männchen verbracht haben, „minus" Zeit, die sie bei kurzschwertigen verweilten) gegen die **Unterschiede in der Schwertlänge** (Schwertlänge langes Schwert „minus" Schwertlänge kurzes Schwert) aufgetragen. Daraus geht hervor, dass Weibchen, die die Wahl zwischen zwei Männchen mit unterschiedlich langen Schwertern haben, mehr Zeit mit den langschwertigen Männchen verbringen. Je größer die Differenz der Schwertlängen ist, desto länger ist die Verweildauer beim langschwertigen Männchen. Aus den Ergebnissen von Experiment B kann man schlussfolgern, dass ein langes Schwert auch eine **positive Wirkung** für das Männchen hat. Je länger das Schwert ist, desto mehr Zeit verbringt ein Weibchen mit dem Männchen. Hieraus resultiert eine höhere Paarungschance. Somit steigt die **direkte Fitness** für das Männchen.

2.2 In dem Diagramm (Abb. 4) ist die **relative Schwertlänge** bei Männchen für eine Population von Schwertträgern **ohne** und eine **mit Fressfeinden** aufgetragen.
Die relative Schwertlänge der Männchen ist in der Population ohne Fressfeinde deutlich länger als in der mit Fressfeinden. Fische mit stark verlängertem Schwert können leichter von Fressfeinden erbeutet werden, weshalb sie geringere Überlebens- und damit Fortpflanzungschancen besitzen. Hier wirkt die **natürliche Selektion**. Gleichzeitig werden jedoch die Männchen von Weibchen bevorzugt, die ein längeres Schwert besitzen, da sie attraktiver auf Weibchen wirken. Dabei wirkt die **sexuelle Selektion**.
Die Aussage des Biologen stimmt somit. Die Schwertlänge der Männchen ist ein Ergebnis der Wirkung von sowohl der sexuellen als auch der natürlichen Selektion. Ohne Fressfeinde hat die sexuelle Selektion mehr Einfluss, mit Fressfeinden die natürliche Selektion.

BE

Bei den Kannenpflanzen der Gattung *Nepenthes* handelt es sich um tropische Pflanzen, die auf stickstoffarmem Untergrund vorkommen. Fehlende Stickstoffversorgung wirkt sich prinzipiell negativ auf das pflanzliche Wachstum aus.
Um ihren Stickstoffbedarf decken zu können, bilden die Pflanzen tüten- oder kannenförmige Fallgruben aus, mit deren Hilfe sie z. B. Insekten fangen. Diese werden dabei mithilfe von Duftstoffen und verschiedenen Signalfarben angelockt und im Inneren der Kanne in einer Verdauungsflüssigkeit enzymatisch abgebaut.
Die verwertbaren Bestandteile werden anschließend von der Pflanze aufgenommen.

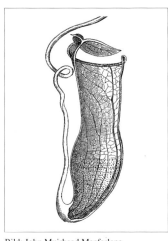

Bild: John Muirhead Macfarlane

1   Die einzelnen Bestandteile der Kanne einer Kannenpflanze (Abb. 1) übernehmen verschiedene Aufgaben: Der stark verbreiterte Teil (a) dient hauptsächlich der Fotosynthese. Eine Ranke (b) ermöglicht es der Kannenpflanze, sich um Äste zu winden und Halt zu finden. Bei jungen Pflanzen ist die Kanne (c) von einem Deckel (d) verschlossen, der das Kannneninnere vor zu viel Niederschlagswasser bewahrt.

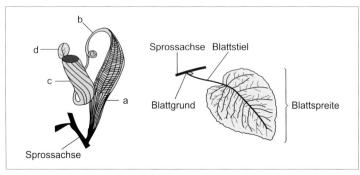

Abb. 1: Bauteile einer Kannenpflanze (links), Blatt einer Pappel (rechts)

Erklären Sie, ob es sich bei den Strukturen (a) bis (d) der Kannenpflanze und dem Pappelblatt um homologe Organe handeln kann.

3

2   Im tropischen Asien sind über 90 verschiedene *Nepenthes*-Arten bekannt, die alle auf extrem stickstoffarmem Untergrund wachsen.

2.1 Die Kannenpflanze *Nepenthes rafflesiana*, die im Regenwald von Borneo zu finden ist, bezieht den für ihren Stoffwechsel notwendigen Stickstoff nicht ausschließlich aus der Verdauung von Insekten. Ca. 35 % des Stickstoffbedarfs deckt sie über den Kot von Wollfledermäusen *(Kerivoula hardwickii)*, die die Kannenpflanzen durch Echoortung aufspüren. Die Kannen bieten der ca. 5 cm großen Wollfledermaus tagsüber einen Schlafplatz, wobei diese kopfüber an der Kannenwand hängt. Bei *Nepenthes rafflesiana* unterscheidet man zwei Unterarten, *N. rafflesiana elongata* und *N. rafflesiana typica* (s. Tab.), wobei nur eine dieser beiden Unterarten die beschriebene Stickstoffquelle nutzt.

Kriterium	*Nepenthes rafflesiana elongata*	*Nepenthes rafflesiana typica*
Kannengröße	ca. 25 cm hoch	ca. 10 cm hoch
Menge gebildeter Duftstoffe	gering	sehr hoch
Füllhöhe des Verdauungssaftes in der Kanne	ca. 2,5 cm	ca. 6 cm

Tab: Vergleich der zwei Unterarten von *Nepenthes rafflesiana*
(verändert nach: T. U. Grafe et al. (2011): *A novel resource-service mutualism between bats and pitcher plants.* In: Biology Letters 7, p. 436–439)

Leiten Sie unter Berücksichtigung der in der Tabelle aufgeführten Kriterien begründet ab, welche der beiden Unterarten von *Nepenthes rafflesiana* ihren Stickstoffbedarf teilweise aus Wollfledermaus-Kot deckt, und stellen Sie unter Verwendung evolutionsbiologischer Zusammenhänge pro Kriterium je eine begründete Hypothese auf, wie sich die in der Tabelle angegebenen Merkmale verändern könnten, wenn die Fledermäuse im Lauf der Evolution an Größe zunehmen.   6

2.2 Die große Vielfalt der in Südostasien vorkommenden *Nepenthes*-Arten zeigt sich u. a. in unterschiedlichen Ausprägungen der Kannenstrukturen, wie folgende Aufstellung zeigt:
N. albomarginata: längliche Kannenform; Kranz von lebenden weißen Haaren am oberen Rand der Kanne, der von Termiten gefressen wird, die dabei leicht in die Kanne fallen können

N. ampullaria:	Kannen tonnenförmig mit vollständig zurückgezogenem ovalem Deckel; Kannen am Waldboden teppichartig dicht nebeneinander angeordnet; keine Nektardrüsen; Kannen enthalten meist verrottende Laubblätter von Urwaldbäumen
N. bicalcarata:	verbreiterter Abschnitt am unteren Kannenansatz, der Wohnraum für die Ameisenart *Camponotus schmitzi* bietet, deren Kot und Kadaver von den Pflanzen verwertet werden können; Besitz von Nektardrüsen

Erklären Sie die Entstehung der großen Vielfalt südostasiatischer *Nepenthes*-Arten im gleichen Verbreitungsgebiet aus evolutionsbiologischer Sicht.

6

3   Erklären Sie auf der Grundlage einer Kosten-Nutzen-Analyse die Beobachtung, dass *Nepenthes*-Pflanzen an besonders lichtarmen Standorten bzw. auf stickstoffreichem Untergrund keine Kannenfallen ausbilden.

5

4   Bei der Verdauung von gefangenen Insekten in der Kanne entstehen u. a. Ammonium-Ionen (NH_4^+-Ionen), die dann in die Pflanzenzellen aufgenommen werden.
Das folgende Diagramm (Abb. 2) zeigt Messergebnisse zum Transport der Ammonium-Ionen in eine Pflanzenzelle.

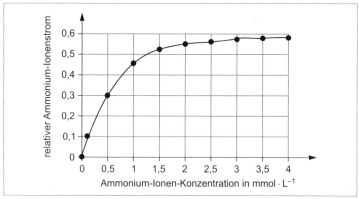

Abb. 2: Abhängigkeit des Ammonium-Ionen-Transports von der Konzentration der Ammonium-Ionen
(verändert nach: S. Scherzer et al. (2013): *The Dionaea muscipula Ammonium Channel DmAMT1 Provides NH_4^+ Uptake Associated with Venus Flytrap's Prey Digestion.* In: Current Biology 23, 1 649–1 657)

Leiten Sie aus den dargestellten Messergebnissen den zugrunde liegenden Transportvorgang ab und erläutern Sie diesen auf molekularer Ebene.

6

5   In den Kannen der verschiedenen *Nepenthes*-Arten leben Vertreter zahlreicher Bakteriengruppen, darunter auch Purpurbakterien der Gattung *Rhodospirillum*, die in der Lage sind, Fotosynthese zu betreiben.

5.1   Bei den Lichtreaktionen der Fotosynthese von *Rhodospirillum* wird u. a. ein Protonengradient aufgebaut, der für die Synthese von ATP genutzt wird. Auch bei der Fotosynthese grüner Pflanzen spielt ein solcher Protonengradient für die ATP-Synthese eine wichtige Rolle.

Stellen Sie die Prozesse, die bei der Fotosynthese grüner Pflanzen zur chemiosmotischen Bildung von ATP führen, in Form einer beschrifteten Skizze dar.   9

5.2   Ein energetisches Schema der Lichtreaktionen bei Purpurbakterien wie *Rhodospirillum* ist in Abbildung 3 dargestellt.

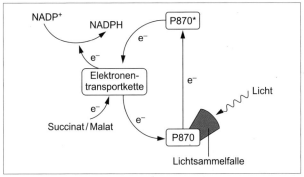

Abb. 3: Modell des Elektronenflusses in den Lichtreaktionen bei der Bakteriengattung *Rhodospirillum*
(verändert nach: H. G. Schlegel (1992): Allgemeine Mikrobiologie, Thieme Verlag, Stuttgart, S. 420)

Vergleichen Sie auf der Grundlage der Abbildung 3 die Vorgänge bei den Lichtreaktionen bei *Rhodospirillum* mit den Lichtreaktionen bei grünen Pflanzen im Hinblick auf jeweils zwei selbst gewählte Gemeinsamkeiten und zwei Unterschiede.   <u>5</u>

40

Erwartungshorizont

1   *Damit man eine Homologie und damit eine nähere Verwandtschaft zwischen Lebewesen feststellen kann, muss mindestens eins der drei Homologiekriterien erfüllt sein. Von den drei Homologiekriterien – „Kriterium der Lage", „Kriterium der Kontinuität" und „Kriterium der spezifischen Qualität" – kann aufgrund der gegebenen Informationen nur das Lagekriterium angewendet werden.*

Bei den vier Strukturen der Kannenpflanze und dem Pappelblatt handelt es sich um **homologe Organe**, da diese Strukturen der Kannenpflanze genauso wie das Pappelblatt direkt an der Sprossachse entspringen. Damit ist das **Kriterium der Lage** erfüllt: Strukturen sind homolog, wenn sie in einem Bauplan, hier der Pflanzenkörper, die gleiche Lage einnehmen.

2.1   *Beschreiben Sie zunächst die Inhalte der Tabelle. Gehen Sie dabei auch auf die Struktur der Tabelle und auf die Kriterien ein. Im Anschluss beschreiben Sie die Aussagen der Tabelle und erklären diese.*

In der Tabelle sind die Ergebnisse eines Vergleiches zweier Unterarten von *Nepenthes rafflesiana* zusammengefasst. Hierbei wurden *N. r. elongata* und *N. r. typica* hinsichtlich der Kriterien **Kannengröße, Menge gebildeter Duftstoffe** und **Füllhöhe des Verdauungssaftes in der Kanne** verglichen.

Nur *Nepenthes rafflesiana elongata* nutzt den Kot der Wollfledermäuse als Stickstoffquelle. Zum einen bietet nur diese Unterart mit einer Kannengröße von 25 cm und einer Füllhöhe mit Verdauungssaft von 2,5 cm den etwa 5 cm großen Fledermäusen genug Platz. Zum anderen locken die Kannenpflanzen mit Duftstoffen Insekten an. Da diese Unterart deutlich geringere Mengen an Duftstoffen bildet, ist auch der Anteil an gefangenen Insekten deutlich geringer. Es muss also eine weitere Stickstoffquelle existieren.

Unter Koevolution versteht man wechselseitige Anpassung von Arten aneinander, die darauf beruht, dass diese Arten über einen längeren Zeitraum der Stammesgeschichte aufeinander einen starken Selektionsdruck ausgeübt haben. Zur vollständigen Beantwortung muss pro Kriterium eine begründete Hypothese formuliert werden. Neben den hier angegebenen Hypothesen sind noch weitere Möglichkeiten denkbar.

Wenn im Laufe der Evolution die Wollfledermäuse an Größe zunehmen, dann könnten aufgrund der **Koevolution** bei den Kannenpflanzen folgende Veränderungen auftreten:
– die **Kannengröße** nimmt zu, sodass die Fledermaus weiterhin Platz findet.
– die **Füllhöhe des Verdauungssaftes** in der Kanne sinkt, sodass der Kopf der Fledermaus nicht im Verdauungssaft hängt.
– die **Menge gebildeter Duftstoffe** steigt, um vermehrt Insekten anzulocken.

2.2 Die in Südostasien vorkommenden verschiedenen *Nepenthes*-Arten sind das Ergebnis **adaptiver Radiation**. Auf dem stickstoffarmen Untergrund im gleichen Verbreitungsgebiet herrschte eine große **intraspezifische Konkurrenz** um die begrenzte Ressource Stickstoff, was zur Selektion führte. Durch Ausbildung spezieller anatomischer Angepasstheiten konnten die verschiedenen *Nepenthes*-Arten unterschiedliche Stickstoffquellen erschließen. *N. albomarginata* lockt Termiten über einen Kranz von Haaren an, während *N. bicalcarata* Ameisen einen Wohnraum anbietet. Somit können beide *Nepenthes*-Arten Insekten als zusätzliche Stickstoffquelle nutzen. *N. ampullaria* dagegen bildet Kannen ohne Deckel aus, damit möglichst viele Laubblätter hineinfallen. Nach dem Verrotten stehen dann zusätzliche Stickstoffressourcen zur Verfügung.

Die an die jeweilige Stickstoffquelle besser angepassten Pflanzen konnten aufgrund ihrer Spezialisierung unterschiedliche **ökologische Nischen** besetzen.

3 Die **Kosten** liegen bei den *Nepenthes*-Pflanzen in der Ausbildung der Kannen, die den Einsatz von Baustoffen wie Cellulose bedeuten und einen deutlichen Energieaufwand verursachen.

Der **Nutzen** liegt für die Pflanzen in der zusätzlichen Fotosynthesefläche und der Möglichkeit, durch die Fallgruben den Stickstoffbedarf zu decken.

Auf **stickstoffreichen Böden** ist dieser jedoch durch die Versorgung aus dem Boden gesichert und das Bilden von Kannen ist nicht nötig. An **lichtarmen Standorten** ist die Fotosyntheseleistung verringert. Dadurch können weder Baustoffe in ausreichenden Mengen hergestellt werden noch steht ausreichend Energie für die Ausbildung der Kannen zur Verfügung.

4 *Beginnen Sie mit einer kurzen Beschreibung des Diagramms (Abb. 2). Benennen Sie die Art des Diagramms, achten Sie auf die Achsenbeschriftung und den Kurvenverlauf. Anschließend können Sie den Inhalt des Diagramms beschreiben und den Transportvorgang ableiten und erläutern.*

Im Kurvendiagramm der **Abbildung 2** ist der **relative Ammonium-Ionenstrom** gegen die **Ammonium-Ionen-Konzentration** in mmol/L aufgetragen. Das Diagramm zeigt den typischen Verlauf einer **Sättigungskurve**, was auf einen Transport durch **Transportproteine** hinweist.

Durch eine Erhöhung der Stoffkonzentration steigt die Transportgeschwindigkeit zunächst stark an, dann steigt sie bei weiterer Erhöhung nur noch langsam an und ab einer bestimmten Stoffkonzentration erreicht die Transportgeschwindigkeit schließlich einen Maximalwert. Sobald alle Transportproteine besetzt sind, kann trotz einer Erhöhung der Stoffmengenkonzentration keine Steigerung der Transportgeschwindigkeit mehr erfolgen.

5.1

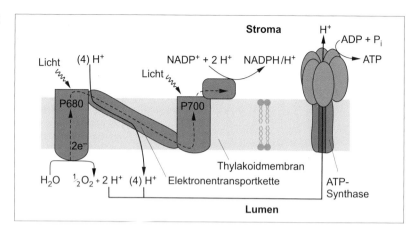

5.2 *Laut Aufgabenstellung ist es ausreichend, für den Vergleich jeweils zwei Gemeinsamkeiten und zwei Unterschiede heranzuziehen.*

Gemeinsamkeiten *(nur zwei gefordert)*:
– Licht dient der Anregung der Fotosysteme und damit als Energiequelle.
– Als Reduktionsäquivalente wird NADPH gebildet.
– Elektronen werden über eine zyklische Elektronentransportkette vom angeregten Zustand zum Grundzustand des Fotosystems zurücktransportiert.
– Die Fotosysteme bestehen aus einer Lichtsammelfalle und einem zentralen Reaktionszentrum.

Unterschiede *(nur zwei gefordert)*:
– Purpurbakterien besitzen im Unterschied zu den grünen Pflanzen nur ein und nicht zwei Fotosysteme.
– Anstelle der zentralen Chlorophyll-a-Moleküle P680 und P700 enthalten Purpurbakterien als zentrales Reaktionszentrum P870.
– Das Absorptionsmaximum der Reaktionszentrums-Chlorophylle liegt bei den Purpurbakterien bei 870 nm und damit im Vergleich zu den grünen Pflanzen im längerwelligen und damit energieärmeren Lichtspektrum.
– Als elektronenliefernder Stoff dient den Purpurbakterien Succinat/Malat und nicht Wasser.

BE

Bei Retinitis pigmentosa handelt es sich um eine Gruppe von Augenerkrankungen, die genetisch bedingt sind. Hierbei verlieren Fotorezeptoren in der Netzhaut der betroffenen Personen ihre Funktionsfähigkeit. Mögliche Folgen reichen von Nachtblindheit, Einengung des Gesichtsfeldes, Verschlechterung des Farb- und Kontrastsehens bis hin zur vollständigen Erblindung. Derzeit sind mindestens 150 Gene bekannt, bei denen eine Mutation zu einer erblichen Netzhauterkrankung führt.

1   In einer Familie tritt eine Form der Retinitis pigmentosa auf. Zur Untersuchung der Vererbung wurde der Stammbaum der Familie erstellt (Abb. 1).

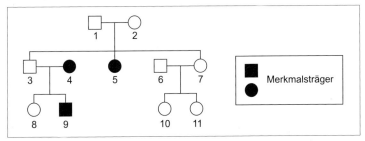

Abb. 1: Stammbaum einer Familie, bei der Retinitis pigmentosa auftritt

Leiten Sie den vorliegenden Erbgang ab, indem Sie nicht zutreffende Erbgänge begründet ausschließen. Geben Sie alle möglichen Genotypen der Personen 2, 5, 6, 7 und 8 an und ermitteln Sie die Wahrscheinlichkeiten, mit denen die Personen 6 und 7 ein erkranktes Kind bekommen können.

9

2   Abbildung 2 zeigt den Zustand von Stäbchen (Lichtsinneszellen des Menschen) im Dunkeln und im Hellen.

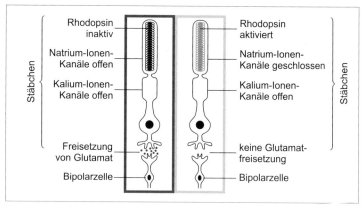

Abb. 2: Zustand eines Stäbchens im Dunkeln (links) und im Hellen (rechts)

Belichtet man ein Stäbchen, das sich zunächst im Dunkeln befindet, mit Lichtblitzen unterschiedlicher Stärke, misst man die in Abbildung 3 dargestellten Membranpotenziale.

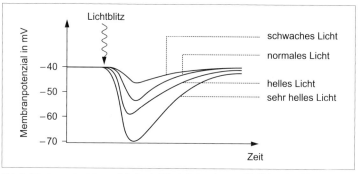

Abb. 3: Membranpotenziale von Stäbchen bei Dunkelheit und unterschiedlich starken Lichtreizen (verändert nach: Grüne Reihe, Materialien SII, *Neurobiologie*, Schroedel Verlag, S. 72)

Erläutern Sie das Zustandekommen der Membranpotenziale der Sinneszellen bei Dunkelheit und nach Gabe eines sehr hellen Lichtblitzes. Gehen Sie davon aus, dass die Ionenverteilung an der Membran der Stäbchen der an der Membran einer typischen Nervenzelle entspricht.

6

3   Bei einer Form der Retinitis pigmentosa tritt eine Veränderung im mehr als 3 000 Basenpaare umfassenden *RPE65*-Gen auf. Das als RPE65 bezeichnete Genprodukt, ein Enzym, umfasst 533 Aminosäuren.

3.1   Entwerfen Sie eine schematische, beschriftete Skizze, in welcher die Schritte der mRNA-Prozessierung allgemein veranschaulicht werden.

5

3.2 Am *RPE65*-Gen eines an Retinitis pigmentosa erkrankten (A) und eines gesunden (B) Menschen wurde eine Sequenzanalyse des codogenen Strangs der DNA durchgeführt.
Die Tabelle zeigt das Ergebnis.

Nr. der Base des codogenen Strangs	Person A				Person B			
	C	T	A	G	C	T	A	G
610			–				–	
		–				–		
				–				–
		–				–		
		–				–		
615								–
						–		
			–				–	
			–				–	
	–				–			
620			–				–	
621	–				–			

Tab: Ergebnis der Sequenzanalyse des codogenen Strangs der DNA eines an Retinitis pigmentosa erkrankten (A) und eines gesunden (B) Menschen; – = Base vorhanden
(zusammengestellt nach Daten von: http://www.retina-international.org/files/sci-news/rpe65mut.htm)

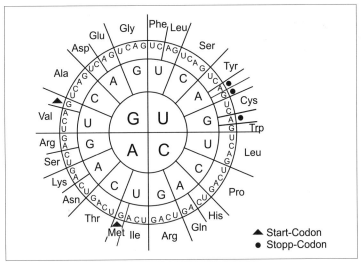

Abb. 4: Code-Sonne

3.2.1 Leiten Sie mithilfe der Code-Sonne (Abb. 4) jeweils die Aminosäure-sequenz für den angegebenen DNA-Ausschnitt von Person A und B ab. 6

3.2.2 Erläutern Sie den vorliegenden Mutationstyp bei Person A und dessen Folgen für das Genprodukt. 5

4 Seit einigen Jahren wird eine neuartige Behandlungsmethode für RPE65-Mutationen erprobt. Dabei handelt es sich um eine Gentherapie, die direkt an den Zellen des Auges erfolgt.
Beschreiben Sie das Prinzip der Durchführung dieser Gentherapie beim Menschen. 4

5 Die sogenannte Keimbahntherapie, eine Form der Gentherapie, bei der Gene in Keimzellen bzw. befruchtete Eizellen eingeschleust werden, ist in Deutschland nicht erlaubt.
Eine Familie, die von Retinitis pigmentosa betroffen ist, fragt beim Gesetzgeber nach: „Warum ist die Gentherapie an Zellen des Auges erlaubt, die Keimbahntherapie aber verboten? Die Keimbahntherapie hätte für betroffene Familien so viele Vorteile.“
Um zu einer Urteilsfindung zu kommen, ist es nötig, fachliche Argumente mit Werten in Beziehung zu setzen. Folgende Werte werden häufig genannt: Umweltschutz, Glück, Freundschaft, Gesundheit, Freiheit, Leidverringerung, Wohlstand, Würde des Menschen, Bildung, Sicherheit, Gehorsam, Fortschritt.
Nennen Sie ein Pro- und ein Contra-Argument zur Einführung der Keimbahntherapie und wählen Sie aus der Liste für jedes Argument einen Wert aus, der mit dem Argument verbunden ist. Nehmen Sie unter Einbeziehung dieser Argumente und Werte Stellung zur oben genannten Forderung der Familie. 5
___
40

Erwartungshorizont

1 *Nicht alle Eltern von Merkmalsträgern sind betroffen – es handelt sich also um einen rezessiven Erbgang. Frauen und Männer sind etwa gleichermaßen von dem Erbleiden betroffen – dies deutet auf eine autosomale Vererbung hin.*

Folgende Erbgänge können **ausgeschlossen** werden:
- autosomal und gonosomal (X-chromosomal)-dominante Erbgänge, da sonst die Eltern 1 und/oder 2 betroffen sein müssten.
- gonosomal (X-chromosomal)-rezessiver Erbgang, da sonst der Vater 1 der Merkmalsträgerin 5 an Retinitis pigmentosa leiden müsste.

Der Lehrplan schließt gonosomal Y-chromosomale Erbgänge nicht eindeutig aus, allerdings liegen nur sehr wenige Erbinformationen auf diesem Gonosom und es wird auch nicht zwischen dominant und rezessiv unterschieden.

- gonosomaler (Y-chromosomaler) Erbgang, da mit den Personen 4 und 5 auch Frauen betroffen sind.

Es handelt sich also um einen **autosomal-rezessiven** Erbgang.

Mögliche Genotypen:

Person 2	Aa
Person 5	aa
Person 6	AA/Aa
Person 7	AA/Aa
Person 8	Aa

Da die Genotypen der Personen 6 und 7 anhand dieses Stammbaumes nicht eindeutig festgestellt werden können, muss hier eine Fallunterscheidung vorgenommen werden. Entscheidend ist, dass laut Aufgabenstellung die Wahrscheinlichkeit nur für das phänotypische Auftreten der Krankheit ermittelt werden soll. Genotyp und Spontanmutationen können dabei vernachlässigt werden.

Paar 6 und 7: beide homozygot gesund (AA)
Die Kinder dieses Paares sind mit einer Wahrscheinlichkeit von 100 % gesund, da jeweils nur das Allel A an alle Nachkommen weitergegeben werden kann. Eine Erkrankung tritt also in keinem Fall auf.

Paar 6 und 7: beide heterozygot (Aa)
Die Kinder dieses Paares erkranken mit einer Wahrscheinlichkeit von 25 % phänotypisch an Retinitis pigmentosa.

Keimzellen	A	a
A	AA	Aa
a	Aa	aa

Paar 6 und 7: eine Person homozygot gesund (AA), eine heterozygot (Aa)

Die Kinder dieses Paares sind mit einer Wahrscheinlichkeit von 100 % phänotypisch gesund, da von der homozygot gesunden Person nur das Allel A an alle Nachkommen weitergegeben werden kann. Eine Erkrankung tritt also in keinem Fall auf.

2 **Bei Dunkelheit:**

Das Membranpotenzial kommt aufgrund der Ionenverteilung an der Membran der Stäbchen zustande. Die Verteilung der Ionen führt zu einem Membranpotenzial von −40 mV. Hierbei ist die Membraninnenseite negativ und die Außenseite positiv geladen.

Das Membranpotenzial entsteht durch folgende Vorgänge:

Auf beiden Seiten der Stäbchenmembran ist die **Ionenkonzentration unterschiedlich:**

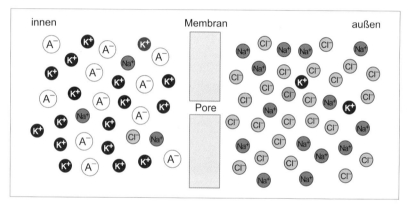

Laut Aufgabenstellung ist die Skizze nicht erforderlich. Der dargestellte Sachverhalt (innen: hohe Konzentration an positiv geladenen Kaliumionen und negativ geladenen anorganischen Ionen; außen: hohe Konzentration an positiv geladenen Natriumionen und negativ geladenen Chloridionen) kann alternativ auch in Textform dargestellt werden.

Die Membran ist **selektiv permeabel.** Bei Dunkelheit diffundieren Kaliumionen durch geöffnete Kaliumionenkanäle entlang ihres Konzentrationsgefälles von innen nach außen. Da die Membran aber für die großen, organischen Ionen undurchlässig ist, bleiben diese im Inneren zurück, wodurch sich ein elektrischer Gradient aufbaut. Gleichzeitig gelangen jedoch auch Natriumionen durch die geöffneten Natriumionenkanäle entlang ihres Konzentrationsgefälles von außen nach innen.

Nach Gabe eines hellen Lichtblitzes:

Das Membranpotenzial verringert sich von -40 mV auf -70 mV. Dies lässt sich folgendermaßen erklären:
- Die Kaliumionenkanäle bleiben geöffnet und somit kommt es weiterhin zum Ausstrom positiv geladener Kaliumionen.
- Die Natriumionenkanäle schließen sich und damit unterbleibt der Einstrom von positiv geladenen Natriumionen.

3.1 *Bei Prokaryoten beginnt die Translation schon während der Transkription, da keine räumliche Trennung vorliegt. Bei Eukaryoten muss die mRNA erst den Zellkern verlassen und zu den Ribosomen gelangen, damit die Translation stattfinden kann. In jeder Zelle befinden sich aber Enzyme, die RNA abbauen. Ein Grund für die Prozessierung ist demnach ein vorübergehender Schutz der mRNA vor diesen Enzymen. Außerdem findet während der Prozessierung das Spleißen statt. Dabei schneiden spezielle Enzyme Introns (nicht codierende Bereiche) heraus und fügen Exons (codierende Bereiche) zusammen.*

Vorgänge der mRNA-Prozessierung:

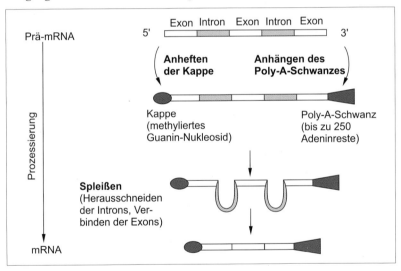

3.2.1 *Nach der Transkription wird bei der Translation die Basensequenz des mRNA-Strangs in eine Aminosäuresequenz übersetzt.*

	Person A	**Person B**
codogener DNA-Strang	3'...ATG TTA ACA T...5'	3'...ATG TTG TAA CAT...5'
mRNA	5'...UAC AAU UGU A...3'	5'...UAC AAC AUU GUA...3'
Aminosäure-sequenz	– Tyr – Asn – Cys –	– Tyr – Asn – Ile – Val –

3.2.2 Bei der DNA-Sequenz der an Retinitis pigmentosa erkrankten Person A handelt es sich um die mutierte Sequenz. Durch die Basenverluste (Deletion) an den Positionen 615 und 616 ergibt sich eine **Rastermutation**.

Da der genetische Code kommafrei ist, verschiebt sich ab der mutierten Stelle 615/616 das folgende Triplett-Raster und es werden ab dieser Stelle mit großer Wahrscheinlichkeit andere Aminosäuren in das Genprodukt eingebaut. Die stark veränderte Primärstruktur kann Auswirkung auf die Tertiärstruktur des Genproduktes haben und somit kann die Funktion des Proteins stark verändert sein bis zum kompletten Verlust der enzymatischen Katalyse.

Der genetische Code ist degeneriert, was bedeutet, dass mehrere Triplett-Codons für die selbe Aminosäure codieren. Somit kommt es hier beispielsweise nach dem Einbau der Aminosäure Tyr auch bei Person A trotz der Rastermutation noch zum Einbau der Aminosäure Asn, wie auch bei der gesunden Person B. Anschließend wird jedoch die Aminosäure Cys statt Ile eingefügt.

4 *Bei der Gentherapie unterscheidet man zwei Arten des Einfügens: die direkte Behandlung der Zielzellen im Körper (in vivo) oder im Labor (ex vivo).*

Aus den Zellen einer gesunden Person muss das intakte Gen gewonnen werden. Dieses funktionierende Gen muss nun mithilfe eines geeigneten Vektors, z. B. Retroviren, in die Zellen des Auges der erkrankten Person eingeschleust werden. Nach dem Einbau der Virus-Erbsubstanz mit dem intakten Gen in die DNA der defekten Zellen sind diese gentechnisch verändert und die so behandelte Person ist geheilt.

5 *Wichtig ist es, aus der Liste der genannten Werte sorgfältig je einen für das angeführte Beispiel passenden Wert auszuwählen. Laut Aufgabenstellung müssen die verwendeten Werte zur Argumentation passen. Zur Beantwortung müssen nur ein Pro- und ein Contra-Argument angegeben werden und auch nur je ein Wert. Die im Folgenden aufgeführten Argumente sind nur mögliche Beispiele.*

Pro-Argumente zur Einführung der Keimbahntherapie:
– Ein geheiltes Elternpaar muss sich während der Schwangerschaft oder kindlichen Entwicklung keine Sorgen um das Kindeswohl in Bezug auf Retinitis pigmentosa machen. Als damit verbundene Werte können die Werte Gesundheit, Leidverringerung oder Sicherheit angeführt werden.
– Nur so wird die genetische Heilung der Krankheit auch auf die Nachfolgegeneration weitervererbt. Als damit verbundene Werte können die Werte Gesundheit, Leidverringerung oder Fortschritt angeführt werden.

Contra-Argumente zur Einführung der Keimbahntherapie:
– Nach der Veränderung des Genoms der Keimzellen zeigen sich in den bisherigen Versuchen (bei Tieren und Pflanzen) sehr hohe Ausfallquoten wie Absterben der Embryonen oder Fehlbildungen durch unbeabsichtigte Veränderungen im Genom. Als damit verbundene Werte können die Werte Sicherheit, Gesundheit oder Würde des Menschen angeführt werden.
– Die Keimbahntherapie ist noch mit vielen Schwierigkeiten und Risiken verbunden und erfordert damit noch umfangreiche Forschungsarbeiten, vor allem Humanexperimente. Als damit verbundene Werte können die Werte Gesundheit oder Würde des Menschen angeführt werden.
– Die Keimbahntherapie ist in der Bundesrepublik Deutschland nach dem Embryonenschutzgesetz verboten. Als damit verbundene Werte können die Werte Gehorsam oder Würde des Menschen angeführt werden.
– Die Verfahren der Keimbahntherapie können neben der Heilung von Erbkrankheiten auch zu anderweitigen Eingriffen in das Genom eines Menschen missbraucht werden. Es kann der Wert Würde des Menschen angeführt werden.

Abschließend müssen Sie noch eine begründete persönliche Stellungnahme zur Einführung der Keimbahntherapie formulieren. Hierbei sind viele individuelle Ansichten möglich. Zwei Möglichkeiten sind im Folgenden notiert.

Mögliche persönliche Stellungnahmen:
– Meiner Meinung nach überwiegt das **Contra-Argument**, da der Eingriff zusätzliche Schäden verursachen könnte. Die Werte Gesundheit, Leidverringerung und Sicherheit des Pro-Arguments werden nicht unbedingt positiv beeinflusst. Der Forderung der Familie kann ich nicht zustimmen, da die Keimbahntherapie andere Ausmaße hat und größere Risiken birgt als die Gentherapie an Zellen des Auges.
– Meiner Meinung nach überwiegt das **Pro-Argument**, da nur dieser Eingriff nicht nur das Elternpaar, sondern auch das ungeborene Kind heilt. Ich unterstütze die Forderungen der Familie. Die Keimbahntherapie bietet große Chancen in Hinsicht auf Werte wie Sicherheit, Gesundheit und Leidverringerung.

BE

Ursachen für Schwerhörigkeit können neben Schädigungen im Mittelohr oder im Gehirn u. a. auch im Innenohr zu finden sein.

1   Im Innenohr der Säugetiere befinden sich die Hörsinneszellen, die an ihrer Oberseite feine Härchen besitzen. Diese Härchen sind in den mit Flüssigkeit gefüllten Schneckengang eingebettet. Werden Schwingungen auf das Innenohr übertragen, treten Wellen auf, die zur Auslenkung der Sinneszellhärchen führen. Abbildung 1 zeigt die Sinneszellen mit unterschiedlicher Ablenkung ihrer Härchen und die daraus resultierenden Vorgänge.

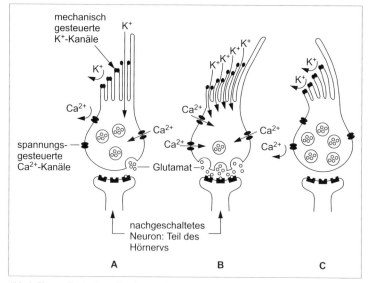

Abb. 1: Sinneszellen im Innenohr mit unterschiedlicher Auslenkung ihrer Härchen
(verändert nach: C. D. Moyes, P. M. Schulte (2008): *Tierphysiologie*, Pearson Verlag, S. 299)

1.1   Bei einer neurophysiologischen Untersuchung ergaben sich die in Abbildung 2 angegebenen Membranpotenziale an den Sinneszellen bei den in Abbildung 1 bezeichneten Zuständen A, B und C.

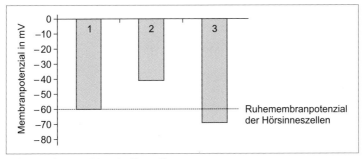

Abb. 2: Membranpotenziale an den Sinneszellen

Erläutern Sie mithilfe der Abbildungen 1 und 2 die Vorgänge, die zur Ausbildung der Potenziale 2 und 3 führen.

9

1.2 Die Abbildung 3 zeigt zwei Aktionspotenzialfrequenzen I und II an den nachgeschalteten Neuronen aus Abbildung 1.

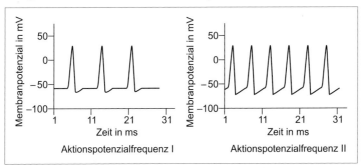

Abb. 3: Frequenzen von Aktionspotenzialen an nachgeschalteten Neuronen
(verändert nach: C. D. Moyes, P. M. Schulte (2008): *Tierphysiologie*, Pearson Verlag, S. 299)

Ordnen Sie die dargestellten Aktionspotenzialfrequenzen I und II an den nachgeschalteten Neuronen den Zuständen A bzw. B der Hörsinneszellen aus Abbildung 1 zu und begründen Sie Ihre Zuordnung.

5

1.3 Die Hörsinneszellen sind durch ihre Lage im Innenohr in zwei verschiedene Bereiche eingebettet: Während die Härchen der Sinneszellen in die Endolymphflüssigkeit des Schneckengangs ragen, sind ihre Zellkörper u. a. von Perilymphflüssigkeit umgeben (Abb. 4). In der Tabelle sind die relativen Kalium-Ionenkonzentrationen in verschiedenen Bereichen des Innenohrs angegeben.

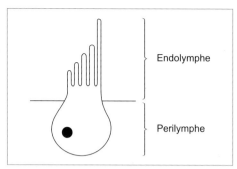

Abb. 4: Lage von Hörsinneszellen im Innenohr

Bereich	relative Kalium-Ionenkonzentration
Endolymphe	140
Zellplasma der Sinneszellen	140
Perilymphe	5

Tab.: Kalium-Ionenkonzentrationen in verschiedenen Bereichen des Innenohrs

Die Repolarisation der Sinneszellmembran erfolgt über passiven Transport von Kalium-Ionen.

Definieren Sie den Begriff „passiver Transport", stellen Sie eine begründete Hypothese auf, in welchem Bereich der Hörsinneszelle sich Kanäle für den passiven Transport zur Repolarisation befinden, und erklären Sie, wie eine Repolarisation der Sinneszellmembran erfolgt.   7

2   Neben vielen anderen Formen erblicher Schwerhörigkeit lässt sich eine häufigere Form auf eine bestimmte Mutation im *GJB2*-Gen, das für das Protein Connexin 26 codiert, zurückführen. Das Protein Connexin 26 ist 227 Aminosäuren lang und bildet einen Ionenkanal, der für die Anreicherung von Kalium-Ionen in der Endolymphe des Schneckengangs benötigt wird.

2.1 Die folgende Abbildung zeigt Ausschnitte aus dem codogenen Strang des voll funktionsfähigen *GJB2*-Gens und zwei mögliche Mutationen.

Triplett-Nr.:	12	13	14	15
voll funktionsfähig:	3' − CCC	CAT	TTG	TTC − 5'
Mutation 1:	3' − CCC	CAA	TTG	TTC − 5'
Mutation 2:	3' − CCC	ATT	TGT	TC − 5'

Abb. 5: Ausschnitt aus dem codogenen Strang des *GJB2*-Gens und mögliche Mutationen

Ermitteln Sie mithilfe der Code-Sonne (Abb. 6) die Aminosäuresequenz des intakten Connexin 26 für die Positionen 12–15. Benennen Sie anschließend die vorliegenden Mutationstypen 1 und 2 und beurteilen Sie, welche der beiden Mutationen für die Connexin-26-bedingte erbliche Schwerhörigkeit verantwortlich ist.

7

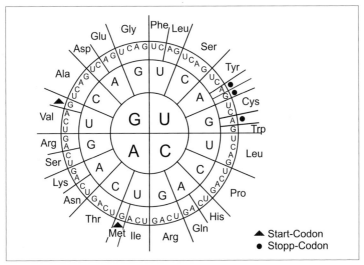

Abb. 6: Code-Sonne

2.2 Im Folgenden ist der Stammbaum einer Familie dargestellt, in der die Connexin-26-bedingte erbliche Schwerhörigkeit auftritt (Abb. 7).

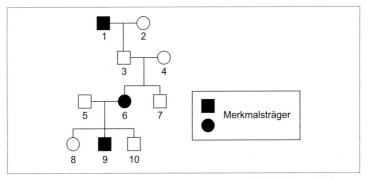

Abb. 7: Stammbaum einer Familie mit gehäuftem Auftreten Connexin-26-bedingter erblicher Schwerhörigkeit

Leiten Sie aus dem Stammbaum die Art der Vererbung der Connexin-26-bedingten erblichen Schwerhörigkeit ab, indem Sie nicht zutreffende Erbgänge begründet ausschließen. Geben Sie die Genotypen der Personen an, die Sie für Ihre Entscheidung benötigen.   7

2.3 Zur Ermittlung des Überträgerrisikos wird ein Gentest auf die häufige Mutation im *GJB2*-Gen angeboten. In Fachkreisen wird diskutiert, ob der Gentest bei einer Pränataldiagnostik durchgeführt werden sollte. Ein Mediziner äußert im Rahmen der Debatte: „Familien sollten unbedingt den Gentest in der Pränataldiagnostik nutzen, um Aufschluss darüber zu erhalten, ob ein Kind von erblicher Schwerhörigkeit betroffen sein wird." Um zu einer Urteilsfindung zu kommen, ist es nötig, fachliche Argumente mit Werten in Beziehung zu setzen. Folgende Werte werden häufig genannt: Umweltschutz, Glück, Freundschaft, Gesundheit, Freiheit, Leidverringerung, Wohlstand, Würde des Menschen, Bildung, Sicherheit, Gehorsam, Fortschritt.
Nennen Sie ein Pro- und ein Contra-Argument zur Durchführung dieses Gentests im Rahmen der Pränataldiagnostik und wählen Sie aus der Liste für jedes Argument einen Wert aus, der mit dem Argument verbunden ist. Nehmen Sie unter Einbeziehung dieser Argumente und Werte Stellung zur oben genannten Forderung des Mediziners.   5
                                                                                           40

Erwartungshorizont

1.1 Potenzial 1 zeigt das **Ruhepotenzial** von -60 mV, das an der Membran einer Sinneszelle im Innenohr anliegt. Potenzial 2 ist positiver, Potenzial 3 negativer als das Ruhepotenzial.

Zustand B kann dem **Potenzial 2** zugeordnet werden. Die Ablenkung der Härchen führt zu einem vermehrten Öffnen der mechanisch gesteuerten Kaliumionenkanäle. Entlang des elektrochemischen Gradienten strömen die positiv geladenen Kaliumionen in die Zelle ein. Dadurch öffnen sich die spannungsabhängigen Calciumionenkanäle und Calciumionen strömen ebenfalls in die Zelle ein. Durch den Einstrom der positiv geladenen Kalium- und Calciumionen wird das Membranpotenzial positiver, es handelt sich um eine **Depolarisation**.

Zustand C kann dem **Potenzial 3** zugeordnet werden. Die Ablenkung der Härchen in die Gegenrichtung führt zu einem Schließen der mechanisch gesteuerten Kaliumionenkanäle. Aufgrund des Ausbleibens eines geringen Kaliumioneneinstroms schließen sich die beim Ruhepotenzial teilweise geöffneten spannungsabhängigen Calciumionenkanäle. Der fehlende Kalium- und Calciumioneneinstrom führt zu einem negativeren Membranpotenzial. Es handelt sich um eine **Hyperpolarisation**.

1.2 Aus Abbildung 3 kann entnommen werden, dass die Aktionspotenzialfrequenz II deutlich höher ist als die Aktionspotenzialfrequenz I. Demnach muss Aktionspotenzialfrequenz II Zustand B und Aktionspotenzialfrequenz I Zustand A zugeordnet werden.

Je mehr Kalium- bzw. Calciumionen in das Zellinnere strömen, desto positiver wird das **Membranpotenzial** und desto mehr **Vesikel** mit dem **Transmitter Glutamat** wandern zur **präsynaptischen Membran** und **verschmelzen** mit dieser. Dadurch werden vermehrt Glutamat-Transmitter in den **synaptischen Spalt freigesetzt**, die an **Transmitter-gesteuerte Ionenkanäle** auf der **postsynaptischen** Membran binden. Dies führt zu einer **stärkeren Erregung** des **postsynaptischen Neurons** und damit zu einer höheren **Frequenz von Aktionspotenzialen**.

1.3 Der **passive Transport (= erleichterte Diffusion)** ist eine Diffusion beispielsweise von Ionen über Tunnelproteine durch die Membran. Er erfolgt in Richtung des Konzentrationsgefälles und benötigt keine zusätzliche Stoffwechselenergie.

Die Kaliumionenkanäle müssen in der Membran des Zellkörpers liegen, der von Perilymphe umgeben ist. Hier besteht ein Konzentrationsgradient für Kaliumionen, d. h. Kaliumionen können hier gemäß des Gradienten passiv aus dem Zellplasma der Sinneszellen in die Perilymphe strömen und so zu einer Repolarisation des Membranpotenzials führen.

2.1 *Um die Aufgabenstellung bezüglich der Mutationstypen exakt zu bearbeiten, gibt man zunächst die Art der Mutation (Substitution, Deletion, Insertion) und im Anschluss deren Folgen (stumme Mutation, missense-Mutation, nonsense-Mutation, Leserastermutation) an.*

codogener Strang	3'	CCC	CAT	TTG	TTC	5'
mRNA	5'	GGG	GUA	AAC	AAG	3'
Aminosäuresequenz		Gly	Val	Asn	Lys	

Bei Mutation 1 handelt es sich um eine **Basensubstitution** an der dritten Stelle des 13. Tripletts. Statt eines Thymin- ist ein Adenin-Nukleotid eingebaut. Da beide Tripletts für die Aminosäure Valin codieren, handelt es sich um eine **stumme Mutation**. Das Genprodukt ist nicht verändert.

Bei Mutation 2 handelt es sich um eine **Deletion** der ersten Base des 13. Tripletts. Dadurch kommt es zu einer **Leserastermutation**, die zu einem deutlich veränderten Genprodukt führt. Das 13. Triplett codiert nun für ein Stopp-Codon, was zu einem stark verkürzten Genprodukt führt.

Als mögliche Ursache für die erblich bedingte Schwerhörigkeit kommt nur **Mutation 2** im *GJB2*-Gen infrage.

Der Begriff Punktmutation wird in der Literatur häufig synonym zu dem Begriff Basensubstitution verwendet. Bei einer Punktmutation kann es sich aber zusätzlich auch um eine Deletion oder Insertion handeln.

2.2 *Obwohl eine eindeutige Begründung oder ein Ausschluss nur über die Angabe konkreter Genotypen erfolgt, können erste Hinweise hilfreich sein. Die Merkmalsträger haben nicht alle einen betroffenen Elternteil, daher ist ein rezessiver Erbgang wahrscheinlich. Da im Stammbaum nur drei Merkmalsträger sind, ist das Geschlechterverhältnis nicht aussagekräftig. Beide Geschlechter können betroffen sein.*

Bei autosomal-dominanten Erbgängen wird das merkmalsausprägende Allel mit „A" und das normale Allel mit „a" symbolisiert. Bei autosomal-rezessiven Erbgängen verwendet man für das merkmalsausprägende Allel „a" und für das normale Allel „A". Bei X-chromosomalen Erbgängen verwendet man die Symbole „X^A" und „X^a". Andere Buchstaben sind bei einer eindeutigen Definition natürlich auch möglich.

Ein **autosomal-dominanter** Erbgang kann ausgeschlossen werden, da die Personen 3 oder 4 Merkmalsträger sein müssten, weil sie ein betroffenes Kind haben.

X-chromosomale Erbgänge (sowohl dominant als auch rezessiv) können ausgeschlossen werden. Wenn Person 6 betroffen ist, müsste ihr Vater (Person 3) in diesem Fall Merkmalsträger sein.

Auf dem Y-Chromosom befinden sich nur sehr wenige Erbinformationen, sodass Y-chromosomale Erbleiden sehr selten sind.

Ein **Y-chromosomaler** Erbgang kann ausgeschlossen werden, da die betroffene Person 6 weiblich ist.

Es muss sich um einen **autosomal-rezessiven** Erbgang handeln.
Die Personen 3, 4 und 5 sind Konduktoren, d. h. sie sind phänotypisch nicht betroffen, tragen aber ein rezessives Allel. Die Genotypen von Person 3, 4 und 5 sind jeweils Aa. Der Genotyp von Person 6 ist aa.

2.3 *Laut Aufgabenstellung ist nur ein Pro- und ein Contra-Argument gefordert. Zudem soll jeweils ein passender Wert aus der Liste genannt werden. Im Folgenden ist eine Auswahl gegeben, da hier sehr viele Varianten und Beispiele möglich sind. Auch die persönliche Stellungnahme kann individuell sehr unterschiedlich ausfallen. Wichtig ist eine Begründung und der Bezug auf die von Ihnen gewählten Argumente und Werte.*

Pro-Argument zur Durchführung eines Gentests im Rahmen der Pränataldiagnostik:
– Ein Gentest ermöglicht anhand der DNA von fetalen Zellen die Diagnose, ob ein Kind von der erblichen Schwerhörigkeit betroffen sein wird. Wenn der Test negativ ausfällt, ergibt sich eine sorgenfreie Schwangerschaft bezüglich des Erbleidens. Fällt der Test positiv aus, so können sich die werdenden Eltern auf die Situation für ihr zukünftiges Kind einstellen. Als damit verbundene Werte können die Werte Gesundheit oder Leidverringerung angeführt werden.

Contra-Argumente zur Durchführung eines Gentests im Rahmen der Pränataldiagnostik:
– Zur Durchführung von Gentest an fetaler DNA müssen fetale Zellen gewonnen werden. Dies ist im Moment fast ausschließlich durch invasive Eingriffe möglich, die ein Risiko für den Fetus darstellen. Ein Gentest erhöht damit das Risiko einer Fehlgeburt. Als damit verbundene Werte können die Werte Gesundheit oder Würde des Menschen angeführt werden.
– Erfahren die werdenden Eltern durch das Ergebnis eines Gentests, dass ihr Kind später an erblicher Schwerhörigkeit erkranken wird, könnten sie in Gewissenskonflikte geraten und evtl. einen Schwangerschaftsabbruch in Erwägung ziehen. Als damit verbundenen Wert kann der Wert Würde des Menschen angeführt werden.
– Bereits die Entscheidung für oder gegen einen Gentest im Rahmen der Pränataldiagnostik kann werdende Eltern in eine Konfliktsituation bringen und sie belasten. Als möglicher Wert kann Sicherheit angeführt werden.

Mögliche persönliche Stellungnahmen:
– Ich persönlich kann die Forderung des Mediziners so **nicht unterstützen**. Im Hinblick auf den Wert Gesundheit muss abgewogen werden, da dieser sowohl beim Pro-Argument als auch beim Contra-Argument genannt wird. Durch das Ergebnis des Gentests kann eine mögliche erblich bedingte Schwerhörigkeit nicht geheilt werden. Gleichzeitig bestehen aber gesundheitliche Risiken durch den Eingriff. Daher würde ich in diesem Fall nicht zu einem Gentest raten.
– Ich persönlich **unterstütze** die Forderung des Mediziners. Die Risiken eines Gentests scheinen mir vertretbar. Bei einem negativen Ergebnis des Gentests müssen sich die werdenden Eltern keine Sorgen mehr über eine mögliche erbliche Schwerhörigkeit bei dem Kind machen. Bei einem positiven Ergebnis können sich die Eltern frühzeitig darauf einstellen und sich Gedanken machen, wie sie die Bedingungen für ihr Kind verbessern können. Der Wert Leidverringerung spielt für mich hier eine große Rolle, daher würde ich zu einem Gentest raten.

BE

Zu den Radnetzspinnen werden weit über 3 000 Arten aus 15 Familien gezählt.
Ihr gemeinsames Merkmal ist die Ausbildung auffälliger Spinnennetze.

1   Die Männchen der Wespenspinne *(Argiope bruennichi)* können sich – im
Gegensatz zu den polyandrisch lebenden Weibchen – höchstens zweimal
in ihrem Leben paaren. Bei diesen Paarungen laufen sie Gefahr, dass sie
vom viel größeren Weibchen gefressen werden.
Die folgenden Grafiken (Abb. 1 und 2) zeigen für die erste Paarung deren
jeweilige maximale Dauer sowie die Tötungsrate der Männchen bei der
Fortpflanzung mit nicht verwandten und verwandten Weibchen. Bei den
Untersuchungen ging man davon aus, dass die männlichen Spinnen die
Dauer der Paarung aktiv beeinflussen können.

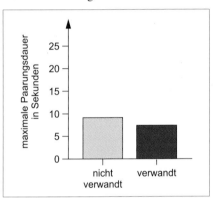

Abb. 1: Abhängigkeit der Paarungsdauer vom Verwandtschaftsgrad
(verändert nach: K. Welke, J. Schnei-
der: *Males of the orb-web spider
Argiope bruennichi sacrifice
themselves to unrelated females.*
In: Biology Letters, 6 (2010),
S. 585–588)

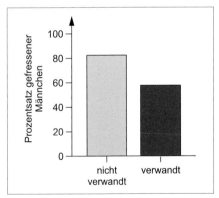

Abb. 2: Prozentsatz gefressener
Männchen in Abhängigkeit vom
Verwandtschaftsgrad
(verändert nach: K. Welke, J. Schnei-
der: *Males of the orb-web spider
Argiope bruennichi sacrifice
themselves to unrelated females.*
In: Biology Letters, 6 (2010),
S. 585–588)

1.1 Beschreiben Sie die Aussagen beider Grafiken zum Paarungsverhalten der männlichen Spinnen. 4

1.2 Erklären Sie, welche ultimaten Vorteile das in Abbildung 2 thematisierte Verhalten für das Männchen bzw. Weibchen hat. 5

2 Die Spinnennetze zweier unterschiedlicher *Argiope*-Arten wurden untersucht. In den Abbildungen 3 bis 5 sind die Messergebnisse dargestellt.

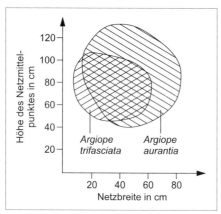

Abb. 3: Höhe des Netzmittelpunktes und Netzbreite
(verändert nach: G. Uetz et al.: *Web placement, web structure, and prey capture in orb-weaving spiders.* In: Bull. Br. arachnol. Soc, 4 (1978), S. 141–148)

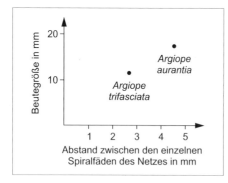

Abb. 4: Zusammenhang von Beutegröße und Maschenweite
(verändert nach: G. Uetz et al.: *Web placement, web structure, and prey capture in orb-weaving spiders.* In: Bull. Br. arachnol. Soc, 4 (1978), S. 141–148)

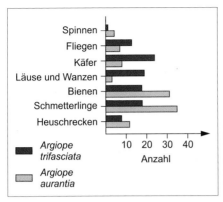

Abb. 5: Individuenzahl der jeweils im Netz gefundenen Beutetiere (verändert nach: G. Uetz et al.: *Web placement, web structure, and prey capture in orb-weaving spiders*. In: Bull. Br. arachnol. Soc, 4 (1978), S. 141–148)

2.1 Beschreiben Sie die in den Grafiken dargestellten Ergebnisse und stellen Sie eine Hypothese auf, warum es im Laufe der Entwicklung der beiden *Argiope*-Arten zu den unterschiedlichen Netzmerkmalen gekommen ist. 8

2.2 Um Beute zu fangen, begibt sich eine Spinne aus ihrem Versteck in das Netz und verweilt dort meist längere Zeit etwas oberhalb der Netzmitte. Wird das Netz durch ein Beutetier in bestimmte Vibrationen versetzt, so läuft die Spinne rasch in deren Richtung. Erkennt sie dort ein Beutetier, so wird dieses in einer routinierten Bewegung eingesponnen und nach Überprüfung des Geschmacks gebissen. Dann wird die Beute an eine andere Position im Netz verfrachtet oder einfach abgelegt.
Ordnen Sie das Beutefangverhalten der Spinne ethologisch ein und interpretieren Sie unter Textbezug die einzelnen Abschnitte des Verhaltens. 6

3 Im Jahr 1948 verabreichte ein Basler Wissenschaftler einigen Radnetzspinnen verschiedene psychoaktive Substanzen, darunter auch Koffein. Ziel dieser und weiterführender Experimente war es, den Einfluss der Substanzen auf den Netzbau zu untersuchen und Rückschlüsse auf ihre Wirkung beim Menschen zu ziehen.
In Synapsen können Koffein-Moleküle an die gleichen Rezeptoren wie Adenosin, ein Abbauprodukt von ATP, binden und diese blockieren.
Die natürliche Wirkung des Adenosins ist in Abbildung 6 dargestellt.

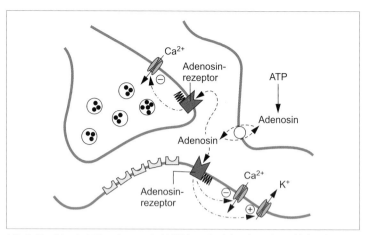

Abb. 6: Verstärkende (+) bzw. hemmende (–) Wirkung des Adenosins auf verschiedene Ionen-flüsse in einer Synapse
(verändert nach: www.pharmazeutische-zeitung.de/index.php?id=2523, zuletzt aufgerufen am 18. 06. 2017)

3.1 Erläutern Sie auf molekularer Ebene die in Abbildung 6 gezeigten Aus-wirkungen von Adenosin auf die Erregungsweiterleitung. 8

3.2 Wurde den Spinnen im Experiment Koffein verabreicht, so ließ sich z. B. das in Abbildung 7 dargestellte Ergebnis beobachten.

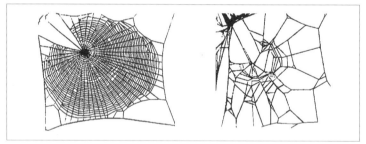

Abb. 7: Netzbau ohne (links) und mit Koffeineinfluss (rechts)
(Quelle: NASA)

Erklären Sie das Ergebnis des Experiments unter Bezug auf die Wir-kungsweise von Koffein an der Synapse. 4

3.3 Heutzutage werden Tierversuche statt an Spinnen eher an Ratten oder Labormäusen durchgeführt, von denen inzwischen ca. 40 % transgene Lebewesen sind. Es wird kontrovers diskutiert, ob Tierversuche ethisch zu rechtfertigen sind. Um zu einer Urteilsfindung zu kommen, ist es nö-tig, fachliche Argumente mit Werten in Beziehung zu setzen. Folgende Werte werden häufig genannt: Umweltschutz, Gesundheit, Freiheit,

Leidverringerung, Wohlstand, Würde des Menschen, Bildung und Fortschritt.

Beurteilen Sie anhand einer Pro- und Contra-Argumentation als Teilschritt einer ethischen Analyse, die zwei selbstgewählte Werte berücksichtigt, ob Tierversuche weiterhin durchgeführt werden sollten.   5

40

Erwartungshorizont

1.1 In **Abbildung 1** ist die maximale Paarungsdauer in Sekunden in Abhängigkeit zum Verwandtschaftsgrad dargestellt. Bei nicht verwandten Spinnen ist die maximale Paarungsdauer mit ca. neun Sekunden etwas länger als die von verwandten Tieren (ca. sieben Sekunden).

Aus **Abbildung 2**, die den Prozentsatz der gefressenen Männchen in Abhängigkeit vom Verwandtschaftsgrad zeigt, geht hervor, dass nicht verwandte Männchen deutlich wahrscheinlicher gefressen werden (ca. 80 %) als verwandte (ca. 55 %).

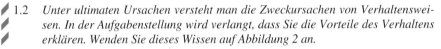

1.2 *Unter ultimaten Ursachen versteht man die Zweckursachen von Verhaltensweisen. In der Aufgabenstellung wird verlangt, dass Sie die Vorteile des Verhaltens erklären. Wenden Sie dieses Wissen auf Abbildung 2 an.*

Der Verhaltensweise, dass das Weibchen das Männchen bei der Paarung frisst, liegen folgende ultimate Ursachen zugrunde: Das Männchen dient dem Weibchen als Nahrung, wodurch das Weibchen mehr Eier legen kann, also mehr Nachkommen gezeugt werden. Dadurch erhöht sich die direkte Fitness für die männliche und die weibliche Wespenspinne.

Dass verwandte Männchen seltener gefressen werden, kann mit der Chance auf eine zweite Fortpflanzung des Männchens begründet werden. Das Männchen hat damit die Chance, seine direkte Fitness zu erhöhen, indem es für eine zweite Fortpflanzung ein passenderes, nicht verwandtes Weibchen findet. Das Weibchen erhält die Chance aufrecht, seine indirekte Fitness zu erhöhen, da das verwandte Männchen überlebt und sich nochmals fortpflanzen kann.

2.1 *Die Aufgabenstellung verlangt, dass Sie die Ergebnisse der drei Grafiken beschreiben. Beginnen Sie immer mit den Achsbeschriftungen. Fahren Sie dann fort, indem Sie die Kernaussagen des Diagramms zusammenfassen. Erst im Anschluss stellen Sie eine Hypothese auf bzw. ziehen Sie Schlussfolgerungen.*

In **Abbildung 3** ist die Höhe des Netzmittelpunktes in Zentimetern gegen die Netzbreite in Zentimetern aufgetragen. Aus dem Diagramm geht hervor, dass sich die Netze der beiden *Argiope*-Arten in Breite und Höhe des Netzmittelpunkts ähneln. Dennoch sind die Netze der Spinnenart *Argiope aurantia* im Durchschnitt etwas höher angebracht und breiter.

In **Abbildung 4** ist der Zusammenhang zwischen der Beutegröße in Millimetern und dem Abstand zwischen den einzelnen Spiralfäden des Netzes in Millimetern dargestellt. Die durchschnittliche Beutegröße der Spinnenart *Argiope trifasciata* ist mit ca. zwölf Millimetern kleiner als die der Art *A. aurantia* (ca. 18 mm). Der Abstand zwischen den Spiralfäden ist bei *A. trifasciata* dementsprechend auch geringer, damit die kleinere Beute im Netz hängen bleibt.

Abbildung 5 zeigt die Individuenzahl der jeweils im Netz gefundenen Beutetiere. Es wird deutlich, dass die beiden Arten zwar ein ähnliches Beutespektrum besitzen, aber der Fangerfolg in Abhängigkeit der Größe der jeweiligen Beutetiere unterschiedlich hoch ist. Heuschrecken, Schmetterlinge und Bienen wurden mehr in den Netzen der Art *A. aurantia* gefunden. Kleine Beutetiere, wie Käfer, Läuse und Wanzen, wurden hingegen mehr in den Netzen der Art *A. trifasciata* aufgefunden.

Hypothese: Durch die Konkurrenz zwischen den beiden Arten aufgrund des ähnlichen Beutespektrums könnte es im Laufe der Zeit zu einer Einnischung zur Konkurrenzvermeidung gekommen sein. Durch kleine Variationen in der Fangstrategie (durch die Netzmerkmale zu erkennen) spezialisierten sich die beiden Arten vermutlich jeweils auf einen bestimmten Bereich des Beutespektrums.

2.2 Falls das Beutefangverhalten der Spinne erbkoordiniert ist, stellt es eine **Instinkthandlung** dar und kann in folgende Phasen gegliedert werden:
– Zunächst ist bei der Spinne die **Handlungsbereitschaft** nötig.

Aus dem Text geht nicht hervor, wodurch die Handlungsbereitschaft hervorgerufen wird.

– Das **ungerichtete Appetenzverhalten** äußert sich durch das Verlassen des Verstecks und dem Verweilen im Netz.
– Die bestimmten Vibrationen des Beutetiers im Netz stellen einen **spezifischen Reiz** dar.
– Dieser Reiz löst die **gerichtete Appetenz = Taxis** aus. Die Spinne läuft in die Richtung der Vibrationen.
– Das Beutetier stellt den **Schlüsselreiz** dar.
– Hierdurch wird die **Endhandlung (Erbkoordination)** ausgelöst. Das Beutetier wird eingesponnen.

Die Endhandlung läuft immer komplett und starr ab. Das Verfrachten oder das Ablegen der Beute ist daher kein Bestandteil der Instinkthandlung, da nach dem Überprüfen des Geschmacks die Handlung abgebrochen werden kann.

3.1 Sowohl an der Membran des Endknöpfchens als auch an der Membran der postsynaptischen Zelle befinden sich Rezeptoren für Adenosinmoleküle.
 – Bindet Adenosin an dem **Rezeptor am Endknöpfchen**, so hemmt es den Calciumioneneinstrom. Gelangt ein Aktionspotenzial ans Endknöpfchen, so werden durch den gehemmten Calciumioneneinstrom weniger Transmitter in den synaptischen Spalt ausgeschüttet, wodurch die Erregungsleitung an der Synapse gehemmt wird.
 – Bindet Adenosin an dem **Rezeptor der postsynaptischen Membran**, fördert es den Ausstrom von Kaliumionen und hemmt den Einstrom von Calciumionen. Die Folge ist ein Absinken des Membranpotenzials unter den Wert des Ruhepotenzials. Eine mögliche Depolarisation der postsynaptischen Membran wird dadurch gehemmt. Die Folge besteht in einer Hemmung der Erregungsleitung an der Synapse.
 Die Auswirkung von Adenosin auf die Erregungsweiterleitung ist also hemmend.

3.2 **Koffein** kann an die Adenosinrezeptoren binden und diese blockieren. Hierdurch wird die Regulation der Weiterleitung von Signalen an durch Adenosin gehemmten Synapsen gestört. Koffein bewirkt durch seine Blockade eine erhöhte Erregungsweiterleitung. Durch die gestörte Erregungsübertragung wird, wie aus Abbildung 7 zu entnehmen ist, der systematische Netzbau stark beeinträchtigt.

3.3 *Wichtig ist es, aus der Liste der genannten Werte sorgfältig je einen für das angeführte Beispiel passenden Wert auszuwählen. Laut Aufgabenstellung müssen die verwendeten Werte zur Argumentation passen. Natürlich sind viele Argumente möglich, im Folgenden finden Sie zwei Beispiele. Zur vollständigen Beantwortung dieser Aufgabe ist es zudem nötig, aufgrund der verwendeten Argumente und Werte eine begründete persönliche Stellungnahme zur Durchführung von Tierversuchen zu formulieren. Hierbei sind viele individuelle Ansichten möglich. Zwei Möglichkeiten sind im Folgenden notiert.*

Pro-Argument zur Durchführung von Tierversuchen:
In der medizinischen Forschung müssen Tierversuche durchgeführt werden, um die Wirkungsweise von Medikamenten studieren zu können. Dieser medizinische Erkenntnisgewinn kann dazu führen, dass neue Medikamente entwickelt werden können. Als damit verbundene Werte können die Werte Fortschritt oder Gesundheit beim Menschen angeführt werden.

Contra-Argument zur Durchführung von Tierversuchen:
Durch Tierversuche wird das Leben der Menschen über das der Tiere gestellt. Jedes Lebewesen hat ein Recht auf Leben. Als damit verbundener Wert kann der Wert Leidverringerung angeführt werden.

Mögliche persönliche Stellungnahmen:
- Kein Mensch hat das Recht, Tiere für Versuchszwecke leiden zu lassen. Für mich steht das Argument des Tierschutzes über allen anderen. Medikamente können auch anders entwickelt und getestet werden. Es sollte zudem mehr Geld in die Hand genommen werden, um alternative Forschungsmethoden zu entwickeln.
- Tierversuche sind in einigen Situationen nötig. Wirkungsweisen von Medikamenten müssen vorab an Tieren getestet werden. Die Tiere sollten aber so wenig wie möglich leiden.

BE

Der Nacktmull *(Heterocephalus glaber)* gehört zur Ordnung der Nagetiere und lebt in Kolonien in engen unterirdischen Gangsystemen. Die Tiere kommen selten ans Tageslicht.

1   Einer Nacktmull-Kolonie gehören bis zu 300 Tiere an, die mit Ausnahme der Königin im Laufe ihres Lebens zunächst bei der Jungenaufzucht, dann bei der Futtersuche und Wartung der Gänge und schließlich bei der Verteidigung des Baues mitwirken. Bis auf die Königin sowie maximal zwei bis drei männliche Tiere sind alle weiteren Individuen einer Kolonie steril. Gewöhnlich paart sich die Königin nur mit den wenigen fortpflanzungsfähigen Männchen der eigenen Kolonie. Dies führt zu weitgehender Inzucht, sodass ein Großteil der Tiere einer Kolonie dieselben Eltern hat. Untersuchungen haben ergeben, dass der sich daraus ergebende Verwandtschaftsgrad der Tiere einer Nacktmull-Kolonie bei durchschnittlich 0,8 liegt.

1.1   Erläutern Sie, warum die Nacktmulle den eusozial lebenden Tieren zugeordnet werden können.   5

1.2   Erklären Sie, warum es aus soziobiologischer Sicht kein Nachteil ist, dass ein Großteil der Individuen in einer Kolonie auf eigene Nachkommen verzichtet.   4

1.3   Bis 1986 dachte man, dass die einzelnen Nacktmull-Kolonien strikt voneinander getrennt existieren. Untersuchungen zeigten aber, dass einzelne geschlechtsreife Männchen gelegentlich ihre Kolonien verlassen, in andere eindringen und sich dort mit der Königin fortpflanzen.
Diskutieren Sie je einen Vor- und Nachteil dieses Verhaltens für die Kolonie, in die die Männchen zeitweise einwandern.   4

2   Sowohl beim Nacktmull als auch bei der Maus treten Nozizeptoren auf. Dies sind besondere Bestandteile des Nervensystems, die bei thermischen, chemischen oder mechanischen Reizen Aktionspotenziale ausbilden, was letztendlich zu einem Schmerzempfinden führt.

2.1   Erklären Sie den Ablauf eines Aktionspotenzials auf Grundlage der Ionentheorie unter Verwendung eines beschrifteten Diagramms.   8

2.2   Nozizeptoren besitzen in ihrer Membran bestimmte Proteine, die TrkA-Rezeptoren. Beim Nacktmull ist die Aminosäuresequenz im TrkA-Rezeptor im Vergleich zum TrkA-Rezeptor bei Mäusen leicht verändert.

Abbildung 1 zeigt schematisch je einen Nozizeptor eines Nacktmulls und einer Maus.

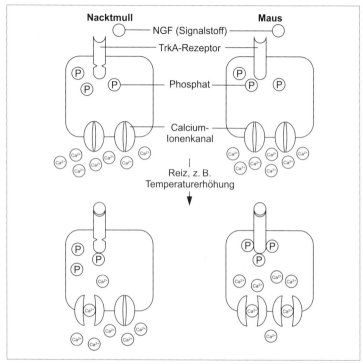

Abb. 1: Modell der Funktionsweise der Nozizeptoren eines Nacktmulls und einer Maus (verändert nach: D. Omerbašić et al.: *Hypofunctional TrkA Accounts for the Absence of Pain Sensitization in the African Naked Mole-Rat.* In: Cell Reports, 17 (2016), S. 748–758)

Beschreiben Sie die Funktionsweise der beiden Nozizeptoren und leiten Sie aus Abbildung 1 ab, welcher Organismus stärker auf eine Temperaturerhöhung reagiert. 8

2.3 Im Rahmen der Verbesserung der Schmerztherapie beim Menschen werden Untersuchungen an Nacktmullen und an Mäusen durchgeführt.

2.3.1 In Abbildung 2 sind die Ergebnisse einer derartigen Untersuchung dargestellt. Sowohl Nacktmullen als auch Mäusen wurde eine vergleichbare Dosis eines schmerzauslösenden Stoffes verabreicht und die Anzahl der Schmerzreaktionen der Tiere in Abhängigkeit von der Zeit erfasst.

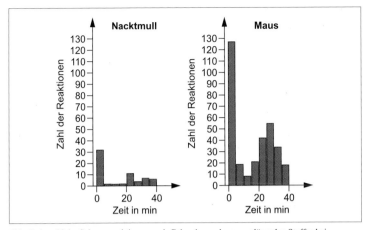

Abb. 2: Anzahl der Schmerzreaktionen nach Gabe eines schmerzauslösenden Stoffes bei Nacktmullen (links) und Mäusen (rechts) (verändert nach: T. J. Park et al.: *Selective Inflammatory Pain Insensitivity in the African Naked Mole-Rat (Heterocephalus glaber).* In: PLoS Biology, 6 (1) (2008), S. 156–170)

Beschreiben Sie die Aussagen der Diagramme in Abbildung 2 und deuten Sie den erkennbaren Unterschied als Angepasstheit des Nacktmulls an seine Lebensweise.　　　6

2.3.2 Es wird kontrovers diskutiert, ob Tierversuche ethisch zu rechtfertigen sind. Um zu einer Urteilsfindung zu kommen, ist es nötig, fachliche Argumente mit Werten in Beziehung zu setzen.
Folgende Werte werden häufig genannt: Umweltschutz, Gesundheit, Freiheit, Leidverringerung, Wohlstand, Würde des Menschen, Bildung und Fortschritt.
Beurteilen Sie anhand einer Pro- und Contra-Argumentation als Teilschritt einer ethischen Analyse, die zwei selbstgewählte Werte berücksichtigt, ob Tierversuche weiterhin durchgeführt werden sollten.　　　<u>5</u>
　　　　　　　　　　　　　　　　　　　　　　　　　40

Erwartungshorizont

1.1 *Eusozialität ist eine Bezeichnung für eine besondere Form des Sozialverhaltens sozialer Tierarten, v. a. bei Insekten wie Bienen, Ameisen und Termiten.*

Nacktmulle zeigen in ihrem Sozialverhalten einige wichtige Kennzeichen **eusozial** lebender Tiere:

- **Arbeitsteilung** bei der Jungenaufzucht, der Futtersuche, der Wartung der unterirdischen Gänge und der Verteidigung des Baues
- **geschlossener Verband** aus bis zu 300 unfruchtbaren Tieren mit nur einer fruchtbaren Königin und zwei bis drei fruchtbaren männlichen Tieren
- **altruistisches Verhalten**, da die meisten Nacktmulle zugunsten einiger weniger fruchtbarer Tiere, mit denen sie in der Regel nah verwandt sind, auf eigenen Nachwuchs verzichten
- mit 0,8 ist der durchschnittliche **Verwandtschaftsgrad** der Tiere in einer Nacktmull-Kolonie untereinander sehr hoch

1.2 Bei den meisten Säugetieren ist unter Geschwistern ein **Verwandtschaftsgrad** von 0,5 anstelle des für die Mitglieder der Nacktmull-Kolonie angegebenen Verwandtschaftsgrads von **0,8** zu erwarten. Bei den Nacktmullen gibt es also einen deutlich erhöhten Verwandtschaftsgrad und damit eine nähere Verwandtschaft zwischen den Tieren untereinander. Da sie keine eigenen Nachkommen haben, verzichten die Tiere auf einen **direkten Fitnessgewinn**. Aus soziobiologischer Sicht liegt jedoch **kein Nachteil** darin, da jedes einzelne Individuum durch die Mithilfe bei der Brutpflege seiner Geschwister eine höhere **indirekte Fitness** und damit eine **höhere Gesamtfitness** als mit potenziellen eigenen Nachkommen erzielen kann. Die eigenen Gene in die nächste Generation zu überführen, kann auch indirekt über Verwandtschaft funktionieren.

1.3 Der **Nachteil** liegt darin, dass dadurch der Verwandtschaftsgrad zwischen den Mitgliedern der Kolonie, in die das geschlechtsreife Männchen eingedrungen ist, kleiner wird. Dadurch sinkt auch die **indirekte Fitness** für jedes einzelne Individuum in dieser Kolonie.
Von **Vorteil** ist jedoch, dass das Männchen seine Gene in den Genpool der Kolonie einbringt. Durch Neukombination des Erbguts erhöht sich die **genetische Variabilität** bei den Nachkommen in dieser Kolonie. Bei Veränderungen der Umwelt könnten diese Gene von Vorteil sein.

2.1 *An einer nicht erregten Nervenzelle liegt das sogenannte Ruhepotenzial vor. Dieses kommt aufgrund der Ionenverteilung im Zellinneren der Nervenzelle und in der wässrigen Lösung des extrazellulären Raumes zustande.*

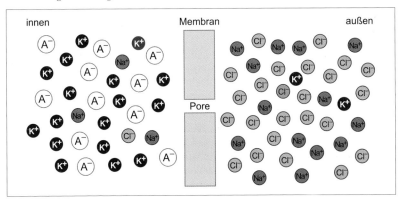

Bei Erregung der Nervenzelle kommt es zu einer charakteristischen, aber schnell vorübergehenden Abweichung von dieser Ionenverteilung.

Durch einen überschwelligen Reiz wird an einer nicht erregten Nervenzelle ein Aktionspotenzial ausgelöst.

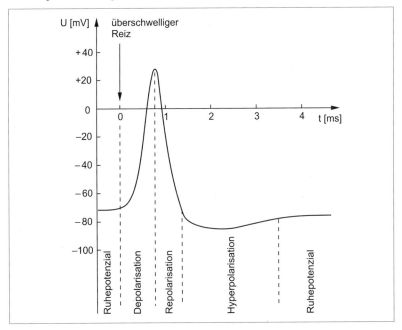

Die Änderung des Membranpotenzials lässt sich durch die Änderungen der Permeabilitäten der Biomembran für Natrium- und Kaliumionen erklären:
- Im Ruhezustand sind die Natrium- und Kaliumionenkanäle geschlossen, die Differenz des Inneren einer Nervenzelle zur Membranaußenseite beträgt ca. -70 mV (Ruhepotenzial).
- Durch einen überschwelligen Reiz öffnen sich während der **Depolarisationsphase** die spannungsabhängigen Natriumionenkanäle, während die Kaliumionenkanäle geschlossen bleiben. Dadurch strömen aufgrund des Ladungs- und Konzentrationsgefälles positiv geladene Natriumionen ein und verstärken dadurch die Depolarisation bis etwa $+30$ mV.
- In der **Repolarisationsphase** beginnen sich die Natriumionenkanäle bereits wieder zu schließen und die spannungsabhängigen Kaliumionenkanäle öffnen sich zeitverzögert. Dadurch gelangen immer weniger Natriumionen in das Innere, während immer mehr positiv geladene Kaliumionen nach außen gelangen. Das Membranpotenzial erreicht somit wieder negative Werte.
- Häufig kommt es zu einer **Hyperpolarisation** durch einen übermäßigen Kaliumionenausstrom. Während dieser Phase sind die Natriumionenkanäle geschlossen und die Kaliumionenkanäle noch leicht geöffnet, das Membranpotenzial sinkt kurzfristig sogar unter -70 mV.
- Mit der Rückkehr zum **Ruhepotenzial** sind die Ausgangskonzentrationen von Natrium- und Kaliumionen wiederhergestellt und die Nervenzelle ist wieder erregbar.

 2.2 *Für eine umfassende und vollständige Antwort empfiehlt es sich, die beiden in der Abbildung dargestellten Sachverhalte zu beschreiben und miteinander zu vergleichen.*

Die Abbildung zeigt ein Modell der Funktionsweise der Nozizeptoren. Die Ausgangssituation ist bei Nacktmull und Maus **identisch**, wobei jedoch die **TrkA-Rezeptoren** der Nozizeptor-Membran bei den beiden Tierarten **leicht unterschiedlich** gebaut sind. Dann wird ein Reiz ausgelöst, im Beispiel durch eine Temperaturerhöhung.

Nozizeptor Nacktmull bei Temperaturerhöhung: Der Signalstoff NGF bindet an den TrkA-Rezeptor, wodurch sich eine Phosphatgruppe an diesen bindet. Dadurch öffnet sich ein Calciumionenkanal und es strömen Calciumionen ein, die eine Depolarisation der Nozizeptor-Membran auslösen.

Nozizeptor Maus bei Temperaturerhöhung: Auch hier bindet der Signalstoff NGF an den etwas anders gebauten TrkA-Rezeptor. Dadurch binden sich deutlich mehr Phosphatgruppen an diesen und es öffnen sich mehr Calciumionenkanäle. Als Folge strömen mehr Calciumionen ein, die eine stärkere Depolarisation der Nozizeptor-Membran auslösen.

Fazit: Die Maus reagiert stärker auf eine Temperaturerhöhung.

2.3.1 *Um die Aufgabe komplett zu beantworten, empfiehlt es sich, zunächst die Diagramme auszuwerten. Benennen Sie zuerst die Größen auf den Achsen. Hierbei wird die Größe der y-Achse gegen die der x-Achse beschrieben. Anschließend vergleichen Sie die Ergebnisse, die Sie dem Diagramm entnehmen können. Dann deuten Sie diese Ergebnisse auch anhand des Informationstextes zur Aufgabe 1.*

Beschreibung: Die Diagramme stellen die Anzahl der Schmerzreaktionen pro Zeit in Minuten dar. Sowohl den Nacktmullen als auch den Mäusen wurden dazu schmerzauslösende Stoffe verabreicht.

Vergleich: Zu jedem Zeitpunkt ist die Anzahl der Schmerzreaktionen bei den Mäusen wesentlich höher als bei den Nacktmullen.

Deutung: Nacktmulle sind deutlich schmerzunempfindlicher als Mäuse. Dies könnte eine Angepasstheit an die Lebensweise vieler Individuen auf engem Raum in unterirdischen Gangsystemen und an die dortigen Bedingungen sein.

2.3.2 *Wichtig ist es, aus der Liste der genannten Werte sorgfältig je einen für das angeführte Beispiel passenden Wert auszuwählen. Laut Aufgabenstellung müssen die verwendeten Werte zur Argumentation passen. Natürlich sind viele Argumente möglich, im Folgenden finden Sie zwei Beispiele. Zur vollständigen Beantwortung dieser Aufgabe ist es zudem nötig, aufgrund der Argumente und verwendeten Werte eine begründete persönliche Stellungnahme zur Durchführung von Tierversuchen zu formulieren. Hierbei sind viele individuelle Ansichten möglich. Zwei Möglichkeiten sind im Folgenden notiert.*

Pro-Argument zur Durchführung von Tierversuchen:
Medikamente haben häufig Nebenwirkungen. Um die Risiken für den Menschen zu minimieren, müssen Medikamente vor deren Zulassung an Tieren getestet werden. Der medizinische Erkenntnisgewinn ermöglicht es, Nebenwirkungen zu erkennen und diese ggf. zu minimieren. Als damit verbundene Werte können die Werte Gesundheit oder Leidverringerung beim Menschen angeführt werden.

Contra-Argument zur Durchführung von Tierversuchen:
Tierversuche verursachen bei den Tieren Leid. Zum einen beeinträchtigen die durchgeführten Experimente häufig die Gesundheit der Tiere, zum anderen verstärkt die nicht artgerechte Haltung das Leid. Als damit verbundene Werte können die Werte Leidverringerung und Freiheit angeführt werden.

Mögliche persönliche Stellungnahmen:
– Tierversuche sind in einigen Situationen kaum zu vermeiden. Die Versuche sollten aber unbedingt gut geplant sein und auf ein Minimum reduziert werden. Die Tiere sollten so wenig wie möglich leiden.
– Tierversuche sollten vermieden werden. Stattdessen sollte auf alternative Verfahren wie in-vitro-Methoden zurückgegriffen werden.

BE

1   Die Arabische Oryxantilope *(Oryx leucoryx)* wurde durch die Operation
     „Oryx" im Jahr 1962 vor dem Aussterben gerettet. Dazu wurden neun
     Individuen in die USA transportiert, dort erfolgreich gezüchtet und im
     arabischen Raum erfolgreich wieder ausgewildert. Der Chromosomen-
     satz dieser Art ist $n = 29$.

1.1 Vergleichen Sie das Ergebnis einer vollständig abgelaufenen Mitose mit
     dem einer vollständig abgelaufenen Meiose bei einer männlichen Oryx-
     antilope bezüglich dreier selbstgewählter Kriterien.   6

1.2 In Abbildung 1 sind die Karyogramme zweier Oryxantilopen abgebildet.

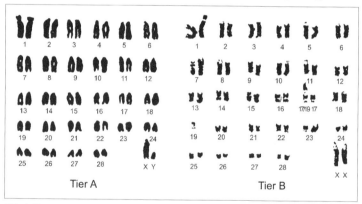

Abb. 1: Karyogramme zweier Oryxantilopen (Tier A und Tier B)
(verändert nach: E. P. Cribiu et al.: *Distribution of the 17;19 Robertsonian translocation in a herd
of Arabian Oryx.* In: Mammalia, 55 n^{0}1 (1991), S. 121–125
E. P. Cribiu et al.: *Robertsonian chromosome polymorphism in the Arabian oryx (Oryx leucoryx).*
In: Cytogenet Cell Genet, 54 (1990), S. 161–163)

     Interpretieren Sie die Unterschiede dieser Karyogramme.   6

1.3 Die Lebewesen, die zu den abgebildeten Karyogrammen gehören, sind
     beide nicht phänotypisch auffällig. Bei einem der Tiere kann es jedoch
     zu Störungen beim Ablauf der Meiose kommen. Erklären Sie anhand der
     Karyogramme, bei welchem der beiden Tiere dies der Fall ist.   4

2   Eines der größten Landsäugetiere ist der Afrikanische Elefant *(Loxo-
     donta africana).* Sein charakteristisches Merkmal sind die Stoßzähne, die
     in der Regel sowohl bei Männchen als auch bei Weibchen vorhanden

sind. Allerdings werden auch Elefanten ohne Stoßzähne geboren. Durch die Elfenbeinjagd sind die verschiedenen Elefantenpopulationen in der zweiten Hälfte der 1970er Jahre in Afrika stark dezimiert worden. Von 1979 bis 1986 wurden jährlich 15 US-Dollar pro Quadratkilometer für den Artenschutz in dem Gebiet des South Luangwa National Park (Sambia) investiert. Durch eine Übergangsphase von 1987 bis 1988 verschlechterte sich die Sicherheitslage für die Elefanten wieder. Ab 1989 wurde der Handel mit Elfenbein verboten. Von 1970 bis 1994 wurden die in Abbildung 2 dargestellten Daten im South Luangwa National Park erhoben.

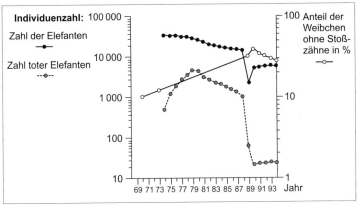

Abb. 2: Ergebnisse der Untersuchungen im South Luangwa National Park von 1970–1994 (verändert nach: H. Jachmann et al.: *Tusklessness in African Elephants: a future trend.* In: African Journal of Ecology, 33 (1995), S. 230–235)

2.1 Stellen Sie die Zusammenhänge zwischen der Elfenbeinjagd, den Schutzmaßnahmen und den Veränderungen in den Elefantenpopulationen in dem untersuchten Zeitraum im South Luangwa National Park dar.   8

2.2 Stellen Sie eine begründete Hypothese auf, wie sich der Anteil weiblicher Elefanten ohne Stoßzähne ab 1994 ohne Einflussnahme des Menschen aus evolutionsbiologischer Sicht entwickelt haben könnte.   7

3 Eine seltene Farbvariante des Afrikanischen Löwen *(Panthera leo)* ist der weiße Löwe, dessen Fell weiß ist und dessen Augen grün, blau oder gelb sind. Wissenschaftler haben herausgefunden, dass die Ursache für die weiße Färbung im Gen für das Enzym Tyrosinase zu finden ist. Zwischen 2007 und 2015 wurden in Reservaten und Nationalparks – ausgehend von Populationen, in denen es keine weißen Löwen mehr gab – 17 Geburten von weißen Löwen dokumentiert. Neumutationen können dabei ausgeschlossen werden.

In Abbildung 3 sind Ausschnitte aus den Basensequenzen des Tyrosina-segens sowohl von einem weißen Löwen als auch einem seiner wildfar-benen Elterntiere abgebildet.

	Allel 1		Allel 2
Nyanga:			
	5' ... TATAATCAGACCTGC ... 3'	Code-Strang	5' ...TATAATCAGACCTGC... 3'
	3' ... ATATTAGTCTGGACG ... 5'		3' ...ATATTAGTCTGGACG... 5'
Shumba:			
	5' ... TATAATCGGACCTGC... 3'	Code-Strang	5' ...TATAATCAGACCTGC... 3'
	3' ... ATATTAGCCTGGACG... 5'		3' ...ATATTAGTCTGGACG... 5'

Abb. 3: Ausschnitte aus den Basensequenzen des Tyrosinasegens zweier Löwen
(verändert nach: Yun Sung Cho et al.: *The tiger genome and comparative analysis with lion and snow leopard genomes.* In: Nature Communications, 4 (2013), Art. 2433, Supplementary Figure S12)

3.1 Ermitteln Sie, welcher Löwe, Nyanga oder Shumba, das Elterntier bzw. das weiße Jungtier ist und begründen Sie dies unter Bezugnahme auf den vorliegenden Erbgang.

6

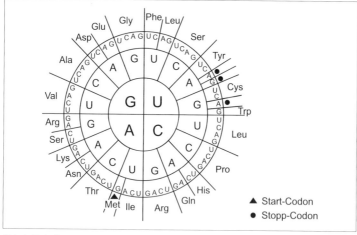

Abb. 4: Code-Sonne

3.2 Begründen Sie mithilfe der Code-Sonne (Abb. 4), welcher Mutationstyp im Laufe der Evolution zur Entstehung des Allels für die weiße Fellfär-bung geführt hat.

$\dfrac{3}{40}$

Erwartungshorizont

1.1 *Verglichen werden sollen laut Aufgabenstellung die Ergebnisse von Mitose und Meiose anhand von drei selbst gewählten Kriterien. Für eine rasche Beantwortung und übersichtliche Darstellung bietet sich hier eine Tabelle an. Beachten Sie, dass die Antworten auf das konkrete Beispiel männliche Oryxantilope angewendet werden müssen.*

Kriterien	Ergebnis Mitose	Ergebnis Meiose
Zellzahl	2	4
Zelltyp	diploide Körperzellen	haploide Spermienzellen
Chromosomenzahl	$2n = 58$	$n = 29$
genetische Information	identisch	unterschiedlich

1.2 *Der Operator „interpretieren" bedeutet, dass Sie fachspezifische Zusammenhänge im Hinblick auf eine gegebene Fragestellung begründet darstellen müssen.*

Tier A: Das Karyogramm zeigt 28 homologe Chromosomenpaare und die Geschlechtschromosomen X und Y. Bei damit insgesamt 58 Chromosomen handelt es sich um eine männliche Oryxantilope.

Tier B: Das Karyogramm zeigt 27 homologe Chromosomenpaare und die Geschlechtschromosomen X und X. Es handelt sich um eine weibliche Oryxantilope, bei der das Chromosom 19 nur einmal frei vorkommt. Das zweite Chromosom 19 ist an einem Chromosom 17 angelagert. Dies ist daran zu erkennen, dass dieses deutlich länger ist als das zweite Chromosom 17.

1.3 Bei **Tier B** kann es zu Störungen beim Ablauf der Meiose kommen. Nachdem das Chromosom 19 am Chromosom 17 angelagert ist, ist eine gleichmäßige Verteilung der Chromosomen während der Anaphase der Reduktionsteilung erschwert. Dies kann bei der Eizellbildung dazu führen, dass in einer Eizelle die Erbinformation von Chromosom 19 fehlt oder in einer anderen Eizelle sogar doppelt vorhanden ist.

2.1 *Der Operator „Zusammenhänge darstellen" fordert Sie dazu auf, die Zusammenhänge verschiedener Sachverhalte (hier konkret genannt: Elfenbeinjagd, Schutzmaßnahmen und Elefantenpopulation) aus unterschiedlichen Quellen (hier: Infotext und Diagramm) zu beschreiben und zu verdeutlichen. Neben den hier angegebenen Aussagen sind weitere Möglichkeiten denkbar. Beachten Sie die logarithmische Darstellung der Individuenzahl und des Anteils der Weibchen.*

Zahl der Elefanten:

Die Untersuchungsergebnisse zeigen eine stetige Abnahme bis 1988, ein starkes Absinken zwischen 1988/1989 und danach eine Stabilisierung der Populationsgröße. Die Population ist jedoch deutlich kleiner als noch in den 70er Jahren.

Die stetige Abnahme bis 1988 lässt sich durch die Sterblichkeit der Elefanten, verstärkt durch die Jagd nach Elfenbein, erklären. Das starke Absinken zwischen 1988/1989 kommt eventuell durch Abwanderung von Elefanten in andere Gebiete zustande.

Zahl toter Elefanten:

Das Diagramm zeigt einen starken Anstieg toter Elefanten bis 1979 mit anschließendem stetigem Absinken bis 1988, einem deutlichen Einbruch der Zahlen von 1988 bis 1990 und danach eine Stagnation auf relativ niedrigem Niveau.

Der Anstieg bis 1979 lässt sich durch die Elfenbeinjagd erklären. Einsetzende Schutzmaßnahmen ab 1979 führten vermutlich zum stetigen Absinken und das Inkrafttreten des Handelsverbotes mit Elfenbein 1989 zum starken Rückgang toter Elefanten.

Anteil der Weibchen ohne Stoßzähne:

Das Diagramm zeigt einen kontinuierlichen Anstieg bis 1990 und anschließend ein leichtes Absinken.

Der Anstieg bis 1990 ist dadurch zu erklären, dass Weibchen ohne Stoßzähne nicht gejagt wurden. Nach dem Handelsverbot mit Elfenbein 1989 wurden vermehrt keine Weibchen mit Stoßzähnen mehr getötet. Da deren Anteil an der Gesamtpopulation zunahm, wurde der Anteil der stoßzahnlosen Weibchen immer geringer.

2.2 **Hypothese:**

Ab 1994 sinkt der Anteil der Weibchen ohne Stoßzähne in der Population weiter ab.

Begründung aus evolutionsbiologischer Sicht:

Fehlende Stoßzähne bedeuten ohne Einflussnahme des Menschen einen Selektionsnachteil, z. B. bei der Verteidigung, und damit geringere Überlebenschancen oder einen Nachteil bei der Konkurrenz um Geschlechtspartner. Weibchen ohne Stoßzähne haben deshalb vermutlich einen geringeren Fortpflanzungserfolg, und dadurch ist die Weitergabe der Allele für fehlende Stoßzähne an die nächste Generation verringert.

3.1 *Der Informationstext zur Aufgabenstellung enthält für die korrekte Beantwortung einige Formulierungen, aus denen sich wichtige Informationen herleiten lassen:*
- *„… ausgehend von Populationen, in denen es keine weißen Löwen mehr gab …"* ⇒ *Elterntiere sind wildfarben*
- *„Neumutationen können dabei ausgeschlossen werden."* ⇒ *Erbgang*
- *„… seltene Farbvariante …"* ⇒ *rezessiv*

Bei der Kreuzung zweier phänotypisch wildfarbener Elterntiere entsteht ein phänotypisch weißes Jungtier. Die Farbe Weiß muss demnach rezessiv vererbt werden. Die beiden Elterntiere müssen also das Allel für weiß heterozygot im Genotyp tragen, das Jungtier dagegen homozygot.

Nyanga: Da die Allele 1 und 2 identisch sind, handelt es sich hierbei um das weiße Jungtier.

Shumba: Da die Allele 1 und 2 verschieden sind, handelt es sich hierbei um ein Elterntier.

3.2 *Um den Mutationstyp zu erkennen, müssen die Allele der beiden Tiere verglichen werden. Da die Allele 2 identisch sind, muss die Mutation im Allel 1 zu finden sein.*

> Allel 1
>
> **Nyanga:**
> 5' … TAT AAT **C**A**G** ACC TGC … 3'
> 3' … ATA TTA **G**T**C** TGG ACG … 5'
>
> **Shumba:**
> 5' … TAT AAT **C**G**G** ACC TGC … 3'
> 3' … ATA TTA **G**C**C** TGG ACG … 5'

Die Allele 1 der beiden Tiere unterscheiden sich nur in einer Base. Es handelt sich also um eine **Punktmutation** in Form einer Basensubstitution. Da aus dem Basenaustausch eine andere Aminosäure resultiert, anstelle von Gln bei Nyanga wird bei Shumba Arg eingebaut, handelt es sich konkret um eine **Missense-Mutation**.

BE

In der Fränkischen Schweiz kommt in schattigen Regionen des Waldes die Orchideenart Vogelnestwurz *(Neottia nidus-avis)* vor. Ihr Spross ist bräunlich gefärbt, die Laubblätter sind stark reduziert. In helleren Bereichen des Waldes ist das Weiße Waldvögelein *(Cephalanthera damasonium)* zu finden, dessen Sprossachse und voll ausgebildete Laubblätter grün gefärbt sind.

1   Die fotosynthetisch inaktive Vogelnestwurz nutzt als Quelle für Kohlenstoffverbindungen Pilze, die in ihre Wurzeln eindringen. Vom Weißen Waldvögelein sind ebenfalls chlorophyllfreie Individuen bekannt. An einem speziellen Untersuchungsstandort wurden Individuen des Weißen Waldvögeleins gefunden, die auffällige helle Streifen in ihren Blättern besaßen. In Untersuchungen wurde jeweils der Gehalt des Kohlenstoff-Isotops ^{13}C in Individuen mit grünen, weißen und grün-weiß-gestreiften Blättern ermittelt. Die Ergebnisse der Studie sind in dem folgenden Diagramm (Abb. 1) dargestellt.

Aus Voruntersuchungen war bereits bekannt, dass Pilze anteilig mehr vom Kohlenstoff-Isotop ^{13}C enthalten als Pflanzen am gleichen Standort.

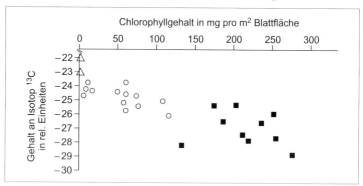

Abb. 1: Anteil des Kohlenstoff-Isotops ^{13}C am Gesamtkohlenstoffgehalt von weißen (Dreiecke), gestreiften (Kreise) und grünen (Quadrate) Blättern von *C. damasonium* in Abhängigkeit von deren Chlorophyllkonzentration
(verändert nach: M. Stöckel et al.: *The degree of mycoheterotrophic carbon gain in green, variegated and vegetative albino individuals of Cephalanthera damasonium is related to leaf chlorophyll concentrations.* In: New Phytologist, 189 (2011), S. 790–796)

1.1   Formulieren Sie eine Hypothese, die die Wissenschaftler mit dieser Untersuchung überprüfen wollten.   3

1.2 Interpretieren Sie die Untersuchungsergebnisse aus Abbildung 1.
Begründen Sie, ob die in Aufgabe 1.1 formulierte Hypothese bestätigt
werden kann. 5

1.3 Erklären Sie auf Grundlage der erweiterten Evolutionstheorie die Entstehung einer im einleitenden Text beschriebenen Besonderheit von fotosynthetisch inaktiven Pflanzen. 8

2 Durch den Abgleich bestimmter DNA-Basensequenzen der in den Wurzeln befindlichen Pilze mit Gendatenbanken kann die beteiligte Pilzart
bestimmt werden. Ausreichend viel DNA-Material wird mithilfe der
Polymerasekettenreaktion (PCR) erzeugt. Eine spezielle Basensequenz
der DNA, die für die entsprechenden Pilzarten charakteristisch ist, kann
nur mithilfe der Primer ITS1-F und ITS4-B vervielfältigt werden
(Abb. 2).

Organismus A	3' - GGCAATGTA ... gewünschte Sequenz ... TCAGAGGAC - 5'
Organismus B	3' - GTTAAAGTA ... gewünschte Sequenz ... ACATTGCCT - 5'
Organismus C	3' - GAACCAGTA ... gewünschte Sequenz ... TCAGAGGAC - 5'

Tab. 1: Basensequenz der DNA eines codogenen Strangs in verschiedenen Lebewesen

5' - CTTGGTCAT ...-3'
Ausschnitt aus der Basensequenz des Primers ITS1-F

5' - CAGGAGACT ...-3'
Ausschnitt aus der Basensequenz des Primers ITS4-B

Abb. 2: Ausschnitte aus den Basensequenzen der Primer ITS1-F und ITS4-B
(verändert nach: M. Gardes, T. D. Bruns: *ITS primers with enhanced
specificity for basidiomycetes -application to the identification of
mycorrhizae and rusts.* In: Molecular Ecology Notes, 2 (1993), S. 113–118)

2.1 Beschreiben Sie den Ablauf des PCR-Verfahrens unter Mitverwendung
einer beschrifteten Skizze. 7

2.2 Ermitteln Sie, bei welchem Organismus aus Tabelle 1 es sich um einen
Pilz, der in Orchideenwurzeln vorkommt, handeln muss. Schließen Sie
dabei die anderen DNA-Basensequenzen begründet aus. 5

3 Orchideen weisen bei ihrer Vermehrung Besonderheiten auf. Die zwei
Orchideenarten *Ophrys sphegodes* und *Ophrys exaltata* produzieren ver-
schiedene hochspezifische weibliche Sexuallockstoffe, die jeweils nur
Männchen einer bestimmten Wildbienenart als Bestäuber anlocken.

3.1 Erklären Sie den biologischen und morphologischen Artbegriff. 4

3.2 Für die Unterschiede in der Zusammensetzung der Sexuallockstoffe der beiden Orchideenarten ist eine Veränderung der Aminosäuresequenz eines speziellen Proteins verantwortlich, das vom Gen *SAD2* codiert wird (Tab. 2).

Orchideenart	Ausschnitt aus der Aminosäuresequenz (Positionen 360 bis 363) des Proteins
Ophrys sphegodes	Glu – Ile – Ser – Ala
Ophrys exaltata	Asp – Ile – Ser – Ile

Tab. 2: Ausschnitt aus der Aminosäuresequenz eines vom Gen *SAD2* codierten Proteins (verändert nach: P. M. Schlüter et al.: *Stearoyl-acyl carrier protein desaturases are associated with floral isolation in sexually deceptive orchids.* In: Proceedings of the National Academy of Sciences, 108 (2011), S. 5 696 – 5 701)

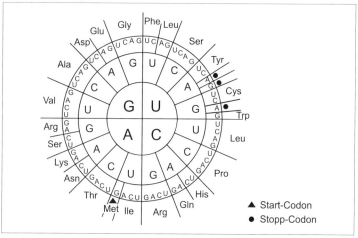

Abb. 3: Code-Sonne

Ermitteln Sie nachvollziehbar mithilfe der Code-Sonne (Abb. 3) einen möglichen doppelsträngigen Abschnitt der DNA, der die Aminosäuresequenz (Positionen 360 bis 363) bei *Ophrys sphegodes* codiert. 4

3.3 Begründen Sie, welcher Mutationstyp die Ursache für die veränderte Aminosäuresequenz aus Tabelle 2 bei *Ophrys exaltata* ist. 4
___
40

Erwartungshorizont

1.1 Je höher die Chlorophyllkonzentration in den Blättern von *Cephalanthera damasonium* ist, desto weniger Kohlenstoffverbindungen bezieht die Pflanze von den Pilzen.

Es sind auch alternative Hypothesen möglich, wie: Je niedriger die Chlorophyllkonzentration in den Blättern von C. damasonium ist, desto mehr Kohlenstoffverbindungen bezieht die Pflanze von den Pilzen.

1.2 Das Diagramm zeigt den relativen ^{13}C-Gehalt in Abhängigkeit von der Chlorophyllkonzentration. Dabei werden Pflanzen der Art *C. damasonium* mit weißen, grünen und grün-weiß-gestreiften Blättern unterschieden.

– **Pflanzen mit weißen Blättern** besitzen kein Chlorophyll und können daher keine Fotosynthese betreiben. Um sich zu ernähren, müssen sie Kohlenstoffverbindungen von den Pilzen aufnehmen. Die Orchideen mit den weißen Blättern besitzen den höchsten ^{13}C-Gehalt. Es kann daher davon ausgegangen werden, dass sie tatsächlich einen Großteil ihrer Kohlenstoffverbindungen von den Pilzen aufnehmen, da diese einen erhöhten ^{13}C-Gehalt besitzen.

– **Pflanzen mit grünen Blättern**, die aufgrund eines hohen Chlorophyllgehalts selbst Fotosynthese betreiben können, müssen weniger Kohlenstoffverbindungen von den Pilzen aufnehmen. Dies wird durch die Daten des Diagramms bestätigt.

– **Die Pflanzen mit den gestreiften Blättern** nehmen eine Zwischenstellung ein. Sie besitzen etwas Chlorophyll und können daher Fotosynthese betreiben, zusätzlich nutzen sie aber die Pilze als Kohlenstoffquelle.

Der ^{13}C-Gehalt nimmt mit steigender Chlorophyllkonzentration ab. Die Hypothese kann somit als bestätigt betrachtet werden.

1.3 *Die erweiterte Evolutionstheorie basiert auf der Evolutionstheorie von CHARLES DARWIN. Sie vereint DARWINs Theorie mit Erkenntnissen aus der Genetik, Zellbiologie, Ökologie und anderen Disziplinen der modernen Biologie. Erklärungsansätze mithilfe der erweiterten Evolutionstheorie beschäftigen sich insbesondere mit den Evolutionsfaktoren (Mutation, Rekombination, Gendrift, Selektion und Isolation), die den Genpool einer Population verändern. Je nach Aufgabenstellung können unterschiedliche Evolutionsfaktoren zur Beantwortung herangezogen werden.*

Entstehung reduzierter Laubblätter ohne Chlorophyll bei fotosynthetisch inaktiven Pflanzen nach der **erweiterten Evolutionstheorie:**

– Die Individuen einer Orchideenart produzieren mehr Nachkommen, als für den Erhalt der Art erforderlich sind (**Überproduktion**). Da die Individuenzahl insgesamt gesehen in etwa **konstant** bleibt und die **Ressourcen begrenzt** sind, kommt es zur intraspezifischen **Konkurrenz**.

- Aufgrund der **genetischen Variabilität** unterscheiden sich die Individuen einer Art voneinander. Ursache für die genetische Variabilität sind zum einen zufällige, ungerichtete **Mutationen** in der DNA und zum anderen **Rekombinationsereignisse**, die ebenfalls zufällig und ungerichtet neue Allelkombinationen und damit unterschiedliche Phänotypen hervorbringen. So besitzen einige Orchideenindividuen einen geringeren Chlorophyllgehalt. Einerseits ist Chlorophyll nötig, um Fotosynthese zu betreiben und energiereiche Verbindungen herzustellen, andererseits wird für die Bereitstellung von Chlorophyll Energie benötigt. Zudem haben diese Orchideen weitere Möglichkeiten, um an Kohlenstoff zu gelangen. Sie nutzen dafür Pilze im Wurzelbereich. Die Individuen, deren Blätter einen geringeren Chlorophyllgehalt besitzen, beziehen mehr kohlenstoffhaltige Verbindungen von den Pilzen, um sich zu ernähren.
- Auf alle Pflanzen wirkt der **abiotische Selektionsfaktor** Licht. Diese Orchideenarten wachsen häufig an schattigen Standorten im Wald. Dort ist das Lichtangebot limitiert und die Fotosynthese ist daher nur eingeschränkt möglich. Die Pflanze mit niedrigem Chlorophyllgehalt in den Blättern spart sich die Energie, die zur Herstellung des Chlorophylls nötig wäre, und hat gegenüber anderen Individuen einen **Selektionsvorteil**. Da sie die Pilze verstärkt als Kohlenstoffquelle nutzen kann, hat sie keinen weiteren Nachteil.
- An schattigeren Standorten überleben die Individuen mit geringerem Chlorophyllgehalt eher und können sich wahrscheinlicher **fortpflanzen**. Somit werden diese **Erbanlagen** häufiger an die nächste Generation **weitergegeben**.
- In der Population kommt es zu einer **gerichteten Verschiebung** der Gen- bzw. Allelhäufigkeit im Genpool der Art in Richtung verringertem Chlorophyllgehalt.

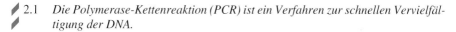

2.1 *Die Polymerase-Kettenreaktion (PCR) ist ein Verfahren zur schnellen Vervielfältigung der DNA.*

Beschreibung des Ablaufs der PCR:
Zuerst werden einige Vorbereitungen getroffen: Die zu amplifizierende DNA (doppelsträngig) befindet sich in einer Lösung, zu der die einzelnen Nukleotide, hitzebeständige Polymerase (Taq-Polymerase) und passende Primer hinzugefügt werden. Die PCR erfolgt in drei Schritten, die in mehreren Zyklen wiederholt werden. In jedem Zyklus wird die zu vermehrende DNA verdoppelt.
- **Denaturierung:** Durch Erhitzen lösen sich die Doppelstränge der DNA. Die Wasserstoffbrückenbindungen werden aufgelöst.
- **Hybridisierung:** Die Temperatur wird wieder gesenkt. In dieser Phase binden die Primer über Wasserstoffbrückenbindungen an die zu vervielfältigende DNA. Für jeden Strang ist ein Primer nötig.
- **Amplifikation:** Die DNA-Polymerase verlängert die Primer durch Anhängen von einzelnen Nukleotiden. Die Originalstränge dienen hierbei als Matrizen.

Skizze zur PCR:

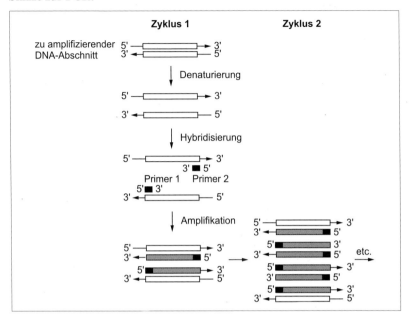

2.2 Bei dem Pilz handelt es sich um den **Organismus C**, da beide Primer passen.

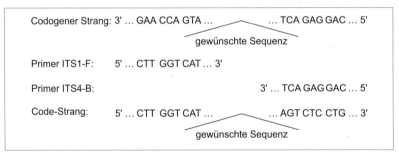

Bei Organismus A ist nur der Primer ITS4-B passend, nicht aber der ITS1-F. Bei Organismus B ist keiner der beiden Primer passend.

3.1 Nach der **biologischen Artdefinition** fasst man alle Lebewesen zu einer Art zusammen, die sich miteinander kreuzen und fruchtbare Nachkommen erzeugen können.

Die **morphologische Artdefinition** umfasst alle Lebewesen, die untereinander und mit ihren Nachkommen in wesentlichen Merkmalen übereinstimmen.

3.2 Möglicher Abschnitt der DNA:

AS-Sequenz:	Glu – Ile – Ser – Ala
mRNA (z. B.):	5' ... GAA AUA AGC GCA ... 3'
Code-Strang:	5' ... GAA ATA AGC GCA ... 3'
Codogener Strang:	3' ... CTT TAT TCG CGT ... 5'

Alternativ können natürlich auch andere mRNA-Sequenzen und in der Folge unterschiedliche DNA-Abschnitte zur Lösung herangezogen werden. Mögliche Codons für die Aminosäuren:
Glu: GAA, GAG
Ile: AUA, AUC, AUU
Ser: AGC, AGU, UCA, UCC, UCG, UCU
Ala: GCA, GCC, GCG, GCU

3.3 Die Aminosäuresequenz des *SAD2*-Proteins ist bei dem angegebenen Ausschnitt an zwei Positionen verändert. An Position 360 wird statt der Aminosäure Glutaminsäure (Glu) Asparaginsäure (Asp) eingebaut. An der Position 363 ist statt Alanin (Ala) Isoleucin (Ile) vorhanden. Es handelt sich um **Missense-Mutationen** und es kann davon ausgegangen werden, dass die Veränderung der Aminosäuresequenz auf **Punktmutationen** in Form von **Basensubstitutionen** beruht.

– **Position 360 – Änderung der Aminosäure von Glu nach Asp:**
Basensubstitution an der dritten Position des Tripletts im codogenen Strang:
z. B.: CTT → CTG
mRNA: GAA → GAC

– **Position 363 – Änderung der Aminosäure von Ala nach Ile:**
Basensubstitutionen an den ersten beiden Positionen des Tripletts im codogenen Strang:
z. B. CGT → TAT
mRNA: GCA → AUA

Der Begriff Punktmutation wird in der Literatur unterschiedlich definiert. Oft wird er synonym zu Basensubstitution verwendet. Bei einer Punktmutation kann es sich aber auch um eine Deletion oder Insertion einer Nukleinbase handeln.

BE

Prokaryoten sind eine evolutionär erfolgreiche Organismengruppe, die auch an extremen Standorten vorkommt.

1 Bei der Gattung *Beggiatoa* handelt es sich um fadenförmige, bewegliche Schwefelbakterien, die aerob leben und im Faulschlamm stehender und fließender Gewässer vorkommen.
Bei der Zellatmung kommt es in Zellen von *Beggiatoa* während des Citronensäurezyklus u. a. zu folgender Reaktion, die vom Enzym Isocitrat-Dehydrogenase katalysiert wird:

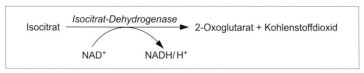

Eine hohe Konzentration an ATP führt zu einer verminderten Aktivität des Enzyms. Diese Hemmung der Enzymaktivität kann durch eine Erhöhung der Isocitrat-Konzentration nicht ausgeglichen werden. Ist hingegen statt ATP eine hohe Konzentration an ADP vorhanden, steigert sich die Aktivität der Isocitrat-Dehydrogenase.

1.1 Diese Zusammenhänge wurden in einem Experiment mit drei getrennten Ansätzen überprüft, dessen Ergebnisse in Abbildung 1 dargestellt sind.

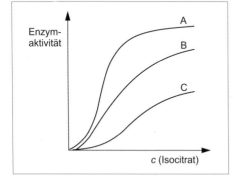

Abb. 1: Enzymaktivität der Isocitrat-Dehydrogenase unter verschiedenen Bedingungen (verändert nach: http://www.spektrum.de/lexikon/biologie-kompakt/allosterische-regulation/441, zuletzt aufgerufen am 25.05.2017)

Geben Sie die Zusammensetzungen dieser drei Ansätze A, B und C auf der Grundlage der Abbildung 1 sowie der im Text enthaltenen Informationen an.

6

1.2 Erläutern Sie die Wirkung von ATP auf die Isocitrat-Dehydrogenase auf
Teilchenebene anhand von beschrifteten Skizzen. 6

2 Prokaryoten der Gattung *Halobacterium* leben in Gewässern mit sehr hohen Salzkonzentrationen. Bei der Art *Halobacterium halobium* kann eine spezielle Form der Fotophosphorylierung beobachtet werden (Abb. 2). Bakteriorhodopsin ist ein Protein, an das ein Pigment-Molekül Retinal angeheftet ist. Bakteriorhodopsin wirkt als molekulare Protonenpumpe. Dies ist möglich durch die Absorption von Lichtenergie (Abb. 3).

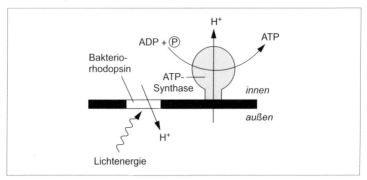

Abb. 2: Vereinfachte Darstellung der Zellmembran von *Halobacterium halobium*
(verändert nach: H. G. Schlegel: *Allgemeine Mikrobiologie*, Thieme Verlag, 1992, S. 426)

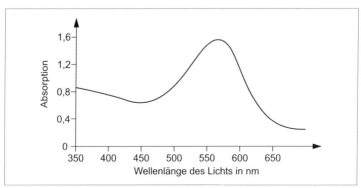

Abb. 3: Absorptionsspektrum des Retinals (gebunden an Bakteriorhodopsin)
(verändert nach:
https://www.researchgate.net/profile/George_Knopf/publication/283309978/figure/fig1/AS:3359
27441412110@14571 02751476/Figure-2-Bacteriorhodopsin-bR-membrane-fragment-and-
spectral-absorbance-in-the-visible.ppm, zuletzt aufgerufen am 10.06.2017)

Wellenlänge des absorbierten Lichts in nm	400 bis 435	435 bis 480	480 bis 500	500 bis 570	570 bis 590	590 bis 610	610 bis 700
Farbe des absorbierten Lichts	Violett	Blau	Grünblau	Gelbgrün	Gelb	Orange	Rot

Tab. 1: Wellenlänge und Farbe des absorbierten Lichts

2.1 Fertigen Sie eine beschriftete Skizze einer Biomembran an.   5

2.2 Vergleichen Sie die Fotosysteme grüner Pflanzen mit dem Bakteriorhodopsin von *Halobacterium halobium* hinsichtlich der Lokalisation in der Zelle und des Absorptionsverhaltens der beteiligten Pigmente.   5

2.3 In einem Experiment werden Zellen von *Halobacterium halobium* in einer Kochsalzlösung bei einer Temperatur von 35 °C kultiviert und mit weißem Tageslicht bestrahlt.
Entscheiden Sie für jede der nachfolgend genannten Änderungen der experimentellen Bedingungen A bis C (Tab. 2), ob dadurch eine Verminderung der ATP-Bildung in den Zellen von *Halobacterium halobium* zu erwarten ist, und begründen Sie jeweils Ihre Entscheidung!   8

Ansatz	Bedingungen
A	Anstelle mit weißem Tageslicht werden die Bakterien mit Licht der Wellenlänge 430 nm der gleichen Intensität bestrahlt.
B	Im Außenmedium wird die Protonenkonzentration erhöht.
C	Die Temperatur wird auf 5 °C erniedrigt.

Tab. 2: Experimentelle Ansätze und Bedingungen

3 Die Substanz Chitosan wird als Wirkstoff zum Schutz von Nahrungsmitteln vor bakteriellem Befall untersucht. Chitosan ist ein Naturstoff, der ein Durchlöchern der Bakterienzellwand bewirkt, was zum Absterben der Zellen führen kann. Man erprobt daher den Einsatz von Chitosan als Beschichtung in Konservendosen.
Bei einem Experiment wurden Kulturen von zwei Bakterienarten, *Escherichia coli (E. coli)* und *Staphylococcus aureus (S. aureus)*, unter gleichen Bedingungen der Wirkung von Chitosan ausgesetzt. Im Experiment wurde die Zellzahl indirekt über eine Messung der Optischen Dichte (OD) bestimmt. Je mehr Zellen vorhanden sind, umso höher ist der Wert der OD. Die folgende Abbildung zeigt die erhaltenen Ergebnisse.

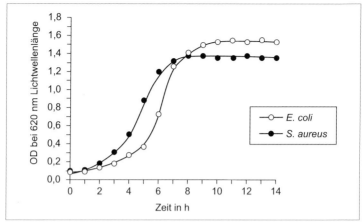

Abb. 4: Populationsentwicklung von zwei Bakterienarten unter dem Einfluss von Chitosan (http://www.scielo.br/scielo.php?script=sci_arttext&pid=S0102-695X2016000100122, zuletzt aufgerufen am 13. 06. 2017)

3.1 Erläutern Sie den Verlauf der Populationsentwicklung von *Escherichia coli*, wie er in Abbildung 4 dargestellt ist, und vergleichen Sie diesen mit dem von *Staphylococcus aureus*.　　　　7

3.2 Beurteilen Sie, ob die Schlussfolgerung „Chitosan hemmt die Entwicklung von *Staphylococcus aureus* stärker als die von *Escherichia coli*." aus den gegebenen Daten abgeleitet werden kann.　　　　<u>3</u>
　　　　　　　　　　　　　　　　　　40

Erwartungshorizont

1.1 *Abbildung 1 ist zu entnehmen, dass der Versuchsansatz A die höchste Enzymaktivität und Versuchsansatz C die niedrigste Enzymaktivität aufweist. Nutzen Sie für die Ermittlung der Versuchsansätze den Text zu den Konzentrationen von ADP und ATP.*

Versuchsansatz A:
Isocitrat, NAD^+, Isocitrat-Dehydrogenase, erhöhte Konzentration von ADP

Versuchsansatz B:
Isocitrat, NAD^+, Isocitrat-Dehydrogenase, weder die Konzentration von ADP noch von ATP sind erhöht

Versuchsansatz C:
Isocitrat, NAD^+, Isocitrat-Dehydrogenase, erhöhte Konzentration von ATP

1.2 Da eine erhöhte Konzentration von ATP die Aktivität der Isocitrat-Dehydrogenase senkt und die Hemmung nicht durch eine Steigerung der Substratkonzentration ausgeglichen werden kann, handelt es sich um eine **allosterische Hemmung**.
Bei der allosterischen Hemmung sind sich Substrat und Hemmstoff in ihrer Molekülstruktur nicht ähnlich. Der Hemmstoff ATP bindet am **allosterischen Zentrum** des Enzyms Isocitrat-Dehydrogenase und nicht am aktiven Zentrum. Durch die Bindung verändert das Enzym, insbesondere das aktive Zentrum, seine **räumliche Struktur**. Das Substrat Isocitrat kann nicht mehr am aktiven Zentrum binden und dementsprechend auch nicht mehr umgesetzt werden. Durch den allosterischen Hemmstoff wird ein Teil der Enzymmoleküle deaktiviert, sodass die **Maximalgeschwindigkeit** der Reaktion herabgesetzt wird.

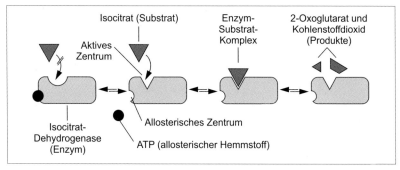

2.1

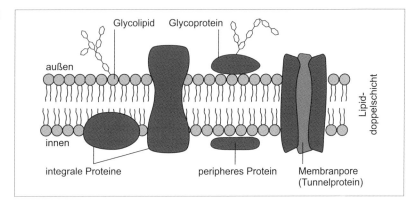

2.2 Lokalisation in der Zelle:

Das Bakteriorhodopsin befindet sich in der Zellmembran, während sich die Fotosysteme grüner Pflanzen in der Thylakoidmembran im Chloroplasten befinden.

Absorptionsverhalten beteiligter Pigmente:

Bakteriorhodopsin mit dem daran gebundenen Retinal hat ein Absorptionsmaximum im gelbgrünen bis orangen Bereich bei ca. 520–600 nm. Bei grünen Pflanzen sind an der Absorption vor allem Chlorophylle beteiligt. Chlorophyll a und b haben je zwei Absorptionsmaxima im violettblauen Bereich (ca. 410–470 nm) und im roten Bereich (ca. 650–680 nm). Außerdem gibt es bei pflanzlichen Fotosystemen weitere akzessorische Pigmente, wie z. B. das β-Carotin. Diese haben ihr Absorptionsmaximum in dem Bereich, in dem Chlorophyll a und b ein niedriges Absorptionsvermögen besitzen. Das Absorptionsmaximum von β-Carotin liegt im grünen Bereich (ca. 500 nm).

Die Nennung und Erläuterung dieser akzessorischen Pigmente ist hier ausreichend. Selbstverständlich können neben dem β-Carotin auch andere akzessorische Pigmente angeführt werden.

2.3 Versuchsansatz A:

Werden die Bakterien mit Licht der Wellenlänge 430 nm statt mit Tageslicht der gleichen Intensität bestrahlt, verringert sich die Bildung von ATP in den Zellen. Das Licht der Wellenlänge 430 nm liegt nicht im Absorptionsmaximum des Bakteriorhodopsins, weshalb weniger Licht absorbiert wird und der Protonengradient geringer ist. Aufgrund des geringeren Protonengradienten wird weniger ATP gebildet.

Versuchsansatz B:

Wird im Außenmedium die Protonenkonzentration künstlich erhöht, so wird der Protonengradient ebenfalls erhöht. Die Folge davon ist eine verstärkte ATP-Bildung, da die ATP-Synthase viele Protonen zur Verfügung hat.

Versuchsansatz C:
Wird die Temperatur auf 5 °C gesenkt, so verringert sich die Bildung von ATP. Nach der RGT-Regel steigt die Reaktionsgeschwindigkeit bei chemischen Reaktionen etwa um das Zwei- bis Dreifache bei einer Temperaturerhöhung von 10 °C. Sinkt die Temperatur, verlangsamt sich die Teilchenbewegung. Dadurch verringert sich die enzymatische Aktivität des Enzyms ATP-Synthase.

3.1 *Die Aufgabenstellung verlangt, dass Sie den Verlauf der Populationsentwicklung mithilfe der Abbildung erläutern. Beachten Sie den Hinweis im Aufgabentext, dass die Zellzahl und somit die Individuenzahl mittels der optischen Dichte bestimmt werden.*

Anlaufphase (= lag-Phase):
Die *E. coli* Bakterien stellen sich auf die neuen Lebens- und Umweltbedingungen ein und zeigen bis ca. 4 Stunden deshalb nur eine geringe Teilungsrate.

Exponentielle Phase (= log-Phase):
Bei optimalen Lebensbedingungen, d. h. genügend Nahrung und Raum für alle Individuen der *E. coli* Population, weisen die Bakterien die maximale Teilungsrate auf. Die Population befindet sich im **exponentiellen Wachstum** (bis ca. 9 Stunden).

Stationäre Phase:
Verschiedene Einflüsse wie Platz- und Nahrungsmangel führen zu einer geringeren Teilungsrate. Die **Kapazitätsgrenze** des Lebensraums ist erreicht. Die Teilungsrate entspricht in etwa der Sterberate.

Die Absterbephase ist in diesem Diagramm nicht gezeigt.

Bei der Population der *Staphylococcus aureus* Bakterien beginnen die exponentielle und die stationäre Phase früher als bei der *E. coli* Population (bei ca. 2 Stunden und 7 Stunden). Die Kapazitätsgrenze, die mithilfe der maximalen optischen Dichte bestimmt werden kann, ist bei der *S. aureus* Population etwas geringer (bei ca. 1,35 statt 1,5).

3.2 Eine eindeutige Schlussfolgerung kann aus diesen Daten nicht gezogen werden. Betrachtet man das Diagramm, ist zu erkennen, dass z. B. nach 5 Stunden die Entwicklung von *E. coli* stärker gehemmt wird als die von *S. aureus*. Um eine aussagekräftige Schlussfolgerung machen zu können, müssten zudem die Populationsentwicklungen der beiden Bakterienarten ohne den Zusatz von Chitosan bei sonst gleichen Bedingungen betrachtet werden. Erst wenn die Populationsentwicklung der beiden Bakterienarten mit und ohne Chitosan im Vergleich ausgewertet würde, ließen sich eindeutige Schlussfolgerungen ziehen.

BE

Stabschrecken sind eine weit verbreitete Insektenordnung. Die etwa 3 000 zur Ordnung gehörenden Arten besiedeln vorwiegend tropische bis subtropische Regionen.

1 Als reine Pflanzenfresser benötigen Stabschrecken Enzyme wie Cellulasen oder Peptidasen, um die pflanzliche Nahrung aufschließen zu können. Im Gegensatz zu anderen Insektenordnungen können viele Stabschrecken diese Enzyme selbstständig produzieren.

1.1 Bestimmte Stabschreckenarten besitzen sogenannte „multifunktionale Enzyme".
In der folgenden Abbildung ist der stark vereinfachte molekulare Aufbau eines solchen Enzyms schematisch dargestellt.

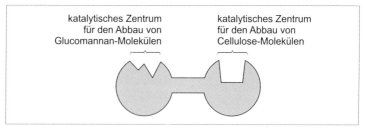

Abb. 1: Modell eines multifunktionalen Enzyms; Glucomannan und Cellulose sind Bestandteile bestimmter pflanzlicher Zellwände
(verändert nach: M. E. Himmel et al.: *Microbial enzyme systems for biomass conversion: emerging paradigms.* In: Biofuels, 1 (2) (2010), S. 331)

Erklären Sie anhand einer Modellvorstellung allgemein die Wirkungsweise von Enzymen auf molekularer Ebene und diskutieren Sie die Spezifität des oben dargestellten multifunktionalen Enzyms. 7

1.2 Stellen Sie eine Hypothese über den Vorteil multifunktionaler Enzyme für Stabschrecken auf. 3

1.3 Für ein Experiment wurde der komplette Darminhalt dreier Individuen verschiedener Stabschreckenarten (abgekürzt mit A, B, C) isoliert. Gleiche Volumina des Darminhalts von A, B und C wurden in eine mit Agarosegel befüllte Petrischale pipettiert. Das Gel enthielt den pflanzlichen Zellwandbestandteil Xylan, der mit einem Farbstoff angefärbt war (Abb. 2). Eine Entfärbung des Farbstoffes um die Pipettierstelle zeigt den Abbau des Zellwandbestandteils an. Auf der vierten Stelle (W) im Gel wurde nur destilliertes Wasser aufgebracht.

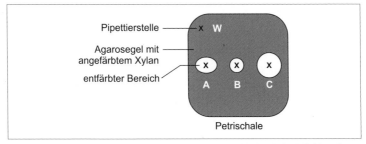

Abb. 2: Ergebnisse des Experiments zur Untersuchung des Darminhaltes dreier Individuen der Stabschreckenarten A, B und C; W: destilliertes Wasser (verändert nach: M. Shelomi et al.: *Ancestral gene duplication enabled the evolution of multifunctional cellulases in stick insects (Phasmatodea).* In: Insect Biochemistry and Molecular Biology, 71 (2016), S. 1–11)

Erläutern Sie die Ergebnisse des Experiments und erklären Sie die Notwendigkeit des Ansatzes mit destilliertem Wasser.   7

1.4   In Abbildung 3 ist die Temperaturabhängigkeit der Aktivität eines celluloseabbauenden multifunktionalen Enzyms dargestellt.

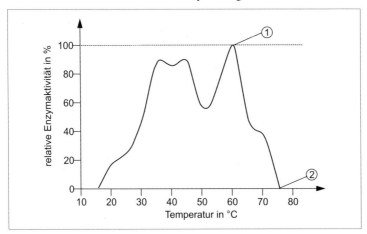

Abb. 3: Temperaturabhängigkeit der Aktivität eines celluloseabbauenden multifunktionalen Enzyms (verändert nach: M. M. Uddin et al.: *Multiple Endo-β-1,4-glucanases Present in the Gut Fluid of a Defoliating Beetle, Podontia quatuordecimpunctata (Coleoptera: Chrysomelidae).* In: Pakistan Journal of Biological Sciences, 15 (7) (2012), S. 336)

1.4.1   Vergleichen Sie die Temperaturabhängigkeit der Aktivität dieses Enzyms mit der eines typischen Enzyms des menschlichen Körpers im Hinblick auf jeweils zwei Gemeinsamkeiten und zwei Unterschiede.   6

1.4.2   Erklären Sie die Vorgänge bei den in Abbildung 3 markierten Punkten 1 und 2 auf molekularer Ebene.   5

2   Einige Stabschreckenarten produzieren chitinhaltige Eier mit kleinen Aufsätzen, den sogenannten Capitula (Singular: Capitulum) (Abb. 4). Diese wecken das Interesse von Ameisen, die die Eier in ihren Bau transportieren und damit zur Verbreitung der Stabschreckeneier beitragen.

Eine ähnliche Verbreitungsstrategie findet man bei manchen Pflanzensamen, die ebenfalls Anhängsel besitzen, die Ameisen anlocken. Diese cellulosehaltigen pflanzlichen Strukturen werden als Elaiosomen bezeichnet und dienen der Samenverbreitung (Abb. 4).

Capitulum ———————— Elaiosom

Abb. 4: Stabschreckenei mit Capitulum (links) und Wolfsmilchsamen mit Elaiosom (rechts)
(Foto Stabschreckenei: Drägüs/wikipedia, cc-by-sa 3.0, Foto Wolfsmilchsamen: Julia Scher,
Federal Noxious Weeds Disseminules, USDA APHIS ITP, Bugwood.org, cc-by-sa 3.0)

Erläutern Sie das Auftreten der ähnlichen Strukturen Capitulum und Elaiosom aus evolutionsbiologischer Sicht.   6

3   Hurrikan Hugo richtete im September 1989 verheerende Schäden u. a. in Teilen Amerikas an. In 40 abgesteckten Arealen eines Regenwaldes in Puerto Rico wurden die Individuenzahlen der Stabschreckenart *Lamponius portoricensis* bestimmt:

Individuenzahl in dem abgesteckten Areal:
vor dem Hurrikan (August 1989): 116
nach dem Hurrikan (Juli 1990): 4

Skizzieren Sie ein Diagramm, das einen möglichen Verlauf der Populationsentwicklung von *Lamponius portoricensis* ab August 1989 zeigt, und erläutern Sie Ihre Darstellung.   6
                                                                                    40

Erwartungshorizont

1.1 *Laut Aufgabenstellung ist zwar nur eine Erklärung verlangt, diese könnte jedoch durch eine Abbildung verdeutlicht werden.*

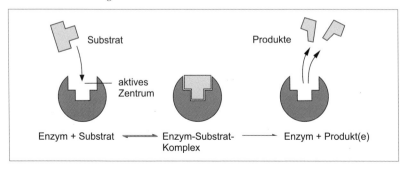

Allgemeine Modellvorstellung zur molekularen Wirkungsweise:

Zwischen einem Enzym und dem Substrat bildet sich mit dem **Enzym-Substrat-Komplex** eine sehr kurzlebige Verbindung aus: Das Substratmolekül passt aufgrund seiner Molekülform nach dem **Schlüssel-Schloss-Prinzip** genau in eine dreidimensionale Einbuchtung des Enzyms. Dieses **aktive Zentrum** nimmt das Substrat auf und wirkt katalytisch. Danach löst sich der Enzym-Substrat-Komplex rasch wieder auf und das/die Produkt(e) verlässt/verlassen das Enzym. Daraufhin liegt das Enzym wieder unverändert vor und ist weiterhin funktionsfähig.

Diskussion zur Spezifität des multifunktionalen Enzyms:

Die Aussage der Modellvorstellung, dass nur ein Substrat umgesetzt wird, ist im vorliegenden Fall nur eingeschränkt gültig. Da das Enzym **zwei verschiedene aktive Zentren** besitzt, können auch **zwei unterschiedliche Substratmoleküle** umgesetzt werden.

1.2 *Der Operator „Hypothese aufstellen" fordert Sie dazu auf, eine begründete Vermutung auf der Grundlage der gegebenen Informationen zu formulieren. Deshalb sind hier natürlich auch weitere individuelle Antwortmöglichkeiten denkbar, allerdings muss ein Bezug auf die gegebenen Informationen vorhanden sein.*

Bestimmte pflanzliche Zellwände sind aus Glucomannan und Cellulose aufgebaut. Wenn beide Substrate **gleichzeitig** umgewandelt werden können, ist eine **schnellere** Zersetzung der Zellwand möglich. Dieser **effizientere** Stoffwechsel ist für die Stabschrecken vorteilhaft.

1.3 **Destilliertes Wasser:** Die Pipettierstelle W fungiert als **Blindprobe**. Diese dient dazu, die Funktionstüchtigkeit der verwendeten Chemikalien und Tauglichkeit der gewählten Nachweismethode sicherzustellen.

Ergebnisbeschreibung: An den drei Pipettierstellen lässt sich ein unterschiedlich großer entfärbter Bereich feststellen. Dieser ist beim Darminhalt von Individuum B am kleinsten und beim Darminhalt von Individuum C am größten.

Ergebniserklärung: Der angefärbte Zellwandbestandteil Xylan wird bei den drei Individuen unterschiedlich abgebaut, bei Individuum C am besten und bei Individuum B am schlechtesten.

1.4.1 *Laut Aufgabenstellung wird verlangt, den Vergleich jeweils anhand zweier selbst gewählter Aspekte vorzunehmen. Hier sind natürlich auch weitere individuelle Antwortmöglichkeiten denkbar, allerdings muss dabei auf die Temperaturabhängigkeit Bezug genommen werden.*

Gemeinsamkeiten, z. B.:
– mit steigender Temperatur steigt zunächst die Enzymaktivität stark an
– bei hohen Temperaturen kommt es zu einem Abfall der Enzymaktivität
– in einigen Temperaturbereichen, wie etwa von 20 °C – 30 °C, zeigt sich die RGT-Regel

Unterschiede, z. B.:
– beim multifunktionalen Enzym gibt es mehrere Temperaturoptima (bei ca. 35 °C, 45 °C und 60 °C) anstatt nur eines Temperaturoptimums (bei ca. 37 °C)
– im Vergleich zu Enzymen des Menschen (bis ca. 50 °C) liegt beim multifunktionalen Enzym ein deutlich breiterer Temperaturbereich mit Enzymwirksamkeit (bis ca. 75 °C) vor
– bei menschlichen Enzymen setzt die Inaktivierung bei deutlich geringeren Temperaturen ein, etwa bei ca. 40 °C – 45 °C und nicht erst bei ca. 60 °C

1.4.2 **Punkt 1:** Beim Temperaturoptimum von 60 °C ist die Teilchenbewegung sehr schnell und damit bildet sich die maximale Anzahl von Enzym-Substrat-Komplexen pro Zeiteinheit und die maximale Reaktionsgeschwindigkeit v_{max} ist erreicht.

Punkt 2: Die Eiweißstruktur des multifunktionalen Enzyms ist denaturiert. Durch die Zerstörung der räumlichen Struktur der Enzym-Moleküle ist an den beiden aktiven Zentren keine Umsetzung von Substrat-Molekülen mehr möglich.

2 Capitulum und Elaiosom können als **analoge Strukturen** gedeutet werden: Beide haben beim Stabschreckenei und Wolfsmilchsamen zwar die gleiche Funktion, aber einen unterschiedlichen Aufbau aus Chitin (Stabschreckenei) bzw. Cellulose (Wolfsmilchsamen). Analoge Strukturen deuten nicht auf eine nähere Verwandtschaft hin.

Die Ähnlichkeiten im Aussehen und in der gleichen Funktion lassen sich durch ähnliche Selektionsvorteile erklären: Verbreitung der Eier bzw. Samen durch Ameisen.

3 *Überlegen Sie im Vorfeld, wie Sie die Achsen des Diagramms sinnvoll beschriften. Die unabhängige Größe (in diesem Fall die Zeit) befindet sich dabei meist auf der x-Achse. Gehen Sie von einem typischen Diagramm zum Populationswachstum aus.*

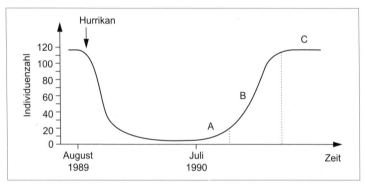

Vor dem Hurrikan betrug die Individuenzahl in den abgesteckten Gebieten 116. Durch den Hurrikan (Störung) wurde die Population stark reduziert.

Der erwartete Verlauf der Populationsentwicklung zeigt in der **lag- oder Anlaufphase** (A) zunächst einen flachen Anstieg, da nur vier Individuen in dem abgesteckten Areal den Hurrikan überlebt haben. Außerdem benötigten diese erst einige Zeit, um sich an die neuen Umweltbedingungen nach der Umweltkatastrophe zu gewöhnen.

Der anschließende rasche Anstieg der Individuenzahl hat seine Ursache in den günstigen Nahrungsbedingungen, in den fehlenden bzw. nur gering vorhandenen Fressfeinden und Konkurrenten. Dieses exponentielle Wachstum ist ein Kennzeichen für die **log- oder Vermehrungsphase** (B).

Das Populationswachstum schwankt langfristig um einen optimalen Grenzwert K, d. h., das Populationswachstum verlangsamt sich mit der Zeit, da es durch das Nahrungs- und Platzangebot und die zunehmenden Feinde und Konkurrenten begrenzt wird. Das Populationswachstum befindet sich in der **stationären Phase** (C), die vermutlich wie bereits vor dem Hurrikan bei einem Zahlenwert um die 116 Individuen in den abgesteckten Gebieten liegen dürfte.

BE

Die Weißbeerige Mistel *(Viscum album)* ist ein immergrüner Strauch. Als Halbparasit befällt sie meistens größere Bäume wie Pappeln, Apfelbäume oder Linden. Dazu treibt die Pflanze sogenannte Haustorien (zu Saugorganen umgewandelte Wurzeln) in das Holz der Wirtsbäume.

1   In den Zellen der Misteln finden aerobe Stoffwechselvorgänge statt.

1.1   In den beiden folgenden Abbildungen sind schematische Ausschnitte der inneren Mitochondrienmembran einer Kartoffelpflanze (Abb. 1) sowie einer Mistelpflanze (Abb. 2) dargestellt. An dieser Membran läuft jeweils der letzte Schritt der Zellatmung, die Atmungskette, ab.
Bei den Proteinkomplexen I, III und IV handelt es sich um Protonenpumpen, die Protonen nur in Richtung des Intermembranraumes (Zwischenmembranraumes) transportieren (eine Möglichkeit ist in den Abbildungen dargestellt). Den Antrieb für die Protonenpumpen liefern ähnlich wie bei der Fotosynthese Elektronentransportketten.

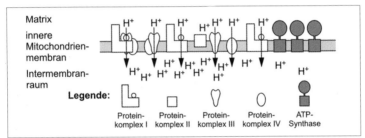

Abb. 1: Ausschnitt der inneren Mitochondrienmembran einer Kartoffel
(verändert nach: J. Senkler et al.: Absence of Complex I Implicates Rearrangement of the Respiratory Chain in European Mistletoe. In: Current Biology, 28 (2018), S. 1 606–1 613)

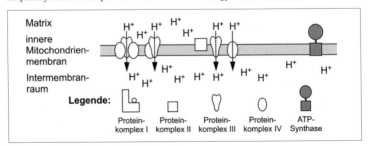

Abb. 2: Ausschnitt der inneren Mitochondrienmembran einer Mistel
(verändert nach: J. Senkler et al.: Absence of Complex I Implicates Rearrangement of the Respiratory Chain in European Mistletoe. In: Current Biology, 28 (2018), S. 1 606–1 613)

Vergleichen Sie den unterschiedlichen Membranaufbau bei der Mistel und der Kartoffel und erläutern Sie die Auswirkungen auf die Leistungsfähigkeit der Atmungskette.

7

1.2 Im Folgenden ist jeweils die vereinfachte Struktur eines Mitochondriums einer Kartoffel und einer Mistel dargestellt (Abb. 3).

schematische Zeichnung   schematische Zeichnung
eines Mitochondriums   eines Mitochondriums
einer Kartoffel   einer Mistel

Abb. 3: Vereinfachte Struktur verschiedener Mitochondrien

Erklären Sie unter Einbezug von Abbildung 3 die unterschiedliche Leistungsfähigkeit der abgebildeten Mitochondrien und stellen Sie eine begründete Hypothese auf, weshalb bei der Mistel die dargestellte strukturelle Veränderung der Mitochondrien auftritt.

5

1.3 Beschreiben Sie den allgemeinen Bau einer Biomembran, der in den Abbildungen 1 bis 3 nicht erkennbar dargestellt ist.

4

2 In einer Untersuchung konnte gezeigt werden, dass der Chlorophyllgehalt in den von Misteln befallenen Wirtspflanzen deutlich höher ist als in der Mistel selbst.

In einem Experiment soll allgemein untersucht werden, ob ein direkter Zusammenhang zwischen der Chlorophyllkonzentration und der Fotosyntheserate besteht. Dazu stehen zwei krautige Wasserpflanzen zur Verfügung, deren Blätter sich in der Chlorophyllkonzentration unterscheiden.

Formulieren Sie eine begründete Hypothese zur obigen Fragestellung und planen Sie ein einfaches Experiment, um diese zu untersuchen.

6

3 Einige Vogelarten wie die Misteldrossel *(Turdus viscivorus)* nutzen besonders in kargen Wintermonaten die Beeren der Mistelpflanze als Nahrungsquelle. Viele andere Vogelarten verschmähen die Früchte dieser Pflanze aufgrund besonderer Inhaltsstoffe. Beim Abzupfen der Beeren durch die Vögel wird die äußere Fruchtwand verletzt, die der Mistelkeimling ohne Hilfe nicht durchdringen könnte. Nach dem Verzehr suchen die Vögel Ruheplätze zur Verdauung auf hohen und oft lichtdurchfluteten Bäumen auf. Dabei hinterlassen sie oft die klebrigen Samen der Mistel auf den Bäumen.

Erläutern Sie die Entstehung der Beziehung zwischen Misteldrossel und Mistelpflanzen aus evolutionsbiologischer Sicht.

6

4   In einem Bestand an Weißtannen *(Abies alba)* im Rheintal wurde die Populationsdynamik der Weißbeerigen Mistel auf einem Baum im zeitlichen Verlauf verfolgt.
Die Ergebnisse sind in Abbildung 4 vereinfacht dargestellt.

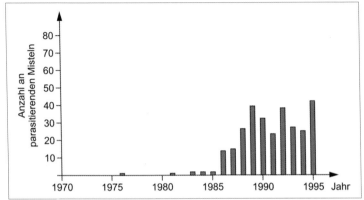

Abb. 4: Entwicklung der Mistelpopulation auf einer Weißtanne
(verändert nach: K. Noetzli et al.: Impact of population dynamics of white mistletoe *(Viscum album ssp. abietis)* on European silver fir *(Abies alba)*. In: Annals of Forest Science, 60 (2003), S. 773–779)

Erläutern Sie die in Abbildung 4 wiedergegebene Entwicklung der Mistelpopulation im Zeitraum von 1983 bis 1995.   8

5   Misteln bilden unterschiedliche Toxine (Giftstoffe), die u. a. in der Medizin zur Krebsbekämpfung eingesetzt werden. Diese Toxine inaktivieren z. B. ribosomale Untereinheiten in menschlichen Zellen.
Erklären Sie den Einfluss dieser Toxine auf den Ablauf der Proteinbiosynthese.   4
                                                     ――
                                                     40

Erwartungshorizont

1.1 *Vergleichen Sie den Membranaufbau von Mistel und Kartoffel miteinander, indem Sie Gemeinsamkeiten und Unterschiede nennen und diese erläutern. Die Informationen dazu finden Sie in den Abbildungen. Berücksichtigen Sie beim Vergleich auch die Auswirkungen auf die Leistungsfähigkeit der Atmungskette.*

Gemeinsamkeiten:
Bei der Membran der Mistel und der Membran der Kartoffel befinden sich in der inneren Mitochondrienmembran Proteinkomplexe, die Protonen aus der Matrix gegen das Konzentrationsgefälle in den Intermembranraum pumpen. Die Proteinkomplexe II, III und IV haben Kartoffel und Mistel gemeinsam. Außerdem befinden sich bei beiden ATP-Synthasen in der Membran.

Unterschiede:
Es fällt auf, dass sich bei der Mistel deutlich weniger Proteinkomplexe in der inneren Mitochondrienmembran befinden, der Proteinkomplex I fehlt beispielsweise völlig. Ebenso sind bei Misteln weniger ATP-Synthasen in dieser Membran vorhanden. Da weniger Proteinkomplexe in der Membran eingelagert sind, werden weniger Protonen in den Intermembranraum gepumpt. Dies hat zur Folge, dass der Protonengradient geringer ist. Aufgrund des geringeren Gradienten diffundieren weniger Protonen durch die ATP-Synthasen zurück in die Matrix. Dies und die geringere Anzahl der Synthasen haben zur Folge, dass die ATP-Ausbeute in der Atmungskette der Misteln geringer ist. Die Atmungskette der Misteln weist demnach eine geringere Leistungsfähigkeit auf.

1.2 In Abbildung 3 ist zu erkennen, dass die innere Mitochondrienmembran bei der Mistel im Vergleich zur Kartoffel weniger stark gefaltet ist. Sie weist dadurch eine geringere Oberfläche auf, in der die für die Atmungskette notwendigen Proteinkomplexe bzw. ATP-Synthasen eingelagert werden können. Dadurch sind die Mitochondrien der Mistel weniger leistungsfähig als die der Kartoffel.

Laut Aufgabentext ist die Mistel ein Halbparasit. Eine mögliche **Hypothese** wäre, dass Misteln bei ihren Wirten direkt ATP schmarotzen und deshalb eine geringe Effizienz der Atmungskette nicht weiter ins Gewicht fällt.

Forscher stehen bislang vor einem Rätsel, weshalb der eigentlich für Eukaryoten essenzielle Proteinkomplex I bei der Mistel fehlt. Man geht bisher davon aus, dass Misteln als Halbparasiten lediglich Mineralsalze und Wasser schmarotzen. Evtl. entziehen sie ihren Wirtspflanzen auch einige Nährstoffe. Momentan wird vermutet, dass Misteln, die nur sehr langsam wachsen und ohne Wurzeln auskommen, keine so effektive Atmungskette benötigen. Weshalb die Gene für den Proteinkomplex I scheinbar verloren gegangen sind, lässt sich im Moment noch nicht abschließend erklären.

1.3 *Der Operator „beschreiben" fordert Sie dazu auf, den allgemeinen Bau einer Biomembran in Fachsprache strukturiert und richtig wiederzugeben. Eine kleine Skizze kann dabei hilfreich sein, ist aber in der Aufgabenstellung nicht verlangt.*

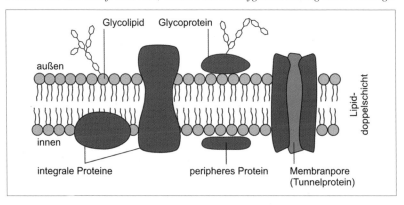

Einer Biomembran liegt eine **Phospholipid-Doppelschicht** zugrunde. Phospholipide besitzen eine hydrophobe Schwanzgruppe, diese ragt in die Mitte der Doppelschicht, und eine hydrophile Kopfgruppe. Dieser Membran sind Proteine ein- bzw. aufgelagert. Eingelagerte Proteine, die auch durch die Membran hindurchreichen können, werden als **integrale Proteine** bezeichnet. Aufgelagerte Proteine bezeichnet man als **periphere Proteine**. Häufig sind Kohlenhydratgruppen an Lipiden bzw. Proteinen gebunden, die nach außen ragen. Diese werden **Glycolipide** bzw. **Glycoproteine** genannt und spielen z. B. bei der Erkennungsreaktion der Immunabwehr eine Rolle.

2 **Hypothese:**
Je höher die Chlorophyllkonzentration ist, desto höher ist die Fotosyntheserate.

Die Hypothese kann natürlich auch anders formuliert werden, z. B.: Je mehr Chlorophyll vorhanden ist, desto mehr Licht kann absorbiert und für die Fotosynthese genutzt werden.

Experiment:
Ein mögliches Experiment besteht darin, dass man bei den beiden krautigen Wasserpflanzen mit unterschiedlicher Chlorophyllkonzentration die Fotosyntheserate bestimmt. Da sich die beiden Versuchsansätze bereits in dem Parameter der Chlorophyllkonzentration unterscheiden, müssen die restlichen Versuchsbedingungen wie z. B. Wassertemperatur, Lichtqualität und -quantität oder Kohlenstoffdioxidkonzentration konstant gehalten werden. Um die Fotosyntheserate zu bestimmen, könnte man die Wasserpflanzen jeweils in einen Glasbehälter so unter einen Trichter geben, dass sich dessen große Öffnung über den Pflanzen

befindet (s. Abb.). Über die kleine Öffnung des Trichters bringt man einen Messzylinder an. Alle Glasgeräte müssen mit Wasser gefüllt sein, sodass der bei der Fotosynthese entstehende Sauerstoff das Wasser aus dem Messzylinder verdrängen kann. Der entstandene Sauerstoff stellt das Maß für die Fotosyntheserate dar.

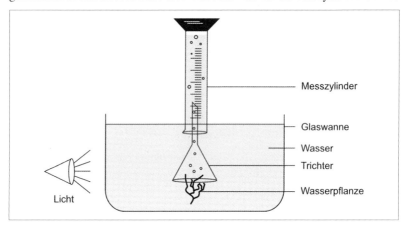

3   Bei der Beziehung zwischen Mistel und Misteldrossel handelt es sich um eine **Symbiose**. Dabei ziehen **beide Partner Vorteile** aus der Beziehung. Für die Misteldrossel stellen die Beeren der Mistel eine sichere **Nahrungsquelle** im Winter dar. Die Mistel profitiert von den Misteldrosseln, da diese die Samen zu optimalen Standorten, den hohen und oft lichtdurchfluteten Baumkronen, an denen ausreichend Licht für die Fotosynthese vorhanden ist, **verbreiten**. Die Keimungsbedingungen sowie die Standortbedingungen für die spätere Pflanze sind somit optimal. Die Entstehung dieser Beziehung aus evolutionsbiologischer Sicht könnte mithilfe der **Koevolution** erklärt werden. Auf beide Lebewesen wirken unterschiedliche **Selektionsdrücke**. Einige Individuen der Misteldrosseln konnten die für andere Vögel aufgrund besonderer Inhaltsstoffe ungenießbaren Beeren der Mistel fressen. Sie hatten möglicherweise spezielle Entgiftungsmechanismen. Diejenigen Misteldrosseln, die die Beeren als Nahrungsquelle nutzen konnten, hatten gegenüber den anderen Individuen ihrer Art einen Selektionsvorteil. Sie hatten weniger Konkurrenten um Nahrung und konnten eventuell länger in kalten Gebieten bleiben. Einige Misteln besaßen Beeren mit besonderen Inhaltsstoffen, sodass nur noch wenige Vögel, wie die Misteldrosseln, die Beeren als Nahrung nutzten. Deren Samen wurden nun an optimale Standorte gebracht. So konnte sich die Mistel durch die Symbiose Selektionsvorteile bezüglich des Standortes sichern.

Ob die Entstehung dieser Beziehung tatsächlich mithilfe der Koevolution begründet werden kann, wird in der Wissenschaft diskutiert. Eindeutige Ergebnisse liegen hierzu allerdings noch nicht vor.

4 *Beachten Sie den Hinweis im Aufgabentext, dass Sie nur den Zeitraum von 1983 bis 1995 beschreiben sollen. Greifen Sie auf Ihr Wissen aus dem Unterricht zu den typischen Phasen der Populationsdynamik zurück.*

Anlaufphase (= lag-Phase):
Die Anzahl der parasitierenden Misteln ist zwischen 1983 und 1985 sehr gering. Der beobachtete Baum muss erst groß genug sein und von den mistelverbreitenden Vögeln als bevorzugter Sitzplatz wahrgenommen und genutzt werden. Außerdem etablieren Misteln sich vor allem an bereits geschwächten Bäumen. Misteln wachsen sehr langsam, so dauert es einige Jahre, bis sich ein Individuum mittels Beeren verbreiten kann.

Exponentielle Phase (= log-Phase):
Zwischen 1985 bis 1989 befindet sich die Mistelpopulation in der exponentiellen Phase. Die Wachstumsrate ist sehr hoch, da deutlich mehr Individuen zur Population hinzukommen als absterben. Mistelbefall findet besonders an bereits geschwächten Bäumen statt. Außerdem liegt in dieser Phase eine positive Rückkopplung vor: Viele mistelverbreitende Vögel suchen bei der bereits befallenen Weißtanne Nahrung in Form von Beeren und geben dort auch wieder Samen für neue Misteln ab.

Stationäre Phase:
In den Jahren 1989–1995 führen Einflüsse wie Platzmangel dazu, dass die Anzahl der Misteln auf der Weißtanne stagniert. Die Anzahl der neu hinzugekommenen Misteln („Geburtenrate") entspricht in etwa der Sterberate. Je nach Umweltbedingungen schwankt die Populationsdichte um die Kapazitätsgrenze.

Eine Absterbephase ist in dem Diagramm nicht gezeigt.

5 Die **Proteinbiosynthese** besteht im Wesentlichen aus den Prozessen der **Transkription** und **Translation**. Zwischen diesen Phasen läuft die Prozessierung ab.

Die im Text beschriebenen Toxine stören die ribosomalen Untereinheiten in menschlichen Zellen. Werden diese durch die Toxine beeinflusst, so kann die Translation nicht mehr ablaufen und die Synthese von Proteinen ist nicht mehr möglich. Sind die ribosomalen Untereinheiten inaktiviert, so können sie nicht an die mRNA binden und mit der Translation starten.

Da die Transkription räumlich getrennt und zeitlich vor der Translation stattfindet, kann diese ungehindert ablaufen.

Auch die Prozessierung kann ungehindert ablaufen, da sie räumlich getrennt und zeitlich vor der Translation stattfindet.

BE

Algen besiedeln Süßgewässer, verschiedenste Meeresregionen sowie extreme Lebensräume wie Gletscher und arktisches Packeis. Die Gattung *Chlamydomonas* zählt zu den einzelligen Grünalgen.

1 Die Vertreter dieser Grünalgengattung sind fotoautotroph und besitzen die für grüne Pflanzen typischen Fotosynthesepigmente.

1.1 Geben Sie die Bruttogleichung der Lichtreaktionen der Fotosynthese an. 3

1.2 Fertigen Sie eine vollständig beschriftete Zeichnung des elektronenmikroskopischen Aufbaus eines Chloroplasten an und kennzeichnen Sie diejenigen Strukturen eindeutig, an / in denen die lichtabhängigen bzw. die lichtunabhängigen Reaktionen stattfinden. 6

2 Zur Untersuchung der Fotosyntheserate wurden Proben von *Chlamydomonas nivalis* aus Schneefeldern des Rettenbachgletschers in Tirol verwendet. In Abbildung 1 sind die Ergebnisse von Laborexperimenten zur Bestimmung der Fotosyntheseleistung (Sauerstofffreisetzung) von *Chlamydomonas nivalis* in Abhängigkeit von der Beleuchtungsstärke bei unterschiedlichen Temperaturen dargestellt.

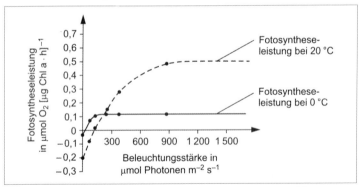

Abb. 1: Ergebnisse von Laboruntersuchungen zur Fotosyntheseleistung (Sauerstofffreisetzung) von *Chlamydomonas nivalis* in Abhängigkeit von der Beleuchtungsstärke bei unterschiedlichen Temperaturen
(verändert nach: D. Remias et al.: Photosynthesis, pigments and ultrastructure of the alpine snow alga *Chlamydomonas nivalis*. In: European Journal of Phycology, 40 (3) (2005), S. 259–268)

2.1 Erklären Sie die in Abbildung 1 dargestellten Ergebnisse der Untersuchungen zur Fotosyntheseleistung (Sauerstofffreisetzung) von *Chlamydomonas nivalis* bei 20 °C.

7

2.2 Vergleichen Sie die Fotosyntheseleistung (Sauerstofffreisetzung) von *Chlamydomonas nivalis* bei 20 °C mit der bei 0 °C und stellen Sie eine begründete Hypothese zur Erklärung der unterschiedlichen maximalen Sauerstofffreisetzung auf.

7

3 Eine weitere Art der Gattung *Chlamydomonas* ist *Chlamydomonas reinhardtii*. Diese einzellige Alge kommt im Süßwasser vor und kann sich mehrfach am Tag teilen. Im gleichen Lebensraum findet man auch die mehrzelligen Rädertierchen *Brachionus calyciflorus*, die sich von einzelligen *Chlamydomonas reinhardtii*-Algen ernähren.

3.1 In einem Laborexperiment wurden die Rädertierchen zusammen mit einzeln lebenden und mit als Kolonien vorkommenden *Chlamydomonas reinhardtii*-Algen kultiviert. Die Populationsentwicklungen der Rädertierchen und der einzelligen Algen in der Kultur sind in Abbildung 2 dargestellt.

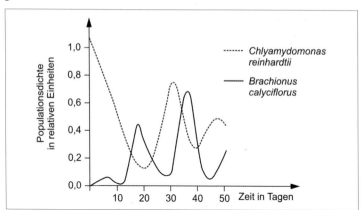

Abb. 2: Populationsentwicklung einer Kultur von Rädertierchen *Brachionus calyciflorus* mit einzelligen *Chlamydomonas reinhardtii*-Algen
(verändert nach Becks, L.; Ellner, S. P.; Jones, L. E.; Hairston, N. G. Jr.: The functional genomics of an eco-evolutionary feedback loop: linking gene expression, trait evolution, and community dynamics. Ecology Letters 15 (2012), S. 492–501)

3.1.1 Erläutern Sie die in Abbildung 2 dargestellten Populationsentwicklungen der einzelligen Algen und der Rädertierchen.

5

3.1.2 Wenn die oben genannte Grünalge zusammen mit den Rädertierchen über viele Generationen hinweg unter konstanten Laborbedingungen kultiviert wird, findet man vermehrt mehrzellige Algenkolonien.

Stellen Sie eine begründete Hypothese für eine Zunahme der mehrzelligen *Chlamydomonas reinhardtii*-Kolonien bei Anwesenheit der Rädertierchen aus evolutionsbiologischer Sicht auf.　　　　　　　　　　　　　4

3.2　*Chlamydomonas reinhardtii*-Algen können sich sowohl geschlechtlich als auch ungeschlechtlich fortpflanzen. Stellen Sie je einen Vor- und Nachteil beider Strategien dar und ordnen Sie den Phasen einer logistischen Wachstumskurve die jeweils vorteilhaftere Strategie begründet zu.　　　　　　　　　　　　　　　　　　　　　　　　 8

$$\overline{\quad 40\quad}$$

Erwartungshorizont

1.1　$12\,H_2O + 12\,NADP^+ + 18\,ADP + 18\,P_i \longrightarrow$
　　　$6\,O_2 + 12\,NADPH/H^+ + 18\,ATP$

1.2

2.1　*Die Aufgabenstellung verlangt, dass Sie die in der Abbildung dargestellten Ergebnisse erklären. Beginnen Sie immer mit den Achsenbeschriftungen. Fahren Sie fort, indem Sie die Kernaussagen des Diagramms zusammenfassen. Erst im Anschluss sollten Sie die Ergebnisse des gestrichelten Kurvenverlaufes erklären.*

Das Diagramm zeigt die Ergebnisse eines Versuchs zur **Fotosyntheseleistung** von *Chlamydomonas nivalis* in Abhängigkeit von der Beleuchtungsstärke bei **zwei unterschiedlichen Temperaturen**. Bei 20 °C steigt bei Erhöhung der

Beleuchtungsstärke bis zu ca. 900 µmol Photonen $m^{-2}s^{-1}$ die Sauerstofffreisetzung bis etwa 0,5 µmol an und geht dann in einen Sättigungswert über.

Bei der anfangs noch sehr niedrigen Beleuchtungsstärke überwiegt die **Atmung**. Das Diagramm zeigt, dass hier mehr Sauerstoff aufgenommen als durch die Fotosynthese abgegeben wird. Bei einer bestimmten Beleuchtungsstärke (hier etwa 150 µmol Photonen $m^{-2}s^{-1}$), dem **Lichtkompensationspunkt**, halten sich Sauerstoffaufnahme und -abgabe die Waage. Dieser zeigt sich durch den Schnittpunkt mit der x-Achse. Erst bei weiterer Erhöhung überwiegt die **Fotosynthese** und damit die Sauerstofffreisetzung. Wird die Beleuchtungsstärke weiter erhöht, steigt die Fotosyntheseleistung bis zum **Sättigungswert** an.

2.2 *Vergleichen Sie die Ergebnisse, die Sie dem Diagramm entnehmen können. Erst anschließend stellen Sie die verlangte Hypothese auf. Dieser Operator fordert Sie dazu auf, eine begründete Vermutung auf Grundlage der gegebenen Informationen zu formulieren. Deshalb sind hier natürlich auch weitere individuelle Antwortmöglichkeiten denkbar, allerdings muss ein Bezug auf die gegebenen Informationen vorhanden sein.*

Vergleich:
Bei einer Temperatur von 0 °C wird der Lichtkompensationspunkt wesentlich früher erreicht als bei 20 °C. Die maximale Fotosyntheseleistung bzw. die maximale Sauerstofffreisetzung liegt bei 0 °C mit nur 0,1 µmol deutlich niedriger als bei 20 °C. Zudem wird die Sättigung bei 0 °C bereits bei geringerer Beleuchtungsstärke erreicht.

Hypothese:
Eine mögliche Ursache für die geringere maximale Sauerstofffreisetzung bei 0 °C könnte z. B. aufgrund der RGT-Regel in einer verringerten Enzymaktivität bei 0 °C liegen. Die dadurch geringere Regeneration von $NADP^+$ in den lichtunabhängigen Reaktionen würde die geringere Sauerstofffreisetzung erklären.

3.1.1 *Fressfeind-Beute-Beziehungen werden durch das LOTKA-VOLTERRA-Modell beschrieben. Dieses kann für die Wechselbeziehung zwischen Rädertierchen und Algen als Vorlage dienen.*

Mit der steigenden Anzahl an mehrzelligen Rädertierchen (Fressfeind) nimmt die Dichte der einzelligen Algenpopulation (Beute) ab. Die Dichte der Rädertierchenpopulation wird vom sinkenden Nahrungsangebot begrenzt und sinkt nach Erreichen eines Maximums. Daraufhin erholt die Population der Algen und die Populationsdichte steigt wieder an. Dieser Anstieg führt zu einem verbesserten Nahrungsangebot für die Rädertierchen, wodurch deren Dichte erneut steigt. Beide Populationen schwanken also periodisch, wobei ihre Maxima jeweils gegeneinander verschoben sind.

3.1.2 *Diese Aufgabenstellung ermöglicht auch andere alternative Hypothesen, die jedoch in sich schlüssig sein müssen und anhand der Informationen aus dem Text begründet werden müssen.*

Die mehrzellige *Chlamydomonas reinhardtii*-Kolonie eignet sich aufgrund ihrer Größe schlechter als Beute für die Rädertierchen. Die Größenzunahme lässt sich also als Fraßschutz erklären, wodurch sich die Fitness der Kolonien bildenden Algen erhöht. So hat *Chlamydomonas reinhardtii* einen Selektionsvorteil gegenüber den anderen Algenarten.

3.2 *Laut Aufgabentext können sich Chlamydomonas reinhardtii-Algen sowohl geschlechtlich als auch ungeschlechtlich fortpflanzen. Zur Beantwortung ist die Darstellung je eines Vor- und Nachteils ausreichend. Anschließend soll ein Bezug zu einer logistischen Wachstumskurve hergestellt werden.*

Ungeschlechtliche Fortpflanzung: Mitotische Teilungsvorgänge führen zu diploiden, genetisch identischen Tochterzellen, die alle die gleiche Erbinformation wie die Mutter tragen.
  – **Vorteil:** Vorteilhaft ist, dass die ungeschlechtliche Fortpflanzung sehr schnell ablaufen kann.
  – **Nachteil:** Nachteilig ist die fehlende Anpassung an sich verändernde Umweltbedingungen.

Geschlechtliche Fortpflanzung: Meiotische Teilungsvorgänge führen zu haploiden, genetisch unterschiedlichen Keimzellen, bei denen die elterlichen Erbanlagen neu kombiniert sind.
  – **Vorteil:** Nach der Befruchtung entwickeln sich genetisch unterschiedliche Nachkommen, die Angepasstheiten an neue Bedingungen aufweisen können.
  – **Nachteil:** Die zeit- und energieaufwendige Partnersuche bzw. Bildung von Keimzellen sind Nachteile dieser Fortpflanzungsstrategie.

Anlaufphase (= lag-Phase): In dieser Phase ist die **ungeschlechtliche** Fortpflanzung vorteilhafter, da nach der Anpassung an die neuen Umweltbedingungen ein schnelles Populationswachstum möglich ist.

Exponentielle Phase (= log-Phase): In dieser Phase ist die **ungeschlechtliche** Fortpflanzung vorteilhafter, da das exponentielle Wachstum sehr schnell abläuft.

Stationäre Phase: In dieser Phase ist die **geschlechtliche** Fortpflanzung vorteilhafter, da sich nun infolge von Nahrungsmangel und Anreicherung von Stoffwechselendprodukten die Umweltbedingungen ändern und genetisch unterschiedliche Nachkommen, die möglicherweise Angepasstheiten zeigen, von Vorteil sind.

BE

Der Haushund stellt systematisch eine Unterart des Raubtieres Wolf dar. Es wird davon ausgegangen, dass es weltweit hunderte verschiedene Hunderassen gibt.

1 Anders als Hunde, die wie u. a. auch die Wale, Nagetiere und Primaten zur Unterklasse der Höheren Säugetiere zählen, gehörte der 1936 ausgestorbene Beutelwolf der Unterklasse der Beuteltiere an. Der letzte gemeinsame Vorfahre der beiden genannten Unterklassen existierte vor über 160 Millionen Jahren und ernährte sich von Insekten.
In der nachfolgenden Abbildung (Abb. 1) sind der Schädel eines Beutelwolfes und eines Hundes gegenübergestellt.

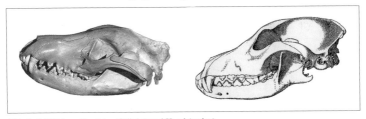

Abb. 1: Schädel von Beutelwolf (links) und Hund (rechts)
(© Dave Watts / Alamy Stock Photo, Herrmann Dittrich)

1.1 Beschreiben Sie Gemeinsamkeiten im Bau des Gebisses von Beutelwolf und Hund und erklären Sie diese Gemeinsamkeiten aus evolutionsbiologischer Sicht. 6

1.2 Der in Abbildung 1 erkennbare stark verlängerte Gesichtsschädel des Hundes bietet u. a. Platz für eine große Riechschleimhaut, die eine Grundlage für den ausgeprägten Geruchssinn von Hunden darstellt.
Erläutern Sie, wie JEAN-BAPTISTE DE LAMARCK (1744–1829) die Entstehung der langgezogenen Schädelform erklärt hätte, und geben Sie zwei Aspekte an, in denen dieser Erklärungsansatz aus heutiger wissenschaftlicher Sichtweise kritisiert werden kann. 8

2 Collies können an einer Überempfindlichkeit gegenüber manchen Arz-
neistoffen leiden. Ursache hierfür ist ein Defekt im Multi-Drug-Resis-
tance-Gen MDR1 auf Chromosom 14, wodurch es zu einer mangelhaften
oder fehlenden Synthese des sogenannten P-Glycoproteins kommt.
Dieses dient dazu, körperfremde Stoffe wie Arzneimittel aus dem Körper
hinaus zu transportieren.
Der MDR1-Defekt beruht auf einer Mutation innerhalb des vierten von
28 für das P-Glycoprotein codierenden Exons. Auffällig bei betroffenen
Hunden ist, dass die Aminosäuresequenz des Genprodukts nur etwa zehn
Prozent der Länge des intakten P-Glycoproteins aufweist. Ursächlich
dafür ist eine Mutation im MDR1-Gen, bei der vier Basen im Vergleich
zur unmutierten Form fehlen. Im Folgenden ist jeweils ausschnittsweise
die DNA-Basensequenz des codogenen Strangs des betroffenen Ab-
schnitts im MDR1-Gen dargestellt:

ohne Mutation:	3' – AAACATGACAGATAGCTTTGC – 5'
mit Mutation:	3' – AAACATGACAGCTTTGCAATT – 5'

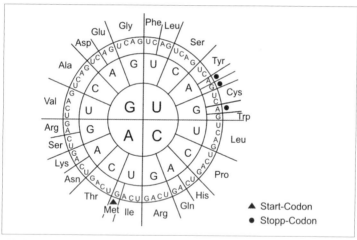

Abb. 2: Code-Sonne

2.1 Leiten Sie mithilfe der Code-Sonne (Abb. 2) die Aminosäuresequenz ab,
für die die Basensequenz der unmutierten Variante codiert.   4

2.2 Erklären Sie den Zusammenhang zwischen der hier vorliegenden Mutation und der Auswirkung auf das veränderte P-Glycoprotein als Genprodukt.   4

3   Abbildung 3 zeigt den Stammbaum einer Hundezucht, in der der beschriebene MDR1-Defekt auftritt.

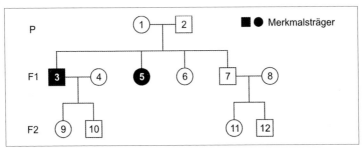

Abb. 3: Stammbaum einer Colliezucht, in der der MDR1-Defekt auftritt

3.1   Leiten Sie aus dem Stammbaum den Vererbungsmodus des MDR1-Defekts ab, indem Sie begründet nicht zutreffende Erbgänge ausschließen.   6

3.2   Um den durch die fehlenden Basenpaare entstandenen MDR1-Defekt nachzuweisen, wird die betroffene Gensequenz mittels Polymerasekettenreaktion (PCR) vervielfältigt und die so gewonnenen DNA-Abschnitte werden mittels Gelelektrophorese analysiert.
Abbildung 4 zeigt die Ergebnisse einer solchen Untersuchung für drei Hundeindividuen der in Abbildung 3 dargestellten F1-Generation.

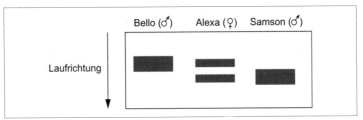

Abb. 4: Ergebnisse einer Gelelektrophorese bei einer Untersuchung des für den MDR1-Defekt relevanten Genorts
(verändert nach: K. Mizukami: Rapid genotyping assays for the 4–base pair deletion of canine MDR1/ABCB1 gene and low frequency of the mutant allele in Border Collie dogs. In: Journal of Veterinary Diagnostic Investigation, 24 (1) (2012), S. 127–134)

3.2.1   Erläutern Sie das Verfahren der PCR zur Analyse von DNA-Proben unter Berücksichtigung der Vorgänge auf der Teilchenebene.   6

3.2.2   Leiten Sie begründet aus den Untersuchungsergebnissen die Genotypen der Hunde Bello, Alexa und Samson ab und ordnen Sie jedem dieser drei Individuen eine mögliche Nummer aus dem Stammbaum in Abbildung 3 zu.   6
                                                                                                            ___
                                                                                                            40

Erwartungshorizont

1.1 Beschreibung:

Die Gebisse von Beutelwolf und Hund weisen als Gemeinsamkeit stark verlängerte, kräftige Eckzähne auf. Außerdem besitzen die Backenzähne spitze Höcker.

Erklärung:

Die Ähnlichkeiten im Bau des Gebisses können mithilfe der **konvergenten Entwicklung** erklärt werden. Beutelwolf und Hund bewohnten auf unterschiedlichen Kontinenten ähnliche Lebensräume und waren an eine fleischfressende Lebensweise angepasst. Sie besetzten eine sehr ähnliche **ökologische Nische**. Diese **Strukturen** sind jedoch unabhängig voneinander entstanden und deuten nicht auf nähere Verwandtschaft hin.

1.2 LAMARCK erkannte die Veränderlichkeit der Arten und ging von einer **schrittweisen, aktiven Anpassung** der Arten an neue Umweltbedingungen aus. Er formulierte drei Ursachen: den **Gebrauch** und **Nichtgebrauch** von Organen, die Vererbung von erworbenen Merkmalen und den Vervollkommnungstrieb. Seiner Theorie nach verändern sich Organe wie der Gesichtsschädel des Hundes durch den **Gebrauch des Geruchssinnes**. Durch den ständigen Gebrauch des Geruchssinnes **vergrößert sich die Riechschleimhaut**. Da diese mehr Platz braucht, **verlängert sich der Gesichtsschädel**. Weil diese erworbenen Eigenschaften laut LAMARCK **vererbt** werden, konnte sich die langgezogene Schädelform des Hundes über viele Generationen hinweg entwickeln. Außerdem nahm LAMARCK einen **Vervollkommnungstrieb** an: Die Hunde hatten den Drang sich optimal an die Umwelt anzupassen. Durch den ausgeprägten Geruchssinn konnten sie beispielsweise leichter Nahrung erschnüffeln.

Aus heutiger Sicht kann an LAMARCKs Evolutionstheorie kritisiert werden, dass es keinen **Vervollkommnungstrieb** gibt. Außerdem können **individuell erworbene Eigenschaften nicht** an die nächste Generation **vererbt werden**.

2.1 *Gehen Sie zur Lösung dieser Aufgabe systematisch vor und nutzen Sie die Code-Sonne, wie Sie es aus dem Unterricht kennen.*

codogener Strang	3'	AAA	CAT	GAC	AGA	TAG	CTT	TGC	5'
mRNA	5'	UUU	GUA	CUG	UCU	AUC	GAA	ACG	3'
Aminosäuresequenz		Phe	Val	Leu	Ser	Ile	Glu	Thr	

2.2 *Um die Aufgabenstellung zu bearbeiten, analysiert man zunächst die Art der*
Mutation und im Anschluss deren Folgen.

Die Mutation im MDR1-Gen beruht auf dem Verlust (Deletion) von vier Basen.
Dies führt zur Verschiebung des Leserasters, wodurch ein **Stopp-Codon** (codoge-
ner Strang mit Mutation: ATT) erzeugt wird. Dadurch kommt es zum vorzeitigen
Abbruch der Translation und es wird ein **verkürztes Genprodukt** gebildet.

3.1 *Leiten Sie hier den Erbgang durch Ausschluss nicht zutreffender Erbgänge ab.*
Die Angabe konkreter Genotypen ist in dieser Aufgabe nicht verlangt.

Ein **autosomal-dominanter** Erbgang kann ausgeschlossen werden, da in diesem
Fall einer der Eltern (Hündin 1 und Hund 2) der betroffenen Hündin 5 Merkmalsträger sein müsste.
X-chromosomale Erbgänge (sowohl dominant als auch rezessiv) können ausgeschlossen werden. Wenn die Hündin 5 betroffen ist, müsste ihr Vater (Hund 2)
in diesem Fall Merkmalsträger sein.

Auf dem Y-Chromosom befinden sich nur sehr wenige Erbinformationen, sodass
Y-chromosomale Erbleiden sehr selten sind.

Ein **Y-chromosomaler Erbgang** kann ausgeschlossen werden, da der betroffene
Hund 5 weiblich ist.
Fazit: Es muss sich um einen **autosomal-rezessiven** Erbgang handeln.

3.2.1 *Beachten Sie bei Ihrer Erläuterung der PCR, dass Sie auch auf die Vorgänge*
auf der Teilcheneben eingehen.

Die Polymerase-Kettenreaktion (PCR) ist ein Verfahren zur schnellen Vervielfältigung der DNA.
Beschreibung des Ablaufs der PCR:
Zuerst werden einige Vorbereitungen getroffen: Das zu amplifizierende doppel-
strängige DNA-Fragment befindet sich in einer Lösung, zu der die einzelnen
Nukleotide, hitzebeständige Polymerase (Taq-Polymerase) und passende Primer
hinzugefügt werden. Die PCR erfolgt in drei Schritten, die in mehreren Zyklen
wiederholt werden. In jedem Zyklus wird das zu vermehrende DNA-Fragment
verdoppelt.
– **Denaturierung:** Durch Erhitzen lösen sich die Doppelstränge der DNA. Die
Wasserstoffbrückenbindungen werden aufgelöst.
– **Hybridisierung:** Die Temperatur wird wieder gesenkt. In dieser Phase binden die Primer über Wasserstoffbrückenbindungen an die zu vervielfältigende DNA. Für jeden Strang ist ein Primer nötig.
– **Amplifikation:** Die DNA-Polymerase verlängert die Primer durch Anhängen
von einzelnen Nukleotiden. Die Originalstränge dienen hierbei als Matrizen.

3.2.2 *Zur Lösung dieser Aufgabe müssen Sie auch Informationen aus den vorherigen Aufgabentexten berücksichtigen. Die Zuordnung der Stammbaumnummern erfolgt laut Aufgabenstellung durch Individuen der F1-Generation.*

Alexa: Das Ergebnis der Gelelektrophorese zeigt zwei Banden, Alexa besitzt also den **heterozygoten** Genotyp Aa. Bei der Stammbaumnummer 6 (Genotyp Aa) könnte es sich also um die Hündin Alexa handeln.

Bello: Das Ergebnis der Gelelektrophorese zeigt nur eine sichtbare Bande, Bello hat also einen **homozygoten** Genotyp. Die kürzere Laufstrecke der DNA-Moleküle von Hund **Bello** lässt auf längere und damit nicht mutierte DNA-Moleküle schließen. Bello besitzt also den **Genotyp AA**. Bello könnte im Stammbaum die Nummer 7 (Genotyp AA oder Aa) sein.

Samson: Die höhere Wanderungsgeschwindigkeit der DNA von Hund Samson lässt sich nur durch kürzere Moleküle erklären. Samson kann dem Rüden mit der Stammbaumnummer 3 zugeordnet werden, er besitzt also das mutierte, deutlich verkürzte Allel und damit den Genotyp **aa**.

BE

Zu den in Europa vorkommenden Giftschlangen gehören Vertreter der Familie der Vipern. Diese besitzen Giftdrüsen und Giftzähne. Auch die heimische Kreuzotter *(Vipera berus)* zählt zu den Vipern (Abb. 1).

Abb. 1: Kreuzotter *(Vipera berus)*
© ClipArt ETC

1   Die Vipern sind durch einen recht gedrungenen Körperbau und einen dreieckigen Kopf gekennzeichnet. Bei den in Deutschland vorkommenden Nattern, einer weiteren Schlangenfamilie, handelt es sich hingegen um ungiftige Schlangen, deren Kopf meist lang und schmal ist. Wenn Fressfeinde auftauchen, zeigt die ungiftige Natternart *Natrix maura* folgendes Verhalten: Sie bringt ihren Kopf in eine flache, dreieckige Form und gibt ein bedrohliches Zischen von sich.
Interpretieren Sie dieses Verhalten und seine mögliche biologische Bedeutung auf der Grundlage des Sender-Empfänger-Modells.   6

2   Die zu den Vipern zählende Aspisviper *(Vipera aspis)* und die Kreuzotter sind sich im äußeren Erscheinungsbild sehr ähnlich. Ihre Verbreitungsgebiete überlappen sich nur in einer Region in Frankreich.
Die Aspisviper besitzt unter den europäischen Vipern ein einzigartiges Karyogramm mit einem Chromosomensatz von 21 Chromosomenpaaren. Im Vergleich dazu weist die Kreuzotter 18 Chromosomenpaare auf. Forscher fanden in Frankreich Hybridvarianten, die jedoch unfruchtbar sind.

2.1   Diskutieren Sie unter Bezug auf verschiedene Artdefinitionen, inwiefern es sich bei der Kreuzotter und der Aspisviper um unterschiedliche Arten handelt.   5

2.2   Erklären Sie die cytogenetische Ursache für die Unfruchtbarkeit der Hybridvarianten.   4

3   Eine Komponente des Giftes der Kreuzotter ist das Enzym Phospholipase A_2. Das zugrundeliegende Gen PLA2 besteht aus fünf Exons (1 bis 5) und vier Introns (A bis D). Nachfolgend sind Ausschnitte aus dem codogenen Strang dieses Gens dargestellt:

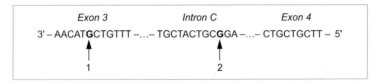

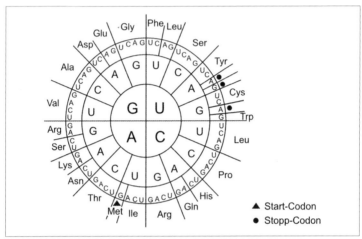

Abb. 2: Code-Sonne

3.1 Leiten Sie mithilfe der Code-Sonne (Abb. 2) die Aminosäuresequenz ab, für die die gezeigte Basensequenz von Exon 3 codiert.   4

3.2 Erläutern Sie jeweils, wie die Funktionstüchtigkeit des Enzyms Phospholipase A_2 beeinflusst wird, wenn an den mit Pfeilen markierten Positionen 1 bzw. 2 die Base Guanin durch Thymin ersetzt wird.   6

4   Die Höllenotter ist eine komplett schwarz gefärbte Form der Kreuzotter, die häufig in Nordeuropa oder in Gebirgen auftritt. In Schweden, wo verschiedene Farbvarianten der Kreuzotter vorkommen, hat man die Auswirkung der Schwarzfärbung der Höllenotter untersucht (Abb. 3).

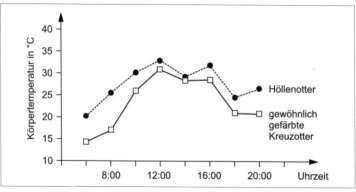

Abb. 3: Veränderung der Körpertemperatur im Tagesverlauf bei verschiedenen Farbvarianten der Kreuzotter
(verändert nach: A. Forsman: Heating rates and body temperature variation in melanistic and zigzag Vipera berus: Does colour make a difference? In: Annales Zoologici Fennici, 32 (1995), S. 365–374)

Leiten Sie eine mögliche Erklärung für die Entstehung der schwarz gefärbten Kreuzotterindividuen aus ultimater Sicht ab.   5

5   Im Jahr 2016 wurde die neue Vipernart *Vipera walser* beschrieben. Sie existiert in einem sehr kleinen Verbreitungsgebiet von nur 500 km² ausschließlich in zwei sehr niederschlagsreichen und feuchten Tälern der südlichen Alpen.

5.1 Während zwischen *Vipera walser* und anderen Vipernarten größere genetische Unterschiede vorliegen, ist innerhalb der Population von *Vipera walser* aktuell eine nur sehr geringe genetische Variabilität zu verzeichnen. Stellen Sie eine begründete Hypothese über die Bildung der neuen Art *Vipera walser* auf der Grundlage der erweiterten Evolutionstheorie auf.   6

5.2 *Vipera walser* konnte aufgrund molekulargenetischer Methoden von den übrigen Vipernarten abgegrenzt werden, indem jeweils die Sequenz des Cytochrom-b-Gens der mitochondrialen DNA verglichen wurde.
In der folgenden Tabelle sind die prozentualen Unterschiede der untersuchten DNA-Sequenzen verschiedener Vipernarten im Vergleich zu *Vipera walser* dargestellt.

Vipernart	Genetische Differenz in %
Kreuzotter *(Vipera berus)*	5,63
Hornotter *(Vipera ammodytes)*	10,06
Aspisviper *(Vipera aspis)*	8,73
Wiesenotter *(Vipera ursinii)*	3,97

Tab.: Genetische Differenz verschiedener Vipernarten zu *Vipera walser* bezogen auf das Cytochrom-b-Gen
(verändert nach: S. Ghielmi et al.: A new vertebrate for Europe: The discovery of a rangerestricted relict viper in the western Italian Alps. In: Journal of Zoological Systematics and Evolutionary Research, 54 (3) (2016), S. 161–173)

Erläutern Sie, welche Rückschlüsse über die stammesgeschichtliche Verwandtschaft von *Vipera walser* zu den übrigen vier Vipernarten aus den vorliegenden Daten gezogen werden können.

$\dfrac{4}{40}$

Erwartungshorizont

1 Entdeckt die ungiftige Natternart *Natrix maura* Fressfeinde, so imitiert sie die giftigen Vipernarten. Es handelt sich um eine **Signaltäuschung**, indem sie ihren Kopf in eine flache, dreieckige Form bringt und bedrohlich zischt. Dieses Verhalten stellt für die ungiftige Natter einen **Selektionsvorteil** dar, da sie wie die Vipernarten von Fressfeinden gemieden wird.

Natrix maura fungiert hierbei als **Sender**. Sie kodiert sowohl **optische Signale**, die flache, dreieckige Kopfform, als auch **akustische Signale**, das bedrohliche Zischen. Die Fressfeinde sind die **Empfänger** dieser **Informationen**. Sie dekodieren die gesendeten Signale und reagieren dementsprechend. Eine mögliche Reaktion könnte das Abwenden von der Natter sein.

2.1 Nach der **morphologischen Artdefinition** werden alle Lebewesen, die untereinander und mit ihren Nachkommen in wesentlichen Merkmalen übereinstimmen, zu einer Art zusammengefasst.

Nach der **biologischen Artdefinition** fasst man alle Lebewesen zu einer Art zusammen, die sich miteinander kreuzen und fruchtbare Nachkommen zeugen können.

Aufgrund der großen Ähnlichkeiten des äußeren Erscheinungsbilds der Aspisviper und der Kreuzotter würde man sie nach der morphologischen Artdefinition zu einer Art zählen. Da die Hybridvarianten der beiden Arten unfruchtbar sind, handelt es sich nach dem biologischen Artbegriff jedoch um zwei Arten.

2.2 Aspisviper und Kreuzotter besitzen eine **unterschiedliche Anzahl** an Chromosomen. Die Zellen der Hybridvariante, also auch die Urkeimzellen, enthalten demnach 21 Chromosomen der Aspisviper und 18 Chromosomen der Kreuzotter. Während der **Prophase** der **Reduktionsteilung** der **Meiose** kann es in den Zellen der Hybridvariante **nicht** zu einer **vollständigen Paarung der homologen Chromosomen** kommen. Da eine gleichmäßige Verteilung des genetischen Materials hierbei nicht möglich ist, kann die **Meiose nicht ablaufen.** Deshalb entstehen **keine funktionsfähigen Keimzellen.** Die Hybridvariante ist steril.

3.1 *Nutzen Sie hier die Code-Sonne zur Lösung der Aufgabe.*

codogener Strang	3' AAC	ATG	CTG	TTT	5'
mRNA	5' UUG	UAC	GAC	AAA	3'
Aminosäuresequenz	Leu	Tyr	Asp	Lys	

3.2 Die **Basensubstitution** an Stelle 1 findet in **Exon 3** statt, also einem codierenden Bereich der DNA. Wird Guanin durch Thymin ersetzt, so lautet das Triplett in der DNA nicht mehr ATG, sondern ATT. In der mRNA entsteht nun das Codon UAA, somit wird ein **Stopp-Codon** erzeugt. Die Folge hiervon wäre eine **nonsense-Mutation**, also ein Abbruch der Translation im Exon 3. Das so entstandene verkürzte Polypeptid wäre mit hoher Wahrscheinlichkeit kein funktionsfähiges Protein, da die Mutation verhältnismäßig früh im Gen lokalisiert ist.

Die **Substitution** an Stelle 2 findet im **Intron C** statt. Introns sind nicht-codierende Bereiche der DNA. Sie werden aus der Prä-mRNA während der Prozessierung beim Spleißen entfernt. Eine veränderte Basensequenz hat demnach keine direkten Auswirkungen auf das Genprodukt.

Der Begriff Punktmutation wird in der Literatur unterschiedlich definiert. Oft wird er synonym zur Basensubstitution verwendet. Bei einer Punktmutation kann es sich aber auch um eine Deletion oder Insertion handeln.

4 *Um die Aufgabe komplett zu beantworten, empfiehlt es sich, zunächst das Diagramm auszuwerten. Benennen Sie zuerst die Größen auf den Achsen. Hierbei wird die y-Achse gegen die x-Achse beschrieben. Anschließend fassen Sie die Kernaussagen des Diagramms zusammen. Erst im Anschluss leiten Sie eine mögliche Erklärung ab.*
Unter ultimaten Ursachen versteht man Zweckursachen. In der Aufgabenstellung wird verlangt, dass Sie Vorteile für die Entstehung der dunklen Färbung ableiten.

Im Diagramm sind die Körpertemperaturen der Höllenotter und der gewöhnlich gefärbten Kreuzotter gegen die Uhrzeit aufgetragen. Im Tagesverlauf steigen die Körpertemperaturen beider Schlangenarten bis ca. 12 Uhr an. Bis 16 Uhr sind sie bis auf leichte Schwankungen relativ konstant. Gegen Abend sinken die Körpertemperaturen der beiden Schlangenarten. Auffällig ist, dass die Körpertemperatur der Höllenotter zu jeder Zeit höher ist als die der gewöhnlich gefärbten Kreuzotter. Schlangen gehören zu den Reptilien, sie sind also wechselwarm. Die Aktivität von wechselwarmen Tieren hängt von der Körpertemperatur und damit stark von der Umgebungstemperatur ab. Wird die Körpertemperatur durch eine dunkle Körperfärbung zusätzlich erhöht, ist dies in kühleren Klimazonen ein Vorteil. Durch die daraus resultierende erhöhte Aktivität hat die Höllenotter gegenüber der gewöhnlich gefärbten Kreuzotter z. B. Vorteile beim Jagen und damit höhere Überlebens- und Fortpflanzungschancen. Dies führt zu einer Steigerung der (reproduktiven) Fitness.

5.1 Vermutlich sind die beiden Täler in den südlichen Alpen durch wenige zufällig ausgewählte Viper-Individuen besiedelt worden. Demnach handelt es sich um eine **Gendrift** in Form eines **Gründereffekts**. Der Genpool der **Gründerpopulation** ist nur sehr klein, da er nur wenige ausgewählte Allele der Ursprungspopulation enthält. Es ist davon auszugehen, dass die zwei Täler in den südlichen Alpen relativ abgelegen sind, sodass durch diese **geographische Isolation** eine Vermischung des Genpools mit denen anderer Populationen verhindert wurde. Ursprünglich wurden die Individuen der Gründerpopulation noch zu der gleichen Vipernart gezählt, von der sie abstammen. Die **Separation** verhinderte den **Genfluss** zwischen den Populationen und in den unterschiedlichen Gebieten verlief die Evolution in unterschiedliche Richtungen. In den getrennten Populationen veränderten sich die Allele durch **Mutations- und Rekombinationsereignisse**. Die Individuen der beiden Populationen sind verschiedenen Umweltbedingungen ausgesetzt, sodass unterschiedliche **Selektionsfaktoren** auf sie wirken. Die zwei Täler in den südlichen Alpen sind zum Beispiel sehr niederschlagsreich und feucht, sodass Angepasstheiten an diese Bedingungen von Vorteil sind. Während dieses Prozesses der **allopatrischen Artbildung** kommt es zunächst zur Bildung von Unterarten, später von Arten.

5.2 In der Tabelle ist die genetische Differenz in Prozent von verschiedenen Vipernarten zu *Vipera walser* angegeben. Je höher die genetische Differenz ist, desto mehr Veränderungen haben in der DNA stattgefunden, desto länger ist der Zeitraum, in denen sich die Arten unabhängig voneinander entwickelt haben. Dies bedeutet, je geringer die genetische Differenz, desto näher verwandt sind die Arten mit *Vipera walser*. Stammesgeschichtlich am nächsten verwandt ist *Vipera walser* daher mit einer genetischen Differenz von 3,97 % mit der Wiesenotter *(Vipera ursinii)*, gefolgt von der Kreuzotter *(Vipera berus)* mit 5,63 % und dann mit der Aspisviper *(Vipera aspis)* mit 8,73 %. Am entferntesten verwandt mit den aufgeführten Arten ist sie mit der Hornotter *(Vipera ammodytes)* mit 10,06 %.

BE

1 Forscher haben die Kommunikation von Hausmäusen *(Mus musculus)*
untersucht. Dabei zeigte sich, dass die Mäuse beim Paarungsverhalten
durch Töne im Ultraschallbereich miteinander kommunizieren. So wer-
ben Mäusemännchen mit populationsspezifischen Lauten um Weibchen.
Führt man wild lebende Populationen aus Frankreich und Deutschland in
einem Gehege zusammen, paaren sich bevorzugt Mäuseweibchen mit
Partnern aus der Ursprungspopulation des Vaters, sofern die Mäuseweibchen nach der Geburt Kontakt zum Vater hatten.
Erklären Sie die Entstehung des beobachteten Verhaltens zur Partnerwahl der weiblichen Hausmäuse aus ethologischer Sicht. 3

2 Bei der Kalifornischen Hirschmaus *(Peromyscus californicus)* überleben
im Durchschnitt mehr Jungtiere, wenn sich beide Elterntiere an der Brutpflege beteiligen. Dabei übernehmen sowohl männliche als auch weibliche Elterntiere den Nestbau sowie die Fellpflege, das Wärmen und die
Verteidigung der Jungen. Außerdem beteiligen sich die Väter an der
Nahrungsbeschaffung für die Nachkommen.
Stellen Sie eine Kosten-Nutzen-Betrachtung für das Brutpflegeverhalten
des männlichen Elternteils auf. 4

3 Im Labor wurde das Paarungsverhalten von Präriewühlmäusen *(Microtus
ochrogaster)* und Wiesenwühlmäusen *(Microtus pennsylvanicus)* verglichen. Dazu wurden jeweils einem Weibchen ein ihm bekanntes Männchen, mit dem bereits eine Kopulation erfolgt ist, sowie ein fremdes
Männchen zur Auswahl angeboten. In dem Experiment wurde die Dauer
des Körperkontakts des Weibchens mit dem Männchen innerhalb eines
Zeitraumes von drei Stunden gemessen. Außerdem wurde die Zeit, die
die Wühlmäuse jeweils bei ihrem Nachwuchs im Nest verbringen, erfasst. In Abbildung 1 sind die Untersuchungsergebnisse dargestellt.

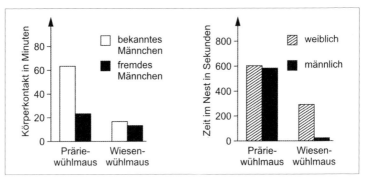

Abb. 1: Vergleich des Verhaltens bei Prärie- und Wiesenwühlmäusen: Dauer des Körperkontakts zwischen Weibchen und Männchen (links) und Dauer des Aufenthaltes im Nest mit Nachwuchs (rechts)
(verändert nach: W. Ruppert: What's Love Got to Do with It? In: Unterricht Biologie, 37 (382) (2013), S. 45)

3.1 Beschreiben Sie die zwei grundsätzlich verschiedenen Paarungssysteme im Tierreich und leiten Sie aus den in Abbildung 1 dargestellten Untersuchungsergebnissen die Zugehörigkeit der zwei Wühlmausarten zum jeweils passenden Paarungssystem begründet ab. 10

3.2 Die Reviergröße ist bei Wiesenwühlmäusen vom Geschlecht der Tiere abhängig. Bei Experimenten zum Orientierungsvermögen von männlichen und weiblichen Individuen in Labyrinthen mit steigendem Schwierigkeitsgrad von Labyrinth 1 bis 7 zeigten sich deutliche Unterschiede zwischen beiden Geschlechtern (Abb. 2).

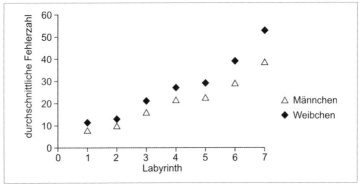

Abb. 2: Geschlechtsspezifische Unterschiede bei Lernexperimenten zum Orientierungsvermögen
(verändert nach: J. Alcock: Animal behavior: An Evolutionary Approach, Spektrum Verlag, 2005, S. 91)

Formulieren Sie eine begründete Hypothese zu einer möglichen Ursache des beobachteten geschlechtsspezifischen Unterschiedes. 4

4   Dem Gehirnareal Hippocampus kommt auch bei Mäusen eine wichtige Bedeutung für das räumliche Vorstellungsvermögen zu.

4.1 Erläutern Sie die Entstehung und Aufrechterhaltung des Ruhepotenzials eines typischen Neurons mithilfe der Ionentheorie.   9

4.2 Um die beim Menschen vorkommende Autoimmunerkrankung „Multiple Sklerose" (MS) näher untersuchen zu können, wird bei Mäusen die Erkrankung „Experimentelle Autoimmune Enzephalomyelitis" (EAE) induziert, die ähnliche Symptome wie MS aufweist.

Sowohl bei MS wie auch bei EAE kommt es zu einer als Demyelinisation bezeichneten Zerstörung der Myelinscheide der Axone von Nervenzellen. Hiervon kann auch der Hippocampus betroffen sein.

Skizzieren Sie eine von EAE betroffene motorische Nervenzelle einer Maus und erläutern Sie, welche Auswirkungen die Demyelinisation auf die Erregungsweiterleitung im Neuron und auf die Funktion der innervierten Muskulatur hat.   <u>10</u>
                                                                                     40

Erwartungshorizont

1   Bei dem beobachteten Verhalten handelt es sich um eine Verhaltensweise, die durch **Prägung** verursacht wird. Dieser **effektive Lernvorgang** erfolgt während einer kurzen **sensiblen Phase**, hier kurz nach der Geburt. Die eingeprägten irreversiblen Merkmale, hier die populationsspezifischen Laute der Männchen, führen zu charakteristischen Verhaltensweisen im späteren Leben. Die **sexuelle Prägung** auf Laute des Vaters dient zur **Erkennung des Paarungspartners.**

2   Die **Kosten** (Nachteile) liegen im erhöhten Energieaufwand zur Brutpflege und dem Sinken der Fitness, da die Männchen weniger Nachkommen mit genetisch unterschiedlichen Weibchen zeugen. Bei Veränderungen der Umweltbedingungen könnte dieser Mangel an Neukombination des Erbguts nachteilig sein.

Von **Nutzen** (Vorteil) ist jedoch, dass mehr Nachkommen überleben. Der Fitnessgewinn des Männchens beruht darauf, dass mehr seiner Gene in die nächste Generation gelangen.

3.1   *Um die Aufgabe komplett zu beantworten, empfiehlt es sich, zunächst die beiden in der Abbildung dargestellten Paarungssysteme getrennt voneinander auszuwerten. Beginnen Sie damit, das jeweilige Paarungssystem zu beschreiben und anschließend zuzuordnen. Da es hier 10 BE gibt, sollten Ihre Ausführungen detailliert sein.*

Beschreibung:
Ein Paarungssystem, bei dem ein fruchtbares Individuum sexuelle Beziehungen zu mehreren Partnern unterhält, wird **Polygamie** genannt.
Leben innerhalb mindestens einer Fortpflanzungsperiode nur ein fruchtbares Weibchen und ein fruchtbares Männchen zusammen, so wird dies als **Monogamie** bezeichnet.

Begründete Ableitung aus Abbildung 1:
Bei **Präriewühlmäusen** dauert der Körperkontakt zwischen bekannten Partnern mit etwas mehr als 60 Minuten etwa dreimal so lange wie mit einem unbekannten Partner. Im Vergleich zu Wiesenwühlmäusen ist die Dauer des Körperkontakts länger. Außerdem verbringen bei den Präriewühlmäusen beide Geschlechter nahezu die gleiche Zeit mit dem Nachwuchs im Nest. Und der Aufenthalt im Nest einer Präriewühlmaus ist ca. doppelt so lang wie der eines Wiesenwühlmausweibchens.
⇒ Präriewühlmäuse leben **monogam.**

Der Körperkontakt von **Wiesenwühlmaus**-Weibchen mit bekannten Männchen dauert kaum länger als mit fremden Männchen und ist relativ kurz. Die Männchen der Wiesenwühlmäuse verbringen kaum Zeit im Nest bei den Jungtieren.

Im Vergleich zu den Präriewühlmäusen ist die Dauer des Aufenthalts im Nest des Wiesenwühlmaus-Weibchens kürzer.

$\Rightarrow$ Wiesenwühlmäuse leben **polygam**.

3.2 *Diese Aufgabenstellung ermöglicht mehrere Hypothesen, die jedoch in sich schlüssig sein und anhand der Daten überprüft werden müssen.*

Weibliche Mäuse zeigen eine höhere Fehlerrate bei Lernexperimenten in Labyrinthen als männliche Mäuse.

Hypothese:
Männliche Mäuse besitzen ein besseres Orientierungsvermögen, was vermutlich in größeren Revieren bei Polygamie notwendig bzw. vorteilhaft zur Partnerfindung ist.

4.1 *Lösen Sie die Aufgabe zum Ruhepotenzial strukturiert, indem Sie Ihr Fachwissen aus dem Unterricht anwenden.*

Das **Ruhepotenzial** beruht im Wesentlichen auf einer unterschiedlichen Ionenverteilung im Zellinneren der Nervenzelle und in der wässrigen Lösung des extrazellulären Raumes. Das Ruhemembranpotenzial liegt bei ca. **−70 mV**. Dabei ist die Membraninnenseite negativ und die Außenseite positiv geladen.

Entstehung des Ruhepotenzials:
– Die **Ionenkonzentrationen** sind auf beiden Seiten der Axonmembran unterschiedlich. Im Inneren des Neurons ist die Konzentration an Kaliumionen und organischen Anionen hoch, auf der Außenseite der Axonmembran liegen Natrium- und Chloridionen in hoher Konzentration vor.
– Die Membran ist **selektiv permeabel**. Im Ruhezustand diffundieren Kaliumionen durch spezifische Ionenkanäle entlang ihres Konzentrationsgefälles von innen nach außen. Da die Membran für große, organische Anionen undurchlässig ist, bleiben diese im Inneren zurück, wodurch sich ein elektrischer Gradient aufbaut, der dem Kaliumionenausstrom entgegenwirkt. Das Ruhepotenzial ist dann erreicht, wenn das Bestreben nach einem Konzentrationsausgleich und das Bestreben nach einem Ladungsausgleich gleich groß sind. Man spricht vom elektrochemischen Gleichgewicht.

Aufrechterhaltung des Ruhepotenzials:
Das Ruhepotenzial würde sich mit der Zeit allerdings abbauen, da die Membran auch für andere Ionen geringfügig permeabel ist. So gelangen z. B. Natriumionen durch Leckströme in den intrazellulären Raum. Um ein Angleichen der Ionenkonzentrationen zu verhindern, betreiben die Nervenzellen **Natrium-Kalium-Pumpen**, die Natriumionen und Kaliumionen unter ATP-Verbrauch entgegen ihrem Konzentrationsgradienten transportieren. Pro Zyklus gelangen jeweils

drei Natriumionen in den extrazellulären und zwei Kaliumionen in den intrazellulären Raum.

4.2 *Laut Angabe kann die Skizze des von EAE betroffenen Neurons entweder mit geschädigter oder gar fehlender Myelinscheide angefertigt werden. In der folgenden Skizze fehlt die Myelinscheide.*

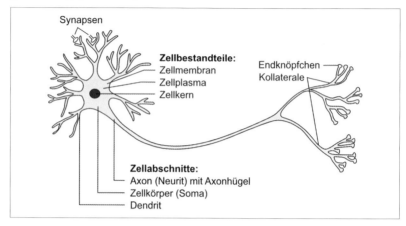

Auswirkungen der Demyelinisation:
Durch eine geschädigte oder zerstörte Myelinscheide ist die elektrische Isolation des Neurons vermindert, wodurch die saltatorische Erregungsleitung nur noch eingeschränkt oder gar nicht mehr möglich ist. Durch eine kontinuierliche Erregungsleitung ist aber die Informationsübertragung stark verlangsamt und die Innervierung der Muskulatur gestört. Eine mögliche Folge davon können unkoordinierte Bewegungen bei den betroffenen Mäusen sein.

BE

Zum Stamm der Weichtiere (Mollusca) werden u. a. die Muscheln (Bivalvia), die Kopffüßer (Cephalopoda) und Schnecken (Gastropoda) gezählt.

1 Die Gattung *Aplysia* (Seehasen) gehört zu den Meeresschnecken (Abb. 1).

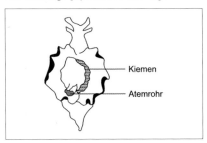

Abb. 1: Schematische Darstellung eines typischen Vertreters der Gattung *Aplysia*

Wird ein Individuum an seinem Atemrohr berührt, zeigt es eine Schreckreaktion, indem das Tier seine Kiemen sehr schnell in eine schützende Tasche zurückzieht.

1.1 Erläutern Sie den Ablauf dieses Reflexes anhand eines Reiz-Reaktions-Schemas. 6

1.2 Forscher haben in einem Laborexperiment an *Aplysia* herausgefunden, dass sich die Schreckreaktion des Tieres verändert, wenn das Atemrohr innerhalb kurzer Zeit mehrfach hintereinander mit gleicher Intensität gereizt wird. Abbildung 2 zeigt die Ergebnisse dieses Experiments.

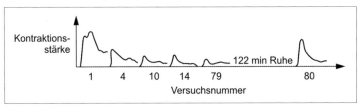

Abb. 2: Stärke der Muskelkontraktion von *Aplysia* nach wiederholter Reizung des Atemrohrs eines Tieres (verändert nach: J. Nicholls et al.: Vom Neuron zum Gehirn. Zum Verständnis der zellulären und molekularen Funktion des Nervensystems. Gustav Fischer Verlag (1995), S. 304)

Beschreiben Sie die experimentellen Befunde und geben Sie an, inwiefern diese untypisch für Reflexe sind. 5

1.3 Die Ursache für die Veränderung der Schreckreaktion liegt in der Erregungsübertragung an der Synapse, da dort Ionenkanäle auf präsynaptischer Seite verändert sind.

Erstellen Sie eine begründete Hypothese, die die veränderte Schreckreaktion auf molekularbiologischer Ebene erklären könnte. 7

1.4 Die Schreckreaktion des Tieres kann nicht durch elektrische Reizung am Fühler alleine ausgelöst werden. Wird jedoch gleichzeitig zu einer Berührung am Atemrohr ein Fühler der Schnecke elektrisch gereizt und diese Kombination mehrmals wiederholt, führt im Anschluss allein die elektrische Reizung zur Schreckreaktion.
Erläutern Sie diese Verhaltensänderung aus ethologischer Sicht. 7

2 Das Nervensystem von Tintenfischen der Gattung *Loligo* wird aufgrund des großen Durchmessers der Axone seit Jahrzehnten in neurobiologischen Experimenten verwendet. Bei einem dieser Experimente konnte gezeigt werden, dass bei Kontakt mit dem Toxin GbTX (Giftstoff) rasch sehr viele Aktionspotenziale am Tintenfisch-Axon ausgelöst werden.

2.1 Erklären Sie den Verlauf des Aktionspotenzials eines typischen Neurons anhand eines Diagramms mithilfe der Ionentheorie. 8

2.2 Bei reizphysiologischen Untersuchungen an Axonen von *Loligo* werden die extrazellulär vorliegenden Natrium-Ionen vollständig durch Calcium-Ionen ersetzt. Begründen Sie, ob diese Veränderung Auswirkungen auf das Aktionspotenzial hat. 3

2.3 Der Ablauf eines einzelnen Aktionspotenzials bleibt bei Gabe von GbTX nahezu unverändert. Es konnten jedoch Veränderungen im Ruhepotenzial beobachtet werden, die in Abbildung 3 dargestellt sind.

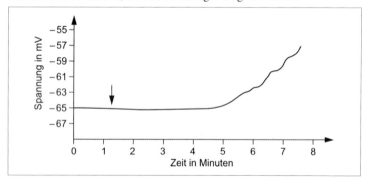

Abb. 3: Veränderung des Ruhepotenzials am Axon eines Tintenfisches nach Gabe von GbTX (Pfeil) (verändert nach: M. Westerfield et al.: How Gymnodinium breve red tide toxin(s) produce repetitive firing in squid axons. In: American Journal of Physiology (Cell Physiology), 232 (1) (1977), S. 23 – 29)

Erklären Sie mithilfe von Abbildung 3, weshalb es bei der Gabe von GbTX zur spontanen Auslösung von Aktionspotenzialen kommt. 4

40

Erwartungshorizont

1.1 *Erstellen Sie zur Lösung der Aufgabe ein Reiz-Reaktions-Schema, wie Sie es aus dem Unterricht kennen, und wenden Sie es auf den beschriebenen Reflex von Aplysia an.*

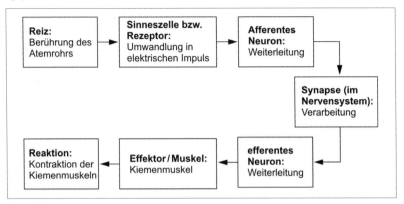

1.2 *Um die experimentellen Befunde zu beschreiben, müssen Sie das Diagramm auswerten. Benennen Sie zuerst die Größen auf den Achsen. Hierbei wird die y-Achse gegen die x-Achse beschrieben. Beschreiben Sie im Anschluss genauer und überlegen Sie, was den typischen Merkmalen eines Reflexes widerspricht.*

Im Diagramm in Abbildung 2 ist die Kontraktionsstärke der Kiemenmuskeln von *Aplysia* gegen die Anzahl wiederholter Reizungen des Atemrohrs aufgetragen. Zwischen der 79. und 80. Wiederholung des Versuchs findet eine Ruhephase von 122 Minuten statt.

Es kann beobachtet werden, dass die Intensität der Kontraktion mit zunehmender Anzahl von Wiederholungen geringer wird. Nach der Ruhephase von 122 Minuten entspricht die Intensität der Kontraktion wieder fast dem Anfangsniveau. Typischerweise können Reflexe beliebig oft wiederholt werden, wobei die Reaktion stets gleichartig ist. Eine Ermüdung des Reflexes, wie er hier bei *Aplysia* vorkommt, ist untypisch.

1.3 *Da es sich um Ionenkanäle auf der präsynaptischen Seite handelt, sind vermutlich spannungsabhängige Calciumionenkanäle betroffen.*

In einer möglichen **Hypothese** kann man davon ausgehen, dass die spannungsabhängigen **Calciumionenkanäle** vorübergehend blockiert sind. Die Folge hiervon wäre ein verringerter Calciumioneneinstrom bei einem ankommenden Aktionspotenzial. Es würden weniger Vesikel in Richtung präsynaptischer Membran wandern, mit ihr verschmelzen und in der Folge auch weniger Transmitter in den synaptischen Spalt gelangen. Die geringere Transmitterausschüttung hätte zur Folge, dass weniger Transmitter durch den synaptischen Spalt in Richtung der postsynaptischen Membran diffundieren und dort an transmittergesteuerte Ionenkanäle binden. Wenn weniger Rezeptoren mit Transmittermolekülen besetzt sind, resultiert daraus ein geringerer Natriumioneneinstrom an der postsynaptischen Membran, wodurch das postsynaptische Potenzial geringer wird.

1.4 Es handelt sich um eine **reizbedingte (klassische) Konditionierung**, genauer um einen **bedingten Reflex**.

In diesem Beispiel handelt es sich bei der elektrischen Reizung am Fühler um den **neutralen Reiz**. Die Berührung am Atemrohr stellt den **unbedingten Reiz** dar, der als **unbedingte Reaktion** die Schreckreaktion, sprich das Einziehen der Kiemen, zur Folge hat. In der **Lernphase** werden der **neutrale** und der **unbedingte Reiz** verknüpft. Dazu muss die Kombination mehrfach wiederholt werden. Eine enge zeitliche Verknüpfung, die **Kontinguität**, ist ebenso wichtig. In der Lernphase wird der ehemals neutrale Reiz zum **bedingten Reiz**, der dann auch ohne den unbedingten Reiz alleine zur **bedingten Reaktion**, der Schreckreaktion, führt.

2.1 *An einer nicht erregten Nervenzelle liegt das sogenannte Ruhepotenzial vor. Dieses kommt aufgrund der Ionenverteilung im Zellinneren der Nervenzelle und in der wässrigen Lösung des extrazellulären Raumes zustande.*

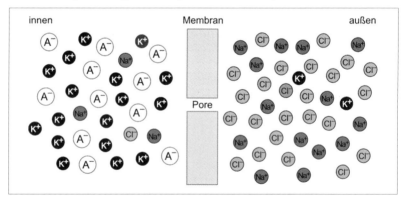

Bei Erregung der Nervenzelle kommt es zu einer charakteristischen, aber schnell vorübergehenden Abweichung von dieser Ionenverteilung.

Durch einen überschwelligen Reiz wird an einer nicht erregten Nervenzelle ein **Aktionspotenzial** ausgelöst.

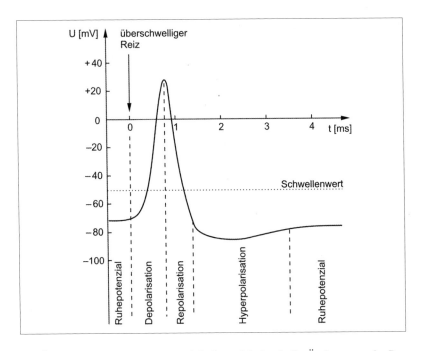

Die Änderung des Membranpotenzials lässt sich durch die Änderungen der Permeabilitäten der Biomembran für Natrium- und Kaliumionen erklären:

- Im Ruhezustand sind die Natrium- und Kaliumionenkanäle geschlossen, die Differenz des Inneren einer Nervenzelle zur Membranaußenseite beträgt ca. –70 mV (Ruhepotenzial).

- Durch einen überschwelligen Reiz öffnen sich während der **Depolarisationsphase** die spannungsabhängigen Natriumionenkanäle, während die Kaliumionenkanäle geschlossen bleiben. Dadurch strömen aufgrund des Ladungs- und Konzentrationsgefälles positiv geladene Natriumionen ein und verstärken dadurch die Depolarisation bis etwa +30 mV.

- In der **Repolarisationsphase** beginnen sich die Natriumionenkanäle bereits wieder zu schließen und die spannungsabhängigen Kaliumionenkanäle öffnen sich zeitverzögert. Dadurch gelangen immer weniger Natriumionen in das Innere, während immer mehr positiv geladene Kaliumionen nach außen gelangen. Das Membranpotenzial erreicht somit wieder negative Werte.

- Häufig kommt es zu einer **Hyperpolarisation** durch einen übermäßigen Kaliumionenausstrom. Während dieser Phase sind die Natriumionenkanäle geschlossen und die Kaliumionenkanäle noch leicht geöffnet, das Membranpotenzial sinkt kurzfristig sogar unter –70 mV.

– Mit der Rückkehr zum **Ruhepotenzial** sind die Ausgangskonzentrationen von Natrium- und Kaliumionen wiederhergestellt und die Nervenzelle ist wieder erregbar.

2.2 Werden die Natriumionen im extrazellulären Raum komplett durch Calciumionen ersetzt, so können diese bei einer Überschreitung des Schwellenwertes an einer Stelle des Axons nicht mehr durch die sich öffnenden spannungsabhängigen Natriumionenkanäle ins Innere der Zelle strömen. Da keine Natriumionen ins Innere einströmen, kommt es auch nicht zu einer weiteren Depolarisation. Ein Aktionspotenzial kann somit nicht ausgelöst werden.

2.3 *Um die Aufgabe komplett zu beantworten, empfiehlt es sich, zunächst das Diagramm auszuwerten. Benennen Sie zuerst die Größen auf den Achsen. Hierbei wird die y-Achse gegen die x-Achse beschrieben. Beachten Sie den Hinweis, dass das Gift GbTX das Aktionspotenzial kaum verändert, das Ruhepotenzial aber schon.*

In Abbildung 3 ist die Spannung in Millivolt gegen die Zeit in Minuten aufgetragen. Die Grafik zeigt die Veränderung des Ruhepotenzials an einem Tintenfischaxon nach der Gabe des Giftes GbTX. Nach ca. einer Minute wird ein Tintenfischaxon in Kontakt mit dem Gift GbTX gebracht. Ca. drei bis vier Minuten nach dem Kontakt mit dem Gift erhöht sich das Ruhepotenzial kontinuierlich. Eine Überschreitung des Schwellenwertes von ca. −50 mV wird dadurch zunehmend erleichtert. Ist der Schwellenwert erreicht, kommt es auch zur spontanen Auslösung von Aktionspotenzialen.

Notizen

Bild von © gettyimages.de / Andres Benitez / EyeEm

Fit fürs ABI?

Mit unseren ABI-Vorbereitungskursen zur Höchstform auflaufen!

In mehrtägigen Kursen bringen dich unsere Lern-Coaches in DEINE persönliche Bestform:

> Sie zeigen dir, woran DU arbeiten musst.
> Sie helfen dir, DEINEN persönlichen Lern-Trainings-Plan zu erstellen.
> Sie unterstützen DICH mit exklusiven STARK Lernmaterialien, die es nur dort gibt.
> Sie stehen dir für DEINE Fragen zur Verfügung.

stark-plus.de